KB275790

온국민주치의제도

우리 건강도 살리고 동네 병원도 살리는
온 국민 주치의 제도

ⓒ고병수, 2010

초판 1쇄 2010년 5월 14일 발행
초판 2쇄 2025년 2월 4일 발행

지은이 고병수
펴낸이 김성실
제작 한영문화사

펴낸곳 시대의창   **등록** 제10-1756호(1999. 5. 11)
주소 03985 서울시 마포구 연희로 19-1
전화 02)335-6121   **팩스** 02)325-5607
전자우편 sidaebooks@daum.net
페이스북 www.facebook.com/sidaebooks
트위터 @sidaebooks

ISBN 978-89-5940-181-9 (93330)

잘못된 책은 구입하신 곳에서 교환해 드립니다.

온 국민 주치의 제도

고병수 지음

시대의창

머리말

　유별난은 동네에서 환자들을 만나는 평범한 의사입니다. 어렵사리 서울 변두리에서 동네병원을 시작해서 진료를 하고 있습니다. 다른 의사들처럼 성공한 의사가 되겠다고 달려가고 있지만, 사실 무엇이 성공인지 잘 모릅니다. 그저 환자가 많아지고, 수입이 늘어서 주위의 부러움을 사는 것이 성공이라고 생각하며 병원을 시작했습니다.

　개원을 앞두고 유별난은 사람들이 호감을 갖는 병원이나 친절한 의사의 모습을 찾아보려고 인터넷 이곳저곳을 뒤져보았습니다. 그렇지만 참으로 암울했습니다. 칭찬하는 글들은 거의 없고, 대개가 의사들의 불친절과 짧은 진료 시간, 의료 사고 등을 성토하는 글들이어서 당황했습니다. 그래도 혹시나 하고 열심히 살폈지만 안타깝게도 바람직한 의사에 대한 글을 찾기란 해수욕장에서 동전 찾는 것만큼 어려웠습니다. 장기려 박사님 정도는 아니어도 작은 칭찬을 받는 의사 하나 찾기가 이리도 힘들 줄은 정말 몰랐던 거죠.

　어느 인터넷 카페에서 한 아이 엄마가 올린 글을 볼 때는 읽는 내내 얼굴이 화끈거렸습니다.

　"(……) 나는 두 아이의 엄마입니다. 작은애는 집에서 데리고 있지만 큰애는 근처 어린이집에 보냅니다. (……) 집에 있을 때는 괜찮았는데 어린이집에 보내고 나서부터는 아이가 툭하면 아파서 병원에 다니기 일쑤입니다. 감기는 달고 살고, 폐렴, 중이염에, 겨울에는 수두까지 걸려서 일주일을 어린이집에 보내지도 못하고 데리고 있어야 했습니다. 둘째한테 옮길까 봐 노심초사했습니다. (……)

내가 다니는 동네병원은 항상 환자들로 바글바글합니다. 웬만하면 1시간 기다리는 건 기본입니다. 며칠 전에는 고열이 나고 기침이 심해서 갔는데, 왜 왔냐고 묻고는 청진기 몇 번 대는 것으로 끝입니다. 왜 그렇게 자주 아픈 건지, 어떻게 아이를 관리해야 하는지, 이럴 때 옷은 얇게 입혀야 하는지 두껍게 입혀야 하는지 물어보고 싶은 게 많은데 한마디도 못 하고 나와야 합니다. 들어가서 나올 때까지 걸린 시간은 단 2분. (……)”

찬이맘 : 우리 동네병원은 엄마와 아기들을 한 번에 3팀씩 불러서 진료실에 앉혀놓고, 차례로 몇 마디 물어보면서 청진기 한 번 살짝 대보고는 탁, 탁, 탁, 처방전을 내줍니다.

순천댁 : 우아, 그 정도면 신의 손이네요?

찬이맘 : 신도 그 정도 빠르게는 못 함!!!!!

쌍둥이 : 다른 병원 가도 마찬가지랍니다. 환자가 많지 않아도 3분 넘게 의사와 마주해본 적이 별로 없네요. 요전에는 아이를 데리고 진료실로 들어갈 때 남편이 잠깐 화장실 다녀오겠다고 했는데 진료 끝나고 나오다 병원 안으로 들어오는 남편과 마주쳤습니다. 우리 남편이 뭐라고 한지 알아요? “왜 아직도 진료실로 안 들어가?” 꽈당 ⁻⁻;

밑에 달린 댓글들을 보니 자기는 병원 가서 말도 못 하고 나왔다는 등, 무슨 병인지도 모르고 주사 맞고 처방받고 나왔다는 둥 하나같이 의사와 대화할 기회나 시간이 너무 없었다는 불평의 말들을 늘어놓았습니다. 더 심한 댓글들도 있지만 옮기지 않겠습니다. 이 정도만 봐도 문제점은 확연하니까요.

대형병원이나 동네병원에서 진료를 받아본 경험이 있는 분들은 누구나 겪었을 것입니다. 다정하게 앉아서 아픈 곳에 대해 얘기하고, 다른 문제는 없는지 차분히 대화를 나눴던 경험이 있다면 그 사람은 행복한(?) 환자입니다. 환자가 밀려 있어서 그럴 수도 있지만, 환자가 없어도 병원은 찾아온 환자들에게 그다지 오랜 시간을 할애하지 않습니다. 더 불편한 곳은 없는지 물어볼 시간의 여유, 마음의 여유가 없기 때문입니다.

물론 모든 의사들이 그런 것이 아니겠지요. 드러나지 않는 가운데 조용히 진료에 충실하고, 동네 주민들을 가족처럼 대하면서 진료실을 지키는 분들도 많을 겁니다. 실제로 유별난은 그런 선배들의 얘기를 제법 들었으니까요.

유별난은 이런 사정들을 접하면서 결심합니다. 친절하고 설명 잘해주는 의사가 되어 대한민국 의사들의 명예를 되찾겠노라고. 그래서 처음 개원했을 때는 성심성의껏 환자들을 돌보았습니다. 찾아오는 사람뿐만 아니라 가족들 모두의 안부까지 물어가며 친절하게 진료했습니다.

아기 엄마를 붙잡고 젖먹이는 것의 중요성, 젖먹이는 방법 등을 일일이 가르쳐주기도 합니다. 열이나 구토가 심한 아이들, 배가 많이 아파서 밤중에 걱정될 만한 환자들은 꼭 메모해뒀다가 저녁 퇴근 전에 확인 전화를 합니다. 금방 좋아지지는 않았겠지만 그 전화 하나로 환자들이나 보호자들은 안심하고 밤을 지낼 수 있습니다.

하지만 그의 노력과 결심은 오래가지 않습니다. 자신의 의지와 상관 없이 병원 운영에 머리털이 빠지도록 고심하다 보면 현실에 눈을 돌리게 됩니다. 더구나 찾아오는 환자들이 조금 늘어나면서부터는 빨리빨리 환자를 보는 것이 습관이 되고, 대한민국 의사들의 명예를 되살려놓겠다는 본래의 마음은 퇴색해가고 맙니다.

유별난도 마음 한편으로는 환자들의 아픈 곳들을 구석구석 살펴보지 못하는 상황이 안타까웠지만, 점점 어쩔 수 없는 일로 넘겨버리게 됩니다. 짧은 시간에 많은 환자들을 보는 것이 능력 있는 의사인 줄 알고 흉내를 내면서, 환자와 의사 간에 오가는 대화가 왜 필요하겠냐고 합리화하기도 합니다. 동네병원에 오는 환자들이 다 거기에서 거기인데 말입니다. 주어진 시간 안에 많은 환자들을 보면서 수입을 올리는 게 최대 가치라고 여기게 되었으니까요. 여느 의사들과 마찬가지로 어렵게 은행 대출을 받아서 차린 병원이 문을 닫으면 안 되겠기에 그도 환자 늘리기에 온 신경을 쓰게 됩니다.

시간이 남더라도 성심성의껏 환자를 돌보고 진료한다는 것은 여간한 마음이 있지 않고는 어려운 일입니다. 환자가 만족할 수 있도록, 불안을 떨쳐버릴 수 있도록 진료하자면 충분한 시간을 들여야 하는데 그러자면 하루에 몇 명밖에 볼 수가 없습니다. 그러면 우리나라 건강보험과 의료수가 체계로는 병원을 운영할 수 없습니다. 쉽게 말해 의사 자신의 수입은 '없다'라는 것을 각오해야 하는 거죠.

유별난도 시간이 지나면서 3분 진료의 늪에 빠지고 맙니다. 차분히 시간을 들여서 진료한다고 자기에게 돌아오는 이익도 없는 데다가, 바쁠 때는 빨리빨리 기계처럼 환자를 진료해야 합니다. 충분히 대화도 나누고 환자들의 불편한 점들을 찬찬히 짚어가면서 진료를 하고 싶지만 쉽지 않습니다. 유별난의 고민은 바로 여기서 시작됩니다. 고민에 대한 답을 찾기까지는 조금 오랜 시간이 걸렸습니다.

이 책의 1, 2장에서는 유별난을 통해 동네병원의 모습을 잠깐 보여 줄 것입니다. 동네병원 얘기를 너무 많이 하면 자질구레해질 수 있기 때문에 그냥 에피소드 정도로 묶었는데, 여러 군데에서 의사들이 '별꼴'로 취급하는 환자들이 등장합니다. 동네 사람일 수도 있고, 잘 알고 지내는 동창일 수도 있습니다. 하지만 별꼴이라고 일컬어지는 그들은 사실 평범한 사람들입니다. 자신의 건강을 걱정하고, 진료실에서 이해 안 되는 것들을 조금이라도 더 알고 싶어 하는 사람들일 뿐입니다. 말이 안 통하는 것이 아니라 말할 기회가 환자와 의사 간에 주어지지 않았던 것입니다. 에피소드를 통해 조금씩 우리 의료의 문제를 생각해볼 것입니다.

3, 4장에서는 의료제도 선진국들의 모습을 살펴보면서 우리 국민들이 원하는 바람직한 의사의 모습을 담은 주치의제도의 그림을 목적의식적으로 만들어나가려고 했습니다.

드라마로 보는 병원 이야기는 흥미진진하고 재미가 있지만 여기서 보게 될 내용들은 박진감 넘치는 응급실이나 외과를 소재로 한 것이 아닙니다. 하루하루 진료를 하면서 조용히 동네 한 귀퉁이를 지키고 있는 동네병원 이야기에다가, 어떻게 하면 우리가 올바른 환자와 의사 관계를 회복할 것인가에 대한 고민을 담았습니다. 그래서 다소 재미없는 다큐멘터리를 보는 느낌이 될지도 모르겠습니다.

이제까지 1차의료제도나 주치의제도에 대해 일반인들이 접근할 수 있게 쓴 책은 별로 없었습니다. 대부분 논문이나 어려운 정책 자료집에서 볼 수 있었죠. 접하기도 어려웠고, 내용도 복잡해서 쉽게 읽히지도 않았습니다. 그래서 일반인은 물론, 의료에 종사하는 사람들조차도 잘 알 수가 없었습니다.

이 책은 우리가 정말 바라는 동네병원이나 1차의료는 어떤 것인지, 그런 것들을 가능하게 할 수단으로 주치의제도는 어떤 것인지 생각해 보는 시간을 가질 수 있도록 꾸며봤습니다. 유별난과 함께 천천히 걸어 가면서 우리가 진정 원하는 의료의 모습을 어떻게 만들 것인지 생각하는 시간이 되었으면 좋겠습니다.

차례

제 4 장

미래 대한민국의 동네병원

제 1 장

유별난, 동네병원을 세우다

유별난은 도심 변두리 한 동네에서 개인병원을 시작합니다.
진료를 하다 보면 주사는 왜 안 주느냐 따지는 사람도 있고,
말도 안 통하고 막무가내인 사람도 있습니다.
바쁜 진료 시간에 이것저것 물어오는 환자들도 의사 눈에는 밉습니다.
모두가 '별꼴' 환자들입니다.

환자를 짧은 시간에 많이 보는 게 의사의 능력이라고 알고 있기에
환자가 알아듣든지, 못 알아듣든지 빨리빨리 환자들을 봅니다.
그만큼 환자를 많이 보게 되고, 수입도 더 늘어납니다.
저녁 늦게까지 진료를 하며 병원을 일으키려고 애를 쓰기도 합니다.

이러구러 구석진 진료실의 작은 공간은 점점 그의 삶터가 되어갑니다.

1. 꿈에 부푼 개원

비가 추적추적 내리는 날이다.

'유비무환'. 의사들이 '비가 오면 환자가 없다'라는 뜻으로 쓰는 사자성어이다. 규모 있는 병원에서 월급 받는 의사로 근무할 때는 환자를 안 보려고 '제발 비가 와라' 하고 기도를 했지만, 지금 개원을 한 처지에서는 다르다. 가뜩이나 환자가 없는데 비까지 오니 불안해진다.

유별난은 일찍 병원에 도착했다. 개원한 지 며칠이 안 되어서 아직도 긴장되고 떨리는지라, 빨리 와서 진료 준비를 하는 게 마음이 편하기 때문이다. 아침밥을 든든히 먹고 가라는 부인의 권유도 뒤로 하고 물 한 잔 마시고 집을 나섰다. 목이 칼칼하고 입맛도 없고, 배도 고프지 않았다.

병원에 도착하니 예상했던 것처럼 대기실이 조용하다. 간호사 두 명이 모두 나와서 이것저것 만지며 진료 준비를 다 한 것 같은데 딱 하나 부족한 게 눈에 훤히 보인다.

'환자'가 없다!

한 달 전부터 유인물을 두 번이나 돌렸는데도 주민들이 여기에 새로 병원이 생겼다는 것을 잘 모르고 있을 것 같아 걱정이다. 건물 밖에 현수막도 큼직하게 붙이긴 했는데……. 유인물을 컬러로 할걸 그랬나? 초기 광고 비용을 좀 더 팍팍 쓸걸 하는 후회도 든다. 아무리 비가 오더라도 아프면 와줘야 하는데…….

아침 시간이 조금 지나자 드디어 환자가 들어오는 것 같다. 고요하던 진료실에 환자가 들어오는 소리가 들리자 유별난은 잔뜩 긴장해서 진료 컴퓨터의 모니터만 뚫어지게 바라보았다. 어떤 환자일까?

"어이구, 집 가까이에 새로 병원이 생겼네요. 너무 좋아."

할머니 한 분이 아이 하나는 안고, 하나는 뒤따르게 하면서 인사 대신 말을 건넨다. 약간 소란스러운 소리가 나기에 진료받을 사람이 여러 명인 줄 알았는데 아이 두 명에 할머니, 이렇게 세 명이 들어왔다. 진료받을 사람은 그 중에 동생으로 보이는 아이 달랑 한 명.

"할머니, 아이들이 아파서 오셨어요?"

눈이 마주친 순간 할머니는 대꾸도 안 하고 유별난을 흘끔 쳐다만 보고는 다시 뭔가를 찾는 듯했다.

"할머니, 자리에 앉으시고 어떻게 오셨는지 말씀해보세요."

그는 의자를 손으로 당겨드리며 다시 말을 건넸다.

"으응? 원장님이세요?"

"네."

"새로 원장이 왔다고 해서 들렀는데 원장이 너무 어리네."

아이를 무릎에 앉힌 할머니는 원장이 어려서 마음에 들지 않는 모양이다. 어린 외모는 능력 없음으로 보일 수 있다는 선배들의 얘기가 다시 떠올랐다. 그래도 30대 후반인데 어리다니…….

사실 개원 초기에 좋은 인상을 주려고 새치가 많은 머리를 검게 염색했는데, 그게 할머니에게는 어려 보였나 보다. 유별난은 염색한 것을 후회했다. 역시 선배들 말대로 성공한 의사의 조건 중 첫 번째가 그레이 헤어gray hair인 모양이다. 나이 들어 보이니까 경험도 많아 보이고……

그래도 성심성의껏 진료하면 믿음이 가겠지, 생각하고 진찰하면서 몇 가지 물어보았다. 할머니는 아이가 한 달 내내 콧물이 안 멈춘다고 하소연하면서 유별난을 다시 빤히 쳐다본다. 첫 대면이니까 쳐다보는 것까지는 좋은데 '그래, 당신이 한번 해결해보세요' 하면서 보는 것 같아 진료하는 내내 긴장을 늦출 수가 없다.

이럴 때 중요한 게 뭔지 유별난은 알고 있다. 어느 상황에서라도 자신은 경험이 풍부한 것처럼 말을 해야 한다. 선배들이 늘 강조했던 것이다. 치료는 '약'으로 하는 게 아니고 '말'로 하는 것이라고. 의사들끼리는 '오럴 테라피oral therapy'라고 하는데, 말을 잘해서 환자들이 잘 따라오게 하는 것을 농담처럼 일컫는 것이다.

그리고 경험이 풍부한 것처럼 보이는 것 외에도 개원 초기라서 환자도 없고 시간도 많으니까 설명을 충실히 하는 게 좋다. 가족은 몇 명인지, 가족들 중에 아픈 사람은 없는지, 할머니나 가족 내 어른들은 만성 질환 같은 것들은 없는지 시시콜콜히 물어본다. 이것은 나중에 단골 환자가 됐을 때 가족들을 쉽게 관리할 수 있는 자료가 되므로 중요하다.

할머니는 콧물로 온 아이를 두고 가족이나 다른 얘기들을 한참 하는 의사가 의아하기는 해도, 상세히 물어주고 궁금한 것들도 답해주니 나쁘지는 않은 모양이었다. 표정이 처음보다는 좋아 보인다. 병원 다니면서 이런 질문들은 처음 들었기 때문이리라.

유별난은 가족력과 그 밖의 필요한 내용들을 충분히 점검한 다음 아이에 대해서 물어보기 시작했다.

“가족 중에 알러지 비염 있는 사람은 없죠?”

“우리 손주가 비염인가요? 그런 얘기 들은 적이 없는데…….”

“아니, 알러지 비염이 있다는 게 아니라 이렇게 코감기를 달고 사는 아이들을 보면 대개 집안에 비슷한 사람이 있거든요.”

할머니에게 걱정할 정도는 아니라고 한 다음, 몇 가지 설명을 보태고 나서 콧물약을 넉넉히 처방하며 필요할 때만 먹이라고 말하고는 보냈다.

저녁에는 부모들이 퇴근하면서 어린이집이나 유치원에서 아이들을 데리고 오는 경우가 많지만, 낮에는 보통 할머니나 할아버지가 아이들을 데리고 온다. 몇 년째 불경기가 이어지고 맞벌이 부부가 늘면서 집에 계신 어르신들이 손자 손녀들을 보고 있는 것이다.

하루 종일 진료를 했는데도 20여 명밖에 보지 못했다. 처음이라 온몸에 힘이 들어간 탓인지 목부터 허리까지 뻐근하다.

며칠이 지나도 환자 수가 늘지 않았다. 개원한 지 얼마나 됐다고 대기실이 북적일까마는 약간 불안한 마음이 든다. 어느 날인가는 병원에 대한 인지도가 궁금해 어떤 할머니가 오셨기에 물어봤더니 동네 사람들이 이 앞을 오가더라도 병원 새로 생긴 줄 잘 모르더란다. 할머니도 병원 있는 줄 모르고 다니다가 아프게 되니까 알게 되었다고 한다. 하긴 누구라도 그럴 것이다. 동네에 중국집이 생겨도 내가 먹을 생각이 없으면 있는지, 없는지 관심을 안 두니까 말이다.

어서 빨리 대기실 의자가 환자들로 꽉꽉 차야 할 텐데…….

2. 환자 모으기 작전

병원 문을 연 지 한 달이 되어간다. 평가를 해보니 하루 평균 30명 정도의 환자를 본 것 같다. 이번 달 간호사 월급 주고, 대출금 이자 내고, 약값 내고, 전기세와 난방비 내고 하다 보면 적자다.

유별난은 조금 더 적극적으로 운영을 해야겠다고 마음을 먹었다. 환자가 눈에 띄게 늘지 않는 것은 환자들이 다니던 병원을 쉽게 바꾸지 않는 경향 때문이기도 하지만, 자기 병원만의 특색을 보여주지 못했기 때문이기도 하다고 생각해본다.

앞으로는 적극적인 '호객 행위'를 하기로 했다. 병원에는 아이들이 많이 오는데, 아이들은 대개 어른과 함께 온다. 이럴 때는 아픈 아이 한 명만 보는 게 아니라 가족력을 물어보면서 불편한 것이 있으면 병원으로 오라고 '홍보'할 수도 있다.

할머니가 감기에 걸린 아이를 데리고 오면, 아이를 진찰하면서 눈으로는 할머니들의 발을 본다. 할머니가 발톱무좀을 가지고 있는 것이 포착되면 아이 진료를 마치고 나서 할머니를 대상으로 발톱무좀 얘기를 나눈다.

"할머니, 발톱무좀이 심하시네요."

"그래. 몇 번 치료해도 안 나아서 이제는 그냥 둬버렸어. 늙어서 뭐 예쁘게 보일 게 있다고. 그냥 둬도 돼."

"아휴, 할머니, 이런 거는 그냥 놔두면 가족들에게도 옮겨요. 그리고 제대로 하면 잘 나을 수 있을 거예요. 발톱도 예쁜데 한번 고쳐보세요. 예쁜 발톱으로 만들어드릴게요."

할머니는 예쁜 발톱이라는 말에 귀가 솔깃했는지, 아니면 가족들에게 옮긴다는 말에 걱정되어서인지 일단 유별난의 처방을 믿어보기로 하고 치료를 시작했다.

요즘은 약이 좋아서 웬만한 발톱무좀은 꾸준히 치료하면 다 낫는다. 보통 교과서에서는 3개월 요법이라고 하지만, 정도에 따라서 6개월 정도 복용해야 하는 경우도 많다. 물론 매일 먹는 게 아니라 일주일에 한 번씩 복용하는 방법을 쓴다.

유별난은 몇 개월 약을 쓰면서 그 할머니가 올 때마다 발톱을 살펴봤다. 무좀 때문에 두꺼워지고 부서지던 발톱이 이윽고 약간 울퉁불퉁한 것만 빼고는 예쁜 발톱으로 변했다. 그 할머니가 정말 좋아졌다고 동네방네 소문을 다 내고 다녀서, 그 뒤로 발톱무좀 환자만 엄청나게 보았다.

환자 모으기 작전은 그것만이 아니다. 열이 나거나 구토가 심한 아이들은 일일이 수첩에 적어놨다가 진료 중이나 저녁에 퇴근할 때 전화를 걸어 괜찮은지 확인을 한다. 물론 열이 나는 아이가 하루 만에 낫는 경우는 드물지만, 부모들은 밤중에 열이 오르면 당황하므로 한 통의 전화가 큰 위안이 된다. 토하는 경우라면 물과 음식을 어떻게 섭취해야 하는지 다시 이야기해주고 탈수에 빠지지 않게 조심하라고 말해주면 부모들은 마음을 놓는다.

하루는 중학생 하나가 구토를 하고 배가 아프다면서 학교를 조퇴하고 아버지와 함께 들렀다. 열은 없었지만 명치 끝도 아프고, 눌렀을 때 오른쪽 아랫배도 아프다고 했다. 충수돌기염(맹장염)이 확실할 때는 대개 오른쪽 아랫배를 눌렀을 때 몹시 아픈데, 그 학생처럼 아픈 듯 안 아픈 듯한 경우가 가장 헷갈리는 법이다.

학생의 아버지에게 설명을 하고, 우선 약을 복용해보자고 한 뒤 집으로 돌려보냈다. 이런 경우 유별난은 저녁에 퇴근할 때나 밤늦게 집에 가서라도 꼭 전화를 건다. 외과 의사들의 애기도 그렇고, 그의 경험으로 보더라도 충수돌기염의 경우 시간이 지날수록 오른쪽 아랫배 부분이 더 아파온다. 그제야 어느 정도 확실하게 진단을 내릴 수 있다.

유별난은 걱정이 되어 밤에 전화를 걸어본다. 아버지가 말하기를 약을 복용하고도 아랫배가 더 아파온다고 한다. 잠시 상황을 파악한 뒤 유별난은 응급실로 데리고 가서 진료를 받도록 권했다.

다음 날 확인해보니 밤중에 응급 수술을 했단다. 밤에 전화를 안 해줬으면 아침까지 참아볼까 했는데, 덕분에 심각해지기 전에 수술할 수 있었다고 학생 아버지가 무척 고마워했다. 전화를 안 했으면 그 녀석은 밤새 끙끙 앓았을 것이고, 심각한 경우는 맹장이 터져서 '복막염'이라는 무시무시한 상황으로 갈 수도 있었다.

얼마 전 국민건강보험공단에서 설문조사한 내용을 보니 국민들은 의사에 대한 신뢰도는 높다고 답했지만, 의사에게 진료받는 시간과 친절도를 묻는 질문에는 낮은 점수를 주었다. 여전히 우리나라 의사들은 짧은 시간 안에 환자들을 봐야 하고, 환자들은 불만스럽기는 해도 어쩔 수 없으려니 하면서 병원 문을 나오는 것이다.

그런 문제들을 웬만한 의사들은 모두 알고 있다. 하지만 꼬이고 꼬인 우리나라의 의료 현실에서 이런 상황을 바꿀 만한 실마리가 보이지 않기 때문에 의사들은 문제를 풀어보겠노라고 나서지도 못하고, 그저 자기 병원 운영이 잘되는 것만 생각하는 것 같다.

유별난은 의사가 친절하고 이것저것 잘 애기해주면 환자들이 좋아한다는 것을 알기에 환자 한 사람 한 사람에게 충실했다. 환자 모으기 작전은 결과가 좋아서, 부지런히 고객 관리를 하다 보니 1년이 지나자 찾는 환자들이 꽤 많아졌다. 자신도 한 발 한 발 성공한 의사의 길로 나아가는 것 같았다.

 3. 약 안 먹고 어떻게 나아요?

지금 나이가 40대 이상인 분들은 어렸을 적 병원에 갔던 기억이 가물가물할 것이다. 지방 소도시는 물론 대도시에도 병원이 흔치 않아 정말 죽을 정도로 아프지 않으면 부모가 병원에 데려가지 않았기 때문이다.

유별난도 어릴 때 병원을 출입했던 것이 손에 꼽힐 정도다. 초등학교 다닐 때 열이 많이 나고 못 먹고 토해서 갔던 적이 있고, 중학생 때는 철봉에서 떨어져서 다치는 바람에 갔고, 그 외 몇 번이 더 있었던 것으로 기억한다. 더 어렸을 때 기억으로는 열이 나면 어머니가 당유자唐柚子에 흑설탕을 넣고 볶아서 먹여주었는데, 그러면 열도 내리고 감기 기운도 가라앉곤 했다.

함께 어울려 노는 동네 아이들 가운데에는 콧물을 줄줄 달고 사는 아이들이 항상 한두 명씩 있었다. 그 아이들 소매에는 거무튀튀한 콧물 자국이 묻어 있었다. 하지만 기침한다고, 열난다고, 콧물 달고 있다고 병원 데려가지는 않았다. 물론 병원이 별로 없던 시절이기도 했지만, 웬만하면 집에서 자가 치료로 대부분 관리했기 때문이기도 하다.

동네병원에서 환자들을 보다 보면 정말 안 와도 될 정도인데 오는 사람들이 많다. 유별난은 어떤 환자들이 많이 오는가 분석해본 적이 있다. 하루 종일 만나는 환자들은 평균해서 70명 정도인데 고혈압, 당뇨 등 만성질환자들, 천식이나 기관지염 같은 호흡기 환자들, 관절염이나 다쳐서 꿰매야 할 사람 등등이 있다. 이런 환자들을 빼면 감기 정도로 오는 환자가 60퍼센트 정도이다. 그 중에는 기침 약간, 콧물 약간, 몸살 약간, 목이 칼칼한 정도로 오는 사람들도 꽤 많았다. 대강 짚어보니 하루에 방문한 사람들 중 20~30퍼센트는 잘 쉬면서 관리하면 자연히 증상이 치유될 수 있는 상태로, 사실 병원을 찾지 않아도 될 만한 환자들이었다. 물론 저절로 치유되기까지는 다소 불편할 수 있겠으나, 꼭 약이나 병원의 처치가 필요하지는 않다는 뜻이다. 병원 수입을 생각하면 약간만 아파도 와준다면 아주 좋은 일이지만, 나라 전체로 보면 엄청난 건강보험 재정 손실이 아닐 수 없다.

이런 문제에 대해서 유별난은 환자들과 자주 다투기도 한다. 개원 초기에는 별로 안 아파 보이는 사람들은 그냥 돌려보내기도 하고, 약 처방 없이 상담만 하기도 했는데 환자들이 불만이었다. 나중에는 말하기가 지쳐서 '오는 환자 막지 말고, 가는 환자 잡지 말자' 정신으로 아무 말 없이 다 받아주고, 약도 달라는 대로 다 처방해주는 쪽으로 변해갔다.

진료를 하다 보면 이런 일은 다반사였다. 한 엄마가 아이가 기침을 한다고 데려왔다. 진찰을 해보니 특별히 나쁜 상태가 아니었다.

"열도 없고, 기침하는 것하고 콧물만 좀 있지 심하지는 않네요."

"며칠 계속 기침을 하기에 데려왔어요. 새로 병원 생긴 거 구경도 할 겸……."

"감기 상태가 그다지 심하지는 않으니까 물 좀 자주 먹여주시고, 따뜻하게 해주세요."

그 말을 마치고 이젠 가도 된다는 표정을 짓자, 아이 엄마는 멀뚱멀

뚱 쳐다본다.

"약은……?"

"이 정도면 약은 안 먹어도 돼요. 잘 쉬게 하세요."

약 처방을 안 하니 아이 엄마는 뭔가 불충분한 것 같다는 표정으로 나갔다. 물약 하나라도 처방할걸 그랬나 하고 유별난이 후회해보지만 엄마와 아이는 이미 진료실을 나가버린 뒤였다.

처음에는 증세가 별로 심하지 않은 환자들에게는 아주 간단한 약을 처방해주거나, 아예 약도 쓰지 않고 몸 관리를 어떻게 하라는 설명만 한 적이 많다. 나중에 안 사실이지만 그런 환자 가운데 몇몇은 간호사들한테 왜 약을 안 주냐고 항의도 하고, 이 병원은 너무 약을 약하게 써서 안 낫는 것 같다고 불만을 얘기했다고 한다. 더 심한 경우는 의사한테서 몇 마디 말만 들었는데도 진료비를 받느냐고 따져서, 간호사가 어쩔 수 없이 진료비를 못 받고 돌려보낸 일도 있었다. 이처럼 우리나라 사람들은 진찰을 하고 약 처방까지 꼭 해야 진료를 받았다고 굳게 인식하고 있다. 아무리 자세하게 설명해주어도 환자들이 생각하는 진정한 진료 행위의 마지막에는 꼭 약 처방이 따라줘야 한다.

"그래도 약을 주셔야죠. 약 안 먹고 어떻게 낫겠어요?"

나중에는 왜 약을 처방하지 않는지 환자에게 일일이 설명해주는 것도 지쳐서 포기하게 된다.

시간이 지나면서 유별난은 이런 결론을 내렸다. 가벼운 감기와 같은 질환에는 그다지 약이 필요하지 않지만, 약 먹기 좋아하는 우리나라 사람들이기에 어쩔 수 없다고. 그리고 병원에 오는 모든 환자들에게 어떤 식으로든지 약을 처방하기로 생각을 바꿨다.

처방전이라도 손에 쥐고 나가야 환자들은 병원에 다녀갔다는 느낌을 받는 것 같았다. 유별난도 더는 고민하지 말고 처방전을 내주자고, 그래야 진료비도 마음 편히 받을 수 있다고 생각하게 되었다.

'일이란 잘하고 못하고 간에 티격태격하지 않고 부드럽게 흘러가는 게 제일이야. 주사든 약 처방전이든 달라면 줘야지. 아니, 달라고 하기 전에 눈치껏 줘야 한다.'

동네병원에서 진료를 하다 보면 안 와도 되거나 자가 치료를 통해서 충분히 해결할 수 있는데도 오는 경우가 참 많다. 살짝 긁힌 피부 상처, 간단한 감기 증상 따위가 그런 경우이다.

얼마 전 보도된 통계를 보면 한 해에 감기 치료에 들어간 진료비와 약값이 1~1.5조 원 정도라고 한다. 이는 1년간 암 치료비로 들어가는 1.5조 원과 맞먹는 수치이다. 손을 깨끗이 씻고, 위생 관리를 잘하고, 이와 더불어 간단한 증상에는 자가 치료를 한다면 1년에 3,000억 원 이상 절약할 수 있다. 그 돈이면 동네병원에서 무료로 예방접종을 하고, 암 환자나 중증 환자들에게 진료비 부담을 덜어줄 수 있을 텐데…….

4. 이방인 아내의 미소

유별난의 병원이 있는 지역은 가난한 노동자들이 많은 곳이다. 처음에는 몰랐지만 진료를 하다 보니 생활보호대상자들도 많고, 진료수급권자(진료비 일부 또는 전액 감액 대상자)들도 무척 많다는 사실을 알게 되었다. 일을 구하는 사람들이 많아서 그런지 직업소개소 간판이 동네 여기저기에 붙어 있다. 요즘은 그런 건물 주변에서 추위에 손을 부비며 뭔가를 기다리는 모습이 부쩍 눈에 띈다.

이 동네의 또 하나 특징은 외국인 환자들이 많다는 것이다. 외국인 관광객들이 아니라, 대부분 일자리를 찾아 온 중국 동포들이고, 한국 남자와 결혼해서 사는 외국인 부인들도 일부 있다. '다문화 가정'이라고 일컫는 가정이 많은 것이다. 중국, 필리핀, 베트남, 몽골 등에서 한국으로 시집온 아낙네들을 대할 때는 의사소통이 안 되어 힘들다.

어느 날, 눈이 크고 키가 작은 여자가 석 달이 될까 말까 한 아기를 데리고 진료실 문을 조심스럽게 열고 들어왔다.

"아이 아파요. 많이 아파요."

유별난은 한눈에 외국인임을 알아보고 우리말이지만 되도록 천천히 이것저것 물어보았다. 그러나 열 중 하나 정도만 통할 뿐 도무지 알아듣지 못하는 것 같았다. 어쩔 수 없이 진찰을 하며 아이의 상태를 추적해서 상상할 수밖에 없었다.

진료 후 아이 엄마에게 병세를 설명했으나 이것 역시 통하지 않았다. 어쩔 수 없이 손짓, 발짓 해가며 애써보고 일단 이틀 치 처방을 해주고 보냈다. 이틀 뒤 그 부인이 다시 병원을 찾았는데 이번에는 아이 아버지도 같이 왔다.

"에펜네(여편네)가 아이 하나 잘 간수하지 못하고 감기나 걸리게 해?"

아이 아버지는 유별난 앞에서 자기 부인을 타박하면서 끌끌 혀를 찼다. 그 말은 곧 원장도 들으란 소리이다. 감기 하나 딱딱 고치지 못하느냐는 말과 다름없다.

유별난은 그에게 뭐라고 해주고 싶었지만 꾹 참고 아이 엄마에게 너무 걱정하지 말라는 눈짓을 하며 다시 아이를 진찰했다. 다행히 아이의 열은 내렸고 기침만 좀 심하게 할 뿐이었다.

아이 아버지에게 부인 고향이 어디냐고 물었더니 필리핀이란다. 아, 그러면 대충 영어로 하면 통하겠구나 싶어 아이 엄마에게 영어로 살며시 몇 가지를 물어보았다.

"Where are you from?"

순간, 거침없이 나오는 답변. 그뿐인가. 혀가 약간 꼬부라진 본토 발음!

"I'm from Philippine."

"Oh, Philippine. How long your child had a cold?"

"About 5 days."

"Vaccination all O.K.?"

"Yes, maybe……."

이렇게 2분 정도 대화를 했을까? 영어로 아이의 증상에 대해 얘기를 나누고 어떻게 약을 처방할지도 설명해줬다. 아이 엄마도 아주 만족했는지 싱글벙글하면서 좋아했다. (아, 물론 유별난의 영어 실력이 뛰어난 것은 아니고, 대충 병원 진료 회화 정도로 했을 뿐이다.)

재미있는 것은 둘의 대화를 옆에서 바라보던 아이 아버지의 표정이었다. 처음 들어선 순간부터 부인을 무시하는 태도로 일관하던 그는 나중에는 약간 놀란 얼굴이 되어 계속 대화를 지켜보았다. 하루 벌어 하루 살아가는 일용직 공사판 노동자인 아버지는 영어를 잘하지 못했고, 자기가 무시하던 아내가 의사와 대등하게 영어로 대화하는 장면을 목도하고 말았으니…….

그 일이 있은 뒤로도 그 남편은 가끔 부인과 함께 진료실을 찾았다. 이제는 인상을 찌푸리기보다는 진지하게 부인과 얘기를 하며 유별난에게도 공손하게 말을 했다. 아마 집에서도 부인에 대한 대접이 많이 달라졌으리라고 보인다. 필리핀 아낙은 그 뒤로도 자기가 아프거나 아이가 아파서 가끔 병원에 들렀는데, 표정이 이전처럼 힘들고 그늘져 보이지 않았기 때문이다. 오히려 한국말, 영어 섞어가며 수다를 떨 때가 많아졌다. 원래는 말없는 성격이 아니라 수다쟁이가 아니었을까 생각이 들 정도였다.

5. 늘어나는 환자, 드러나는 문제들

동네병원을 하려면 지역 주민들의 믿음이 중요하다. 유별난이 친절하게 대하고 잘 설명해주면서 신뢰를 쌓자, 주변에 알려지면서 환자가 많이 늘었다. 어르신부터 아이까지 온 가족이 유별난의 병원으로 진료를 받으러 오는 집도 여럿 생겼다.

의사로서 환자가 몰려오는 것을 싫어할 까닭이 없다. 하지만 환자가 늘어감에 따라 문제도 생겨나기 시작한다. 가장 해결이 안 되는 것은 환자당 진료 시간이 점점 짧아진다는 것이다. 그에 따라 충분히 진찰할 시간도 없고, 설명도 짧아지게 마련이다.

어느 날 퇴근 시간쯤에 돌이 채 안 된 아기를 안고 엄마 한 분이 찾아왔다. 그 시간은 항상 환자들이 몰려오는 시간이라 바쁘다. 이럴 때는 청진기를 대는 속도도 빨라지고, 설명하는 말도 빨라진다. 알아들어도 그만, 못 알아들어도 그만인 것처럼 할 수밖에 없다.

"아기가 열나고 토하는데 걱정이 돼서 막 달려왔어요."

아기를 안고 있는 엄마의 얼굴에는 불안한 표정이 역력했다. 진찰해보니 열은 높아도 구토는 심각할 정도가 아니었다. 단순 감기이니까 걱정하지 말라고 엄마를 안심시키고는 많이 먹이지 말고 열이 안 떨어지면 미지근한 물수건으로 닦아주라고 설명해주었다. 그리고는 약 처방과 함께 마치려는데 불안한 엄마는 자리를 뜨지 못한다.

"그럼 좋아지겠죠? 아기가 못 먹는 것은 괜찮을까요? 몇 번 토하다 보니 배고플 텐데 죽이라도 먹어야겠죠?"

"이런 아이들은 하루에도 여러 명이에요. 많이 먹이지만 말고 지켜보면 돼요."

유별난은 다시 한 번 안심시키는 말을 간단히 던져주고는 컴퓨터 모니터를 쳐다본다. 다음 환자를 보겠으니 나가달라는 표시임을 알기에 그 엄마도 아기를 달래면서 진료실 문을 나간다.

다음 날 아침 유별난은 전화를 한 통 받았다.

"어제 아기를 데리고 갔던 엄만데요."

아기가 밤새 열이 안 떨어지는 데다가 아무것도 먹지도 못한 채 토하고 울어대며 맥없이 늘어지기에 응급실로 데려갔다고 한다. 감기는 심하지 않지만 탈수가 심하게 진행되어서 아기를 입원시켜야 했다고 말했다. 대개 이런 경우는 화를 내거나 따지는데, 그 엄마는 오히려 조용히 상황을 설명하고 알려드리려고 전화를 했다면서 몇 마디를 덧붙였다.

"선생님이 어제 진료할 때 어떻게 조심해야 하는지, 먹는 것은 어떻게 해야 하는지 조금만 더 시간 들여서 얘기해줬더라면 하는 아쉬움 때문에 전화 드렸어요. 뭘 알고 조금이라도 더 신경을 쓸 수 있었으면 입원 안 할 수도 있었고, 우리 아기에게 미안하지는 않았을 테니까요."

아기들은 감기만으로도 장염 증세 비슷하게 토하고 설사하는 증상을 보이는 경우가 많다. 대개는 저절로 좋아지지만 하루 종일 구토를 하면 하루 만에 탈수가 되어 위급한 상황이 벌어지기도 한다. 이럴 때는 억지로 음식을 먹이려고 하는 것보다 물을 조금씩 입에 넣어주면서 탈수에 빠지지 않게 하는 것이 우선 할 일이다. 아기가 토하기만 하고 먹지는 못한다고 해서 음식을 억지로 주다가는 구토 증상을 더 악화시킬 수 있다. 소변이 잘 나오면 그나마 수분이 잘 들어가는 거라고 보면 되고, 구토가 멈추면 아주 조금씩 물이나 음식 양을 늘려 먹이면 된다.

심각한 장염만 아니라면 이렇게 대처하는 것만으로 곧 나을 수 있는데, 유별난은 바쁘다는 핑계로 물을 자주 먹이라는 말만 대충 주지시키고 말았던 것이다. 그것만으로는 엄마가 얼마나 자주, 어느 정도씩 먹여야 적당한지, 음식은 어떻게 해야 하는지 전혀 알 수가 없다. 아마도 그 엄마는 안타까운 마음에 억지로 음식을 먹이려 했을 수도 있고, 물을 아주 소량에서 시작해 조금씩 늘려가며 먹여야 하는데 한꺼번에 많이 먹였을 수도 있다. 그러면 구토 증세가 더 심해질 수 있고, 금세 탈수에 빠지게 된다.

자주 생기는 문제는 아니지만 환자가 늘면서 이렇게 점차 환자 교육이 엉망이 되고 있음을 유별난도 느낀다. 하지만 환자가 늘수록 설명할 시간이 부족해지는 것은 자기도 어쩔 수 없다.

이전처럼 천천히 진료를 하면, 밀리는 시간에는 환자들이 1시간이 아니라 2시간을 기다려야 하는 수도 있다. 바쁘면 바쁜 대로 빨리 진료해야 하는데 그러면 환자들의 얘기를 충분히 들을 수 없고, 필요한 것들을 넉넉히 설명해줄 수도 없다. 도저히 바꿀 수 없는 현상이다.

더 심각한 경우도 있었다. 어느 저녁 늦은 진료를 하고 있을 때였다. 진료실 문을 열고 가족인 듯한 사람들이 우르르 들어왔다. 아무도 진료 의자에 앉지 않기에 유별난은 뭔가 안 좋은 느낌이 들었다.

"누가 불편하신가요?"

나이 든 여자 분이 말을 받았다.

"나 OOO 어머니 되는데, 이렇게 오진해서 사람 죽여도 되는 건가요?"

순간 유별난은 바짝 긴장이 되어 들어온 사람들의 얼굴을 쳐다봤다. 건장한 체격의 남자 셋까지 합하면 모두 4명인데, 며칠 동안의 기억으로는 그가 봤던 환자들은 아니었다.

"무슨 일입니까?"

"아니, 감기니까 약 먹고 쉬면 좋아진다고 해서 약을 먹였는데, 아이가 열도 안 떨어지고 반 죽다시피 하잖아요. 이틀 치 약 다 먹어도 똑같고, 아이만 죽겠다고 해서 요전 날 새벽에 응급실 갔어요. 가니까 뭐라고 말하는지 알아요?"

"무슨……, 무슨 일인지 말해보십시오."

"큰 병원에 데려가니까 조금만 늦었어도 큰일 날 뻔했다잖아요. 큰일 날 뻔!"

얼마 전 바쁜 시간에 스무 살 갓 넘은 여자 환자를 진료했다. 환절기 감기 증상이 그렇듯 목이 아프고, 기침도 좀 하는 몸살이 심한 환자였다. 간단하게 여기저기 상태를 진찰하고는 약을 처방하고 잘 쉬라고 했던 기억이 났다. 바로 그 환자가 열이 안 떨어져서 참다못해 새벽에 응급실로 갔나 보다. 거기서 입원하라고 했고, 검사를 해보니 결과는 급성 신우신염이었다.

신우신염이란 콩팥에 염증이 생겨서 심한 고열이 나고, 열이 쉽게 안 떨어져 힘들게 하는 질환이다. 얼마 전 브라질의 유명한 모델이 요로감염에서 패혈증으로 진행해 사망했다는 기사를 본 적이 있는데 그와 비슷한 병이다. 동네병원에서 진료하는 의사라면 신우신염 치료 경험이 다소 있을 것인데, 건강한 사람이면 감염되어도 대부분 항생제를 적절히 쓰면 잘 낫는다는 것을 안다. 그 모델의 경우 감염 원인균이 흔하지 않은 것이었든지, 환자가 약물 중독이었든지 하는 문제가 있었을 것이다.

앞의 젊은 환자는 고열에 일반적인 감기 증상까지 겹쳐 있었다. 그래서 유별난은 진찰할 때 요즘 흔한 감기려니 생각하고 다른 짐작을 하지 못했다. 사실 신우신염은 고열이 나는 감기와 비슷한데, 등 아래 부위를 두들겨보면 어느 정도 의심할 수 있는 질환이다. 이번 경우는 진찰에 소홀했던 의사의 잘못이 분명했다. 독감이나 심한 감기몸살인 줄로만 알고 간단한 감기약에 해열제만 처방했으니 말이다.

응급실에서는 잘못하면 큰일 날 뻔했다 하며 입원하라고 했고, 온갖 검사에 초음파 검사까지 진행했으리라. 바로 이 대목에서 보호자들이 흥분한 것이다. '큰일 날 뻔했다'는 말은 곧 생명이 위험할 수도 있다는 말이다. 그쪽 병원에서 보호자에게 좀 살살 얘기했어도 문제는 없었을 텐데 너무 세게 말한 것 같다.

'차라리 목이 조금만 더 부어 보여서 항생제를 썼으면 그나마 괜찮았을 수도 있었는데…….'

머릿속은 환자는 괜찮은가, 어떻게 변명을 할 것인가 등등 온갖 생각으로 뒤범벅이 됐다. 신우신염은 심각하지만 잘 치료되는 병이라고 설명하면서 염증이 오래되지만 않았다면 합병증도 없이 잘 나을 거라고 거듭 말씀드렸다. 당당하게 말하고 있지만 말소리는 떨리고 있음을 느낀다.

거듭된 설명에도 환자 가족들은 화가 풀리지 않는지 자리를 뜨지 않았다. 30분도 더 지났다. 유별난도 지쳐서 입이 바짝바짝 마른다. 밖에 앉은 대기 환자들의 수는 그새 늘어나 있었다. 아무 생각이 안 난다. 어서 빨리 이 상황을 피하고만 싶었다.

"이런 식으로 환자 보려면 문 닫아야지. 우리 아이 잘못되면 가만 안 있을 테니까 알아서 해요."

한참 있다가 그 어머니는 일어섰고, 건장한 남자들도 같이 따라 나갔다. 유별난은 한참동안 의자에 앉아 있어야 했다. 밖에서 기다리는 환자들이 웅성거리는 소리가 들려도 아무것도 할 수가 없었다.

나중에 젊은 환자가 입원했다는 병원에 전화를 걸었더니 환자는 별 문제 없이 잘 나아서 퇴원했다고 한다. 하지만 유별난의 가슴 한쪽은 실수했다는 자책과 혼난 기억으로 무너져 내려 있었다. 이번엔 자기가 중환자실이라도 들어가야 할 것 같았다.

동네에서 진료를 하다 보면 이런 경우가 가끔 생긴다. 이처럼 자기 잘못으로 여러 번 혼쭐이 나면 심장이 쪼그라들 것만 같다. 10년쯤 지나면 심장이 없어지든지, 종잇장처럼 얇아져버릴 것 같다.

그렇지만 유별난은 다시 개원 초기처럼 시간을 충분히 들여가며 환자를 보지 않는다. 이미 그렇게 할 수 없게 되어버렸다. 산술적으로 계산해봐도 답이 안 나온다. 아침부터 저녁까지 진료한다고 했을 때, 요즘처럼 환자들이 많거나 저녁 특정 시간에 몰리면 한 명당 3분을 내기도 힘들 때가 많다.

어르신들이 오면 다른 약은 복용하고 있지 않은지 확인해가며 처방해야 하는데, 그것조차 힘들다. 약물 과다복용이나 중복복용으로 약화 사고가 날 수도 있는데 말이다.

아기들의 경우 젖이나 이유식은 잘 먹는지, 발달 상태는 괜찮은지 이것저것 살펴볼 것도 많고, 엄마들도 의사에게 물어볼 것들이 많을 텐데 여유 있게 얘기해줄 수가 없다. 언젠가부터 환자들 사이에서 유별난이

이전보다 날카로워졌다느니, 병원이 잘 되니까 좀 건방져졌다느니 하
는 말이 돈다는 이야기가 들려왔다.

슬펐다. 그건 아닌데…….

 # 누가 3분 진료로 몰고 가는가?

우리나라는 정말 환자를 빨리 보는 나라입니다. 환자가 많아서 북적대는 동네병원이라면 청진기 한 번 대는 시간도 없을 수 있습니다. 어느 국회의원이 조사한 바로는 하루에 300명 가까운 환자를 보는 동네병원이 있는데, 진료 시간을 계산해보니 하루 종일 쉬지 않고 해도 한 명 진료하는 데 드는 시간은 1분 남짓으로 나왔다고 합니다. 아무리 단순 감기라고 해도 1분은 너무 짧은 시간입니다. 문 열고 들어갔다 나와도 1분은 걸릴 테니까요.

어느 대학병원에서는 진료 시간을 줄이기 위해 환자를 한꺼번에 두세 명씩 진료실에 들여놓은 뒤 동시에 진찰하기도 한다고 들었습니다. 진료 내용이야 허술하기 짝이 없을 것입니다. 들어오자마자 몇 가지 묻고, 청진기 살짝 갖다 대면 이내 진단을 내려서 약을 처방합니다. 그런데도 잘 낫고, 문제없는 것이 신기할 뿐입니다.

자유롭게 의사를 선택할 수 있고, 여기서 안 나으면 저 병원으로 금방 옮길 수 있는 의료체계를 가진 우리나라는 용하다는 의사를 찾아다니는

'의료 쇼핑'의 천국입니다. 능력 있는 의사가 많은 환자를 봐서 수입을 올리는 것을 잘못됐다고만 할 수는 없습니다. 주변 동료들은 환자를 많이 보는 의사를 부러워하고, 닮아가려고 애쓰기도 합니다.

그러나 과연 그렇게 많은 환자들을 보는 상황에서 진료가 제대로 될까요? 1분 진료, 3분 진료로 정말 환자의 아픈 곳을 잘 찾아낼 수 있을까요? 그 짧은 시간만으로 환자의 얘기를 충분히 들어주면서 불편한 몸을, 아픈 마음까지 충분히 어루만지면서 진료할 수 있을까요? 의사도, 환자도 충분한 진료가 이루어지지 않는다는 것을 다 압니다. 하지만 어쩔 수 없다는 생각에 우리 모두 너무 오랜 시간 길들여져왔습니다.

종합전문 의료기관을 방문한 외래환자들의 평균 대기 시간은 얼마일까. A대학병원의 이비인후과 앞에서 만난 환자들은 '1시간은 기본'이라고 말했다. 보름이 넘는 기침으로 호흡기내과에서 진료를 받고 나온 박 아무개(여·42) 씨는 '진료를 받기 위해 3시간을 기다렸다. 그런데 의사와 몇 마디 나눈 것과 엑스레이 찍고 다시 보면서 잠깐 얘기 들은 것이 전부였다. 합쳐 5분도 안 된다'고 불만을 터트렸다. 그러면서 왜 기침이 오래가는지 충분한 설명을 못 들었다고 난감해했다.

이 글은 어느 신문에 실린 기사입니다. 우리는 이렇게 진료실에서 겪은 불편 사항들을 보도하는 글을 심심찮게 읽습니다. 유명한 대학병원으로 가면 대기 시간은 더욱 길어집니다. 1시간은 기본이고 2~3시간 기다릴 때도 있습니다. 그러나 언론들도 문제를 보도하면서 근본 해결책을 내놓지는 않습니다. 어떻게 해야 개인병원이나 대학병원의 긴 대기 시간, 짧은 진료 시간을 해소할 수 있을지 언론도 답을 주지 않습니다.

대기 시간의 문제, 충분한 설명 부족 문제는 환자들만의 불만이 아닙니다.

사실 내가 진료하는 어린이 심장병 환자도 5분 간격으로 예약이 차 있다. 의사가 심장병이나 암 같은 중대한 질병을 5분 내에 환자나 보호자에게 설명할 수는 없는 노릇이다. 그러나 우리나라 의사들은 그러기를 강요받는다.

의사 생활 33년 가운데, 미국 텍사스의 아동병원에서 14년간 의사 생활을 할 때는 30분이나 1시간마다 환자를 진료했다. 아이들의 심리 상태, 학교 생활, 가정 생활까지 요모조모 물어보며 상담하고 치료를 하는 것이다.

하지만 이제 대한민국의 의사가 된 나는 심장이 아픈 아이들 가슴에 청진기 한 번 겨우 대보고는 언제 오라는 말만 하고 황급히 내보내는 습관을 들여야 한다. 벌써 며칠째 저녁 7시 넘도록 진료를 하는데도 10분 이상 아이들을 진찰해본 적이 없다. 정말…… 그 아이들 얼굴을 떠올리면 미안한 마음뿐이다.

어느 대학병원 소아심장 전문의의 글입니다.

의사들은 대부분, 아니 모두가 의과대학을 다니면서 의술이 아니라 인술을 베풀라는 선배 교수들의 말을 들으며 감동합니다. 그런 자상한 의사가 되겠노라고 다짐하기도 합니다. 그러나 의사가 되어 세상에 나오는 순간부터 불가능함을 체험합니다. 인턴 수련 기간, 전공의 기간 등을 거치면서 현실은 의사들로 하여금 바쁘게 환자를 보는 습관을 몸에 익히게 합니다. 개원을 했다 하더라도 환자에게 자세히 설명해주고 다정하게 대하는 데에 익숙하지 않습니다. 우리나라에서는 많은 환자를 빨리 보는 게 오히려 미덕이니까요.

이러한 상황이 벌어진 것이 의사들만의 책임은 아니라고 봅니다. 그들은 자유롭게 진료하라는 권리를 부여받았지만, '진료 행위'에 대한 권리만 얻었을 뿐 '질 높은 진료'를 할 권리는 잊으라고 강요받았기 때문입니다. 국민들이 싸구려 진료를 받도록 유도된 것처럼 의사들도 싸구려 진료를 하도록 키워진 것입니다.

아무리 가벼운 감기처럼 보이더라도 실제로는 결핵, 폐렴, 기관지염 등 심각한 질병일 경우가 많습니다. 감기 치료만 한 달 받다가 정밀검사를 해보니 그제야 폐암이라는 진단을 받았다는 식의 얘기를 우리는 종종 들을 수 있습니다. 짧은 시간에 진료를 마치는 우리나라와 같은 상황에서는 이처럼 타성에 젖거나, 무심한 진료 행위로 사람의 생명을 왔다 갔다 하게 할 수 있습니다.

그렇다면 진료의 정확성을 높이고, 환자들이 안심할 수 있는 적정한 진료 시간이란 과연 어느 정도일까요?

적정한 진료 시간에 대한 규정은 없습니다. 질병의 위급함, 난해함, 환자의 나이 등에 따라 진료 시간이 제각기 다를 수밖에 없기 때문입니다. 그래도 얼마의 시간이 '적정 진료 시간'이냐고 묻는다면 환자들이 만족하다고 느끼고, 의사가 충분한 정보를 얻었으며 환자에게도 필요한 교육을 할 수 있었다고 여기는 만큼의 시간이라고 하겠습니다.

즉, 오래 기다리고 짧게 진료했다는 사실이 사람들을 화나게 하는 것이 아닙니다. 시간이야 어떻든 간에 충분한 설명을 못 들었고, 자신의 병에 대해 이해하지 못했다는 것이 문제라는 겁니다.

외국에서도 동네병원에서 진료를 받으려면 30분이나 1시간 정도 기다린다고 합니다. 하지만 우리나라 동네병원과 다른 점이 있습니다. 의사가 환자와 가족들의 기록을 가지고 있고 오랫동안 그들을 맡아서 진료해왔기에 환자에 대해서 충분한 정보를 가지고 진찰한다는 것입니다. 물론 진료 시간도 보통 한 번에 20분 안팎이 소요됩니다. 그들은 환자를 한 주체로 보면서 충분히 살피고 치료할 준비가 되어 있는 것입니다.

질병은 하나의 요인 때문에 생기는 것이 아니라 여러 가지 문제들이 복합적으로 작용해 생깁니다. 영양 상태, 위생, 면역력, 생활 환경 등과 같은 개인의 상태와 병원체나 발병인자와 같이 질병을 일으키는 직접 원인들이 역학적으로 작용해서 생깁니다. 그러니 의사와 환자 간의 충분한 정보 누적과 대화가 여기에서 얼마나 중요하겠습니까?

단순한 감기일지라도 올바른 진료는 다음과 같은 것들을 고려하면서 이루어져야 합니다. 감기와 같은 증상으로 환자가 왔을 때를 상상하면서 읽어봅시다.

첫째, 어디가 어떻게 아픈지 자세한 문진이 있어야 합니다. 그리고 이때 왜 감기에 걸렸는지 역학役學적 문제부터 개인의 영양 및 건강 상태까지 분석해야 합니다. 직업은 무엇인지, 특별한 환경에 있지는 않은지 알아봐야 합니다.

단순히 열나고 기침한다고 해서 감기라고 결론짓고 문진을 끝내고 약을 처방하면 안 됩니다. 감기와 비슷한 증상을 보이는 질병이 수없이 많기 때문입니다. 기관지염, 만성기관지질환, 폐렴, 폐암 등 호흡기 관련 심각한 질환뿐 아니라 백혈병의 경우도 열이 나고 감기 비슷한 증상이 지속될 수 있습니다. 수십 가지 비교해야 할 질환들이 있습니다. 그런데 청진기만 딱 대보고 감기와 그 밖의 많은 질환들을 구분할 수 있을까요?

둘째 순서로는 환자의 불편함을 바탕으로 자세한 진찰 과정에 들어가야 합니다. 이 경우에는 의사의 지식과 경험이 큰 영향을 미칩니다. 감기인 줄 알았는데 돌발발진, 가와사키병(급성열성질환), 급성림프절염, A형간염, 뇌막염, 심지어는 충수돌기염이었다고 나중에 밝혀지는 경우도 종종 있습니다. 감기 증상 중에서는 열나고 배 아프고 구토하는 경우도 있어 깜빡 생각 없이 진료하다가는 놓치는 수가 있습니다. 의사는 이 많은 비교 질환들을 염두에 두고 능숙한 진료를 통해 구분해내야 합니다. 그러지 않으면 나중에 멱살을 잡힐 수도 있고, 환자들의 신뢰를 잃어 병원 문을 닫아야 할 수도 있습니다.

세 번째 생각해야 할 것들은 무슨 검사를 할 것인지, 무슨 약을 쓸 것인지, 언제 다시 봐야 할지 등입니다. 하지만 이 부분은 사실 크게 중요하지 않습니다. 정규 의과대학을 나온 의사라면 다 비슷하게 알고 있어서 진료 내용에서 크게 다르지는 않기 때문입니다.

실제 진료에서는 앞의 내용보다 훨씬 복잡 다양한 과정들이 있습니다. 단순한 감기일지라도 말입니다. 그런데 우리나라 의사들은 어떻게 이 많은 것들을 단 5분, 아니 1분 안에 해결할 수 있을까요? 특별히 실력이 뛰어나서가 아닙니다. 오래된, 잘못 만들어진 의료 시스템이 의사들을 1분 진료의 상황으로 몰고 갔다고 봐야 할 겁니다. 어느 의사도 의과대학에서 그렇게 진료하라고 배우지 않았을 겁니다. 의사 자신도 오진에 대한 위험 부담을 느끼면서까지 뚝딱하고 진찰을 끝내기 원치 않을 것이기 때문입니다.

6. 입원하게 해주세요

　해마다 10월부터 이듬해 3월까지는 환절기에다 겨울 날씨 때문에 감기 환자들이 많다. 감기란 것은 일반적인 명칭이고, 정식 명칭은 '급성 상기도감염'이라고 하는 게 맞다. 열이 나고 목이 아프기도 하고 기침이나 콧물을 동반하기도 하는 호흡기질환으로, 숨을 쉬는 기관인 호흡기의 위쪽에 생기는 병이므로 상기도감염이라고 부른다.

　상대적으로 아래쪽에 병이 생기는 하기도질환도 있다. 주로 기관지나 폐에 생기는 질환으로, 심할 경우 생명을 앗아갈 수도 있을 만큼 심각하다. 여기에는 기관지염, 폐렴, 결핵, 천식뿐만 아니라 복잡한 이름을 가진 질환들이 많다.

　11월의 어느 날이었다. 기침을 심하게 하는 아이가 엄마 품에 안겨서 진료실로 들어왔다. 열도 나고, 그르렁거리는 가래 소리가 심하게 들렸다. 유별난이 청진기로 들어보니 급성기관지염 수준이었다.

　"언제부터 기침했어요?"

　"일주일 됐는데 열이 떨어졌다가 다시 오르고, 기침도 심해졌어요. 계속 병원에 다녔는데……."

　"감기보다는 심한 상태예요. 굳이 말한다면 급성기관지염이라고 해서 폐 쪽으로 진행되고 있는 중입니다."

아이 엄마는 이전 병원에서는 감기라고 했다면서 지금의 진단을 못 미더워했다. 대개 이런 경우 처음에는 감기처럼 보였다가 기관지염으로 진행했든지, 합병증으로 기관지염이 생겼을 가능성이 크다. 사실 감기나 기관지염이나 정도의 차이일 뿐이지만 엄마는 심해졌다는 말에 긴장을 한 것 같다.

"입원해야겠네요?"

"기관지염은 입원하는 병이 아니에요. 아이에게 틈틈이 물을 잘 먹이고, 잘 쉬게 하면서 약을 먹이면 잘 나을 겁니다."

심하면 폐렴으로 갈지도 모르지만 잘 낫는 병이고, 어떻게 관리해야 하는지도 잘 설명해주었다. 탈수가 안 되게 하고, 외래에서 약을 잘 쓰면 좋아질 거라고 거듭 안심시키는 말을 해줬다.

"불안해서 안 되겠어요. 입원하는 게 좋겠어요."

"이런 정도로는 입원 안 해도 됩니다. 며칠만 지켜보면 잘 나을 거예요."

"아니에요. 왔다 갔다 하느니 입원하는 게 마음이 편해요. 요즘은 아이들 입원비는 거의 무료잖아요. 입원하게 의뢰서 써주실 수 있죠?"

엄마는 그 말 한마디 하고는 아이를 다시 안고 나갈 준비를 했다. 유별난은 더 얘기를 하고 싶었지만, 엄마의 마음은 이미 종합병원에 가 있었다. 아이 엄마에게 이 정도로 입원하면 국민의료비가 낭비되고, 병실이 모자라서 진짜 입원이 필요한 중증환자들이 입원을 못 하는 경우도 있을 수 있다고 말하면 따귀를 맞을 것이다.

급성기관지염이나 초기 폐렴 정도는 항생제를 적절하게 쓰고 안정을 취하면 대부분 치료가 잘된다. 유별난의 경험으로는 폐렴이라도 10명 중 한 명 입원시킬까 말까 했기 때문에 외래에서 진료할 때 크게 걱정하지 않는 병이다. 하지만 구태여 입원하겠다는 엄마를 말리고 싶지는 않아서 가서 잘 치료받으라고 말하고 보냈다.

몇 년 전, 정부는 6세 미만 소아가 입원 치료를 받을 경우 환자 측이 내야 하는 본인 부담금을 면제해주는 정책을 시행한 적이 있다. 보장성 확대 차원인 한편, 저출산에 대한 대책으로 가정의 육아 부담을 덜어주고자 한 정책이었다. 하지만 이로 인해 금세 입원 환자가 급격히 늘었고, 정부는 다음해 서둘러서 입원 아동들에 대한 본인 부담을 다시 늘려버렸다.

이렇게 정책이 오락가락하는 데에는 정책 입안자들의 근시안적인 태도가 한몫한다. 전체 의료체계를 손보려고는 않고 정책 하나만 바꾸려 하다 보니 정책이 안 먹히고, 거듭 실패만 하는 것이다.

앞에서 본 유별난의 환자만 해도 그렇다. 동네병원에서 봐도 될 환자들까지 전부 입원하게 하다 보니 정말 필요한 사람들이 입원을 못 하거나, 의료비 상승으로 이어져서 중증환자들의 비용을 절감하지도 못 하게 되는 것이다.

본인이 입원을 원해도 그럴 필요가 없을 때는 동네병원에서 의뢰서를 써주지 않도록 해야 하고, 입원 병원에서도 상태가 심각하지 않으면 돌려보내는 조치를 해야 한다. 지금은 환자 본인이 원하면 종합병원에도 가고 입원도 할 수 있지만, 의료전달체계를 공공히 하고, 동네병원의 역할을 높이면 그러한 정책은 얼마든지 훌륭히 수행될 수 있을 것이다. 그러면 아동 입원비를 계속 무료로 할 수 있고, 절감된 비용은 다른 치료비로 쓸 수도 있을 것이다.

7. 풀 베는 데 도끼를 찾다

유별난은 오랜만에 낚시 동호회 모임에 갔다. 저녁 먹고 자리를 옮겨 생맥주 집으로 갔다. 삼삼오오 나뉘어서 자기가 잡은 고기가 얼마나 컸는지, 낚시 채비는 어떻게 하니 효과가 좋았다든지 자랑을 늘어놓으면서 이야기꽃을 피웠다.

그러던 중 무역업을 하는 회원 하나가 유별난에게, 고혈압이 조금 있는 것 같은데 무슨 영양제를 먹으면 좋겠냐고 물어왔다. 유별난은 고혈압은 영양제보다 혈압강하제를 복용하는 게 우선이라고 강조하고, 혈압을 좋게 하려면 운동을 열심히 해보라고 권했다. 갯바위에 같이 내려서 낚시를 하기도 했던 친한 회원이라서 장황하게 이것저것 곁들이며 얘기를 했다. 루스벨트가 혈압이 아주 높았다는데 당시에는 고혈압 약이란 것이 없어서 일찍 죽었다는 '안 밝혀진' 사실까지 늘어놓으며 꼭 병원에 한번 들르라고 덧붙였다.

그 친구는 회사가 유별난의 병원과 가까웠기에 쉽게 올 법도 했으나 몇 달이 지나도 소식이 없었다. 그러던 어느 날 그가 병원에 찾아왔다. 진료실 밖에서 전자혈압계로 혈압을 쟀는지 들어오면서 "어, 160이 넘네? 얼마 전까지만 해도 150대였는데……."라며 고개를 갸웃거린다.

유별난은 다시 손수 혈압을 차분히 재보고는 혈압강하제 복용을 아주 강력히 권했다. 그는 운동 열심히 하고, 술도 줄이겠노라고 다짐하면서 약을 안 먹으면 안 되느냐고 사정을 한다. 유별난은 이미 강을 건넜노라고 일침을 놓았다.

약을 좋아하는 우리나라 사람들이면서도 막상 또 약을 먹어야 한다면 죽을 것처럼 싫어한다. 정말 싫어하는 친구의 표정을 보니 지금 당장 약을 먹게 하는 것은 불가능한 것처럼 여겨졌다. 대신 고혈압 수첩을 주면서 다시 한번 진지하게 혈압에 대해서 설명해줬다. 그리고 한 달만 운동 열심히 해보고 다시 오라고 했다. 그 친구는 당장 헬스클럽을 끊어 열심히 운동해서 정상 혈압을 만들겠노라고 다짐했다.

그러고 한 달이 아니라 몇 달이 지나서야 그 친구한테서 전화가 왔다.

"어, 박 형, 왜 병원에 안 들러? 운동은 열심히 했나?"

"운동? 그거 쉬운 게 아니네. 헬스를 3개월 치 끊어서 며칠은 잘했는데 그 뒤로는 영 안 나가지네."

"내 그럴 줄 알았다. 빨리 병원으로 와."

"그건 그렇고, 유 형은 무슨 과야? 내과야?"

이건 무슨 뜽딴지같은 소린가? 와서 약 처방 받고 가라는데 무슨 과냐니? 가끔 이런 질문을 받으면 조금 난감하다. 가정의학과를 뭐라고 설명해야 하나? 내과도 아닌 것이, 소아과도 아닌 것이, 산부인과나 이비인후과도 아닌 유별난, 그는 뭐란 말인가?

분명 그 친구는 유별난이 내과 의사가 맞느냐는 물음을 해왔을 것 같다. 그렇게 혈압에 대해서 자세히 알고 있는 것으로 봐서 내과 전문의가 맞을 거라고 확신을 하고 싶은 모양이다. 유별난은 자신은 가정의학과 의사이고, 지금 그 친구가 가진 질환 정도는 충분히 관리해줄 수 있다고 설명했다. 1차의료라는 전문 용어까지는 쓰지 않았지만 납득할 만큼 말해줬다. 자존심 때문에 더 강조해서 말한 것 같다.

"유 형이 하도 걱정을 하기에 요번에 OO의료원에 가서 진료를 받았지. 거기에서도 혈압이 높게 나오더라구. 어쩔 수 없이 처방해준 대로 고혈압 약을 먹기 시작했는데 이거 평생 먹어야 하는 거지?"

속이 확 뒤집힌다. 입이 마르도록 얘기한 사람 말은 듣지도 않고 그 잘나가는 OO의료원에 갔단 말인가? 그래서 고작 한다는 소리가 평생 먹어야 할지 물어보려고 바쁜 사람에게 전화를 한 건가? 왜, 그 저명하신 박사님한테 물어보지 않고?

물론 속으로만 부르짖고 말았을 뿐, 유별난은 타는 가슴을 가라앉히고 차분히 말했다.

"당연하지, 혈압약은 평생 먹어야 해. 어, 환자 밀렸다. 나중에 다시 얘기하자."

유별난은 바쁘다는 핑계를 대고 전화를 끊었다.

그러고 얼마 지나지 않아 그 친구가 또 전화를 했다. 유별난이 기분 나빠하는 것은 전혀 모르는 눈치였다. 그 친구는 OO의료원에서 100만 원이 넘는 건강검진까지 받았다는 것을 힘주어 말하면서 나중에 검진 결과를 보여주러 오겠다고 했다.

"얼마 전 건강검진 결과를 받았는데 지방간도 나오고, 비만에 백혈구 수치도 약간 높다잖아. 걱정이 되어서 자네한테 전화를 하게 됐어. 여러 사람들한테 물어봤더니 합병증도 많고 해서 처음부터 큰 병원으로 가봐야 한다는 게 중론이더라. 그래서 OO의료원으로 찾아갔는데, 정말 이름값만큼 예약도 힘들어서 보름 만에 겨우 진료를 받을 수 있었잖아. 워낙 사람이 많으니까 진료야 뭐 간단히 끝났지만 좋은 혈압약으로 처방받고 지금 먹고 있어. 이럴 줄 알았으면 운동을 정말 열심히 하는 건데……."

유별난은 그 친구와 통화를 하고 나서 밥맛도 떨어지고, 속도 쓰려왔다.

귀찮기는 해도 친구가 전화로 물어보는 것쯤은 몇 번이라도 괜찮다. 5만 원도 안 들여서 할 수 있는 검사를 100만 원이나 주면서 한 것도 배 아프지 않다. 자기 돈 들여서 건강 찾는다는데 누가 말릴 것인가? 유별난이 화가 난 이유는 자기 병원에서 엎어지면 코 닿을 데에 회사를 다니는 친구가 몇 번이고 실컷 유별난의 입을 아프게 해놓고는, 자기를 무시하고 멀고 먼 병원을 찾아가는 헛된 정성을 보였기 때문이다.

유별난은 휴대전화에 그 친구 이름이 뜨면 절대 안 받기로 결심했다. 진료 중에는 당연히 그래야겠고, 일과가 없어도 안 받으련다.

건강검진 결과 보여주러 온다고?

"김 간호사, 앞으로는 그 친구 전화 오면 진료 때문에 바쁘다고 하세요."

유명 의료원, 저명하신 박사님을 찾아간 친구여, 행복하라.

 ## 의료전달체계란 무엇인가?

'의료전달체계'란 효율을 위해 의료 인력, 의료 시설 등의 의료 자원을 국민들이 단계적으로 이용하게 하는 방법을 말합니다. 아파서 병의원을 이용할 때 먼저 동네병원에 들러 진료를 받게 되는데, 거기에서는 우리가 흔히 앓는 대부분의 질환을 다루게 됩니다. 중병이나 알기 힘든 질환일 때, 또는 더 자세한 검사가 필요할 때는 자세한 사유를 적은 의뢰서를 받아 2차, 3차 병원의 전문의를 방문합니다. 이러한 단계를 거치게 하는 것이 바로 의료전달체계입니다.

아무 병원이나 골라 가면 훨씬 편할 텐데, 왜 복잡하게 이러한 과정을 거치게 하는 걸까요?

간단히 말하면 단계를 거치면서 병원을 이용하지 않고 원하는 대로 아무 병원이나 갔다가는, 궁극적으로 환자의 건강 상태를 책임 있게 다루지도 못하고, 비용도 더 들어가기 때문입니다.

예를 들어 몇 달을 끌어온 기침 때문에 유능한 전문의의 진료를 받고자 종합병원을 찾았다고 합시다. 원인은 코동굴염(부비동염)이라고 가정하겠습니다. 만성기침의 가장 많은 원인이 되는 담배를 태우지 않는 환자라면 다른 원인을 찾아야 할 텐데, 기침이니까 당연히 내과 쪽을 찾게 됩니다. 의사를 만나서 질문도 받고 진찰도 받습니다. 보통은 흉부 방사선 검사X-ray를 하고 며칠 후 결과를 보러 다시 내원합니다.

다시 병원을 방문했는데 기침도 안 멈추고 검사에서도 이상이 발견되지 않았으면 이번엔 호흡기 검사를 하자고 합니다. 1주일이나 2주일, 어떤 경우는 한 달 넘게 기다려서 검사를 받습니다. 그렇게 검사가 끝나도 원인을 모르면 CT를 찍어보자 하기도 하고, 호흡기에는 아무 문제가 없으니 소화기내과로 가보라고 합니다.

환자는 그 병원의 소화기내과 의사를 만납니다. 만성기침은 '위식도역류증'이라는 소화기질환의 특징적 증상 중 하나이므로 내과에서도 소화기내과를 가야 하는데, 이번에는 분명 원인을 찾을 거라고 확신하면서 진료를 받습니다. 대개 이런 경우는 한 번의 진찰로 알 수 없습니다. 위식도역류증을 확진하려고 위내시경을 받지만 아니라는 결과가 나오면 이번에는 이비인후과로 의뢰합니다. 이비인후과에서는 예약을 받아서 코동굴염과 관련된 방사선 사진을 찍고, 며칠을 기다려서 다시 병원을 방문하여 결과를 듣고 비로소 제대로 된 치료를 시작합니다.

물론 요즘에는 이러한 과정들이 다소 짧아지고 경우에 따라서 검사도 빠르게 진행할 수 있지만, 대부분 여러 단계를 거치면서 한 달 넘게 시간을 들이면서 진료가 이루어집니다. 우연히 내가 짐작한 진단과 맞아떨어져서 처음부터 해당 전문과를 찾아간다면 좋겠지만, 많은 경우 정확히 알아내기가 어렵습니다. 아무리 가벼운 질환이라도 병명을 알기 힘들 때는 여러 전문과를 찾아 헤매기도 하고, 확진을 위해 7~8번

병원을 찾는 경우도 생깁니다.

만성기침 ⇨ 종합병원(호흡기내과 → 소화기내과 → 이비인후과)

하지만 1차의료의 질환들에 대해서 충분히 알고 있는 동네병원을 이용하면 어떨까요? 동네병원 의사는 만성기침이 생길 수 있는 여러 가지 상황에 대해 설명하고, 관련 질환들에 대한 기본적 진찰을 합니다. 가장 가능성 높은 질환에 대해서 할 수 있는 검사를 하거나, 아니면 경험적인 치료를 할 수 있습니다. 말하자면 '원스톱 시스템'인 거죠. 이런 경우 대부분 동네병원의 의사들에 의해서 해결이 됩니다. 해결이 안 되면 그제야 의뢰를 받아 종합병원 문을 밟습니다. 종합병원에 가서 여기저기 헤매고 다니는 것이 아니라 1차진료를 담당하는 의사의 소견에 따라 가장 의심되는 질병과 관련된 진료과를 찾아가므로 시간과 비용이 절약됩니다.

만성기침 ⇨ 동네병원(주치의 구분 없는 일반병원) ⇨ 종합병원

거의 모든 질환들에 대해 이와 같은 과정을 거쳐 진료를 한다면 질병 관리, 건강 관리가 더 효율적으로 이루어집니다. 국가적으로는 재정, 통계, 정책 등 여러 면에서 이익이 됩니다.

우리나라에서는 이러한 전달체계가 없고 환자들은 병원이나 의사에 대해 무제한의 선택권을 가지고 스스로 골라 갑니다. 좋은 점은 자유롭다는 것 하나일 뿐, 그 밖에는 문제점투성이입니다. 환자가 자유롭게

의사를 선택하므로 의사들은 환자 유치 경쟁을 극심하게 벌여야 하고, 환자에 대한 정보 부족으로 진료에 어려움을 겪습니다. 그뿐만 아니라 빨리 낫게 해야 한다는 강박관념이 생겨 무리한 치료를 할 수도 있습니다. 무분별한 항생제의 투여도 이러한 과정에서 이루어집니다. 물론 치료가 잘되는 것도 아닙니다.

우리 주변의 많은 질환들은 대부분 동네병원에서 해결이 가능합니다. 감기부터 시작해서 고혈압, 당뇨 등 흔히 앓을 수 있는 질환으로 큰 병원을 찾는 것은 마치 풀을 베기 위해 낫이 아니라 도끼를 찾는 격입니다.

 # 1차의료란 무엇인가?

'1차의료'란 의과대학생들이 배우는 교과서를 빌려서 말하면 "지역 주민이 처음으로 접하면서(첫 접촉, 문지기 역할), 질병의 치료뿐만 아니라 예방, 건강 증진, 건강 교육 등을 포괄하는 의료 서비스(포괄성)를 전인적(전인성)이고 지속적으로 제공(지속성)하며, 적절한 전문가 의뢰를 통해 환자의 만족도와 치료 효과를 높이는 역할(조정성)을 하는 것"입니다.

1차의료의 또 하나 특징은 통합적(통합성)으로 진료를 한다는 것입니다. 사람을 이곳저곳으로 나눠서 보는 게 아니고, 사람이 가진 질병도 소화기질환, 호흡기질환, 뇌질환, 피부질환 등으로 세분화해서 보는 게 아님을 뜻합니다. 사람을 통합적으로 이해하고 전체적인 맥락에서 질병을 보면서 치료한다는 뜻입니다.

설명이 길어졌는데, 쉽게 표현하면 1차의료란 '자신을 잘 아는 동네 병원 의사가 진료하는 것'이라고 보면 됩니다.

진료 내용으로는 일상생활에서 흔히 접할 수 있는 질환들을 다룹니다. 감기나 폐렴과 같은 호흡기질환, 위장 증상이나 만성 간 장애를 다루는 소화기질환, 고혈압과 당뇨 등 만성질환, 여성 생식기질환, 산과 관련 문제, 피부질환, 간단한 안과질환, 우울증과 같은 정신질환 등 다양합니다. 물론 이들 중에서도 전문의 진료가 필요한 경우가 있습니다. 하지만 많은 경우 지역 내에서 1차의료 의사가 해결할 수 있는 것이 대부분입니다.

어떤 사람들은 아무래도 대학병원급으로 가서 권위 있는 교수님에게 진료받는 게 더 낫지 않느냐고 하지만, 사실 진료 수준이나 치료 효과에서 차이가 없습니다. 대학병원으로 가면 비용과 시간이 더 많이 들어갈 뿐입니다.

그래서 의사들의 역할분담이 잘되어 있는 국가들에서는 1차의료에서 담당해야 할 일, 전문의 의뢰가 필요한 일, 종합병원에서 해야 할 일 등이 철저하게 나뉘어 있습니다. 우리나라도 형식적으로 나누기는 했으나, 동네병원과 종합병원 간의 차이가 너무 없습니다. 아무나 쉽게 갈 수 있습니다. 일반의와 전문의의 진료에도 차이가 없습니다.

의료 기관은 1차, 2차, 3차 의료 기관으로 구분합니다. 의료법에서 기준이 정해집니다만 간단히 보면 동네병원을 1차진료 기관, 좀 큰 중소병원은 2차진료 기관, 대학병원이나 대형병원들을 3차진료 기관으로 구분하는 거지요. 다분히 행정적인 구분입니다.

의료전달체계라는 측면에서 볼 때 1차의료의 '1차'란 첫 번째 순서라는 의미가 아닙니다. 1차적인, 즉 '가장 기본적인'이란 뜻입니다. 사람들이 흔히 접하는 질환을 거주지와 가까운 곳에서 치료받는 것을 '1차의료'라고 생각하면 됩니다.

더 심도 있게 치료해야 할 것들이 있다면 동네병원의 의뢰를 받아서 가는 '전문의의료'를 받으면 됩니다. 이처럼 전문의가 하는 진료 행위를 '의뢰의료'라 부르기도 합니다. 1차의료 의사의 의뢰에 의해서 전문의나 종합병원에서 진료가 이루어지기 때문입니다.

1차의료의 중요성에 대해 1961년에 발표된 외국의 유명한 연구 조사가 있습니다. 16세 이상의 인구 1,000명을 대상으로 의료 이용 행태를 조사했는데, 한 달 평균 750명이 한 번 이상 건강상의 문제가 발생했다고 합니다. 그 중 500명은 자가 치료를 했고, 250명만이 주치의를 찾았습니다. 9명은 입원 치료가 필요했고, 그 중 5명이 전문의에게 의뢰되어 진료를 받았고, 9명 중 1명이 대학병원으로 보내져 치료받았다고 합니다.

이 조사 결과에서도 알 수 있듯이 많은 질환이 자가 치유나 1차의료 의사인 주치의를 통해서 해결이 가능합니다. 정말 해결이 불가능하거나 좀 더 상세한 검사나 진료 행위가 필요하다면 의뢰해서 전문의 진료를 받으면 됩니다. 그러면 불필요하게 이 과, 저 과를 찾아다니며 정력과 시간을 낭비할 필요가 없을 것입니다.

예를 들어 가슴이 아픈 환자가 가까이 있는 주치의에게 진료를 받았다고 해봅시다. 간단한 위장 장애라면 동네병원에서 약 처방으로 해결할 수 있을 겁니다. 주치의가 심한 협심증이나 폐의 중한 질환이 의심된다고 하면 심장내과 전문의나 호흡기내과 전문의에게 적절하게 의뢰해서 빠른 시간 내에 정확한 진료를 받게 할 수 있습니다.

우리나라는 아무리 가벼운 질환이라도 전문의라는 타이틀을 찾습니다. 종합병원이나 유명 대학병원에 쉽게 갈 수 있기 때문입니다. 거기에 가면 더 실력 좋은 의사가 있고, 치료가 더 잘될 것이라고 생각하기 때문입니다.

　하지만 정말 그럴까요? 동네병원에서 치료해도 될 것들이 큰 병원 가면 더 잘 나을까요? 그건 결코 아닙니다. 자기를 아는 병원, 자기가 늘 가는 병원이 최고입니다. 우리가 흔히 앓는 병들은 그들 손에서 충분히 치료할 수 있기 때문입니다.

 ## 누가 1차의료를 담당하는가?

50년 전에는 우리나라에서 전문의 자격을 취득하지 않고 진료 행위를 하는 의사들이 많았습니다. 하지만 질병의 예방, 복지와 결합된 보건의료 체계, 다양화된 질병 양상, 의료기술의 발달 등 이모저모를 고려했을 때 단순히 의과대학만 졸업해서는 질 높은 진료를 하기에 벅찬 부분이 있습니다. 알아야 할 것, 익혀야 할 기술이 너무 많기 때문입니다. 전문의 비율은 점차 늘어 지금은 90퍼센트에 육박합니다. 많은 사람들이 전문의가 진료하면 더 나은 치료를 받을 수 있을 거라고 생각합니다. 거기에는 맞는 면도 있고, 틀린 면도 있습니다.

세계적으로는 1차의료를 담당하는 의사를 특별히 교육하는 체계가 있습니다. 의과대학에서 배우지 못한 의학 지식뿐만 아니라 현장과 결합해서 의료기술이나 환자 진료법, 환자 면담 기법 등을 약 4~5년에 걸쳐 배웁니다. 이 사람들을 '일반의'라고 부르며 전문 과목을 배워서 특정 부분에서만 진료를 하는 사람들을 '전문의'라고 부릅니다.

전문의는 전문가로서 진료를 하게 해야 합니다. 그런데 우리나라에서처럼 내과, 산부인과, 이비인후과뿐만 아니라 방사선과, 흉부외과 등 전문의 중에서도 전문의들인 그들이 동네병원을 차리면 어떻게 될까요? 그들이 수련병원에서 4년 넘게 배운 전문 지식이나 기술의 많은 부분이 사장되어버립니다. 또 그들은 동네병원, 즉 1차의료 현장에서 필요한 것들을 제대로 익히지 못한 채 동네병원을 열게 됩니다. 전문의들이 전문의다운 진료를 할 수 없는 환경에서 오는 왜곡된 현상입니다. 전문 의료 과목의 지식이 100퍼센트 활용될 수 있도록 보장해주어야 하고, 잘못된 의료체계를 바로잡아야 하는데, 그러지 않으면 비용 낭비와 비효율은 계속될 것입니다.

우리나라에서 1차의료를 담당하게 하고 주치의 역할을 맡기려고 정부와 의사 사이에서 논의를 거쳐 만든 것이 가정의학과입니다. 도입된 지 30년 정도 되었습니다. 그에 따라 1차의료 의사로서 질적인 향상은 훌륭하게 이루어졌으나, 아직 그 수가 충분하지 않고 주치의 역할을 제대로 못 하고 있는 실정입니다. 주치의 문화가 제도를 통해 정착되지 못하여서 가정의학과 출신 의사들도 태생의 의미를 잊고 병원을 차려서 경쟁하며 환자를 유치하려는 쪽으로만 생각하게 되었습니다.

주치의제도를 정착시키려면 법과 제도로서 받아들이는 것이 1차적으로 중요합니다. 그리고 주치의로 활동할 의사들을 양적, 질적으로 충분히 확보하여야 합니다. 우리 저변에 있는 질환들을 다루고, 지역의 건강과 예방을 책임지고, 늘 곁에서 건강 문제를 얘기할 수 있는 1차의료를 담당할 의사들을 늘려야 합니다. 현재의 가정의학과 전문의란 이름으로 더 늘릴 수도 있고, 새로이 더 좋은 1차의료 의사 수련제도를 만들어서 확대할 수도 있습니다.

일반의와 전문의

우리나라 전문의의 비율이 어느 나라보다 높다는 것은 잘 알려진 사실입니다. 의사가 전문의가 아니라면 오히려 이상하게 여겨질 정도입니다.

지금은 당연시되는 전문의가 우리나라에 처음 만들어진 것은 1959년 수련의제도post-graduate training가 공인되면서입니다. 해방 이후 미국식 의료제도를 도입하는 데 열을 올렸던 의사 단체는 의사의 질적 향상을 추구한다는 명목으로 전문의제도 도입을 이끌었습니다. 당시는 한국전쟁이 끝난 지 얼마 안 되는 시점으로, 국가 보건을 담당하고 지역 의료를 책임질 의사 수가 턱없이 부족했습니다. 잘 교육된 일반의를 배출하는 것이 시급했는데도 의사의 수준을 높이고, 다양한 분야의 의료 전문가를 양성한다는 취지로 전문의제도를 적극 들여왔던 것입니다.

외국 자료를 보면 오스트레일리아, 벨기에 같은 나라들은 전문의 비중이 전체 활동하는 의사의 절반 이하이고, 프랑스, 캐나다, 포르투갈, 뉴질랜드, 터키는 전문의 비중이 절반 정도라고 합니다. 그 외의 다른 선진 외국들도 활동 의사 중에서 전문의가 차지하는 비율이 다소 늘어가는 추세입니다. 미국, 독일 등 많은 OECD 국가들은 60퍼센트를 상회하는 전문의 비율을 보입니다.

우리나라도 전문의제도 도입 초창기에는 전문의가 전체 의사의 0.2퍼센트에 불과했습니다. 그러던 것이 2002년 통계를 보면 83퍼센트로 증가했습니다. 미국(65.1퍼센트), 캐나다(49.4퍼센트), 독일(68.9퍼센트), 프랑스(50.7퍼센트)에 비해 월등히 높은 양상입니다. 아주 오래전에는 전문의가 일할 수 있는 병원이 부족하고 시설이나 준비도 미흡해서 전문의들은 각 지역으로 흩어져 일반 진료(1차의료)를 할 수밖에 없었습니다. 수련받은 전문의 대부분이 개원을 했고, 서로 치열한 경쟁을 하게 되었습니다.

전체 의사 수와 전문의 증가 비교(보건복지가족부, 2009)

연도	면허 의사 수(명)	전문의 수(명)	면허당 전문의 비율(%)
1985	29,596	14,797	50.0
1990	42,554	23,222	54.6
1995	57,188	32,030	56.0
2000	72,411	45,870	63.3
2001	75,203	49,044	65.2
2002	78,517	52,045	66.3
2003	81,248	54,864	67.5
2004	81,918	55,948	68.3
2005	85,289	58,807	69.0
2006	88,139	61,191	69.4
2007	91,400	64,034	70.0
2008	95,088	66,821	70.0

한국전쟁 직후 6,000명을 조금 넘던 의사 수는 1960년에는 1만 명이 넘었고, 그해 전문의 비율은 23퍼센트 정도였습니다. 1970년 28퍼센트, 1980년 37퍼센트로 차츰 늘어나면서 1992년 55퍼센트, 2002년 67퍼센트가 전문의 자격증을 가지고 있다는 통계가 나왔습니다. 이처럼 전문의가 되는 것이 당연시되다 보니 2009년의 통계를 보면 활동 의사 수가 10만 가까이 되고, 개원의의 70퍼센트가량이 전문의라고 합니다.

61쪽의 도표에는 의사 면허를 가진 의사 수가 제시되었지만, 실제 활동하는 의사를 생각하는 게 한 국가의 실질적인 의사 인력을 판단하는 데 도움이 됩니다. 면허를 땄지만 돌아가신 분도 있고, 연구 업무에만 종사하거나, 이민 등으로 실제 진료를 안 하는 경우를 제외한 의사 수를 '활동 의사 수'라고 합니다. 활동 의사 수가 우리의 건강을 직접 담당하는 의사 수에 적합하기 때문에 OECD에서 통계를 제시할 때도 이 기준으로 합니다. 활동 의사 수를 정확히 파악하기 힘들다는 게 문제인데, 우리나라에서는 대략 면허 의사 수의 80퍼센트 정도로 생각하면 될 겁니다.

2009년 통계를 보면 면허 의사 수가 10만 가까이 되고, 전문의 수는 70퍼센트 정도로 나오지만, 실제 진료를 하면서 활동하고 있는 의사 수로 보면 83퍼센트 정도가 전문의라고 합니다. 그 중에서도 동네병원에서 일하는 개원의만을 놓고 볼 때는 93퍼센트가 전문의라고 관련 연구자들은 말합니다.

전문의가 많은 것이 문제가 아니라 불필요하게 전문의를 양성했다는 게 문제입니다. 동네병원에서 일반 환자들을 보는 전문의들은 가정의학과도 있지만 내과, 소아과를 비롯해서 이비인후과, 산부인과, 외과, 신경과, 재활의학과, 마취통증의학과 등 다양합니다. 일부 전문과를 제외하고는 1차의료, 즉 동네병원에서 담당해야 할 의료에 대해서 수련을 받지 못한 상태입니다. 그리고 많은 전문의들은 동네병원을 하면서 자기가 수련하면서 배운 전문 지식의 대부분을 써먹는 것이 아니고 까먹게 됩니다. 이 얼마나 낭비입니까?

우리가 알고 있다시피 주치의제도를 시행하고 있는 유럽을 중심으로 한 외국에서는 일반의를 주치의로 하고, 필요한 경우 의뢰를 받아 전문의 진료를 받습니다. 주치의제도를 잘 시행하고 있는 외국에서는 늘 가족의 건강에 대해서 얘기할 수 있는 주치의를 존경합니다. 그리고 의사라고 하면 당연히 일반의를 떠올립니다. 복잡하거나 깊이 있는 의학 지식을 필요로 하는 것이 아닌, 주변에서 일반적으로 접하는 건강상의 문제를 다룬다고 해서 일반의라고 부릅니다. 그들은 5년 안팎의 일반의 수련 과정을 거쳐야 하는데 우리나라로 치면 '일반과 전문의'인 셈이죠. 우리나라처럼 의과대학만 졸업해서 의사 면허를 딴 사람을 일반의라고 하지 않습니다.

그런데 어찌 된 일인지 우리나라에서의 '일반의'는 의과대학을 졸업하고 전문의 과정을 밟지 않은 의사를 가리키는 말로 굳었습니다. 전문의와 대비되는 명칭으로서의 일반의가 아니라 '전문의보다 덜 교육받은 존재'라는 느낌이 되어버렸습니다. 일반의를 낮추어 보는 경향도 생겼습니다. 그러한 경향성은 비단 국민들 사이에서뿐만 아니라 의사 사회에서도 마찬가지입니다.

의학의 역사로 보면 전문의제도는 미국에서 시작되었습니다. 1917년 미국의사협회에서 안과 전문의 자격시험을 만들어 시행한 것이 최초라고 합니다. 당시 선진국이던 유럽도 쉽게 적용하지 않던 전문의제도를 해방 이후 우리나라가 재빨리 받아들인 것을 두고 선진문물을 받아들이는 데 발이 빨랐다고 칭찬할 수도 있겠지만, 한편으로는 왜곡된 의료 체계를 넓히는 데 일조했다는 생각이 들면 고개를 젓게 됩니다.

전문의제도는 이후 전 세계로 뻗어나갔고, 이제는 전문의 중의 전문의, 즉 세부 전문의까지 있습니다. 예를 들어볼까요? 우리나라에서는 내과, 외과, 산부인과, 소아과(소아청소년의학과), 가정의학과, 신경과, 신경외과, 정신과, 정형외과, 흉부외과, 성형외과, 안과, 이비인후과, 피부과, 비뇨기과, 마취통증의학과, 진단방사선과, 방사선종양학과, 병리과, 진단검사의학과, 결핵과, 재활의학과, 예방의학과, 응급의학과, 핵의학과, 산업의학과 등 모두 26개 전문 과목이 있습니다. 의사란 호칭 하나면 되던 것이 26개 전문의로 갈라진 겁니다. 요즘은 여기에다가 세부 전문의가 생겼습니다. 내과에서도 소화기내과, 호흡기내과, 순환기내과(심장내과), 혈액내과, 신장내과, 내분비내과, 알레르기내과, 류머티스내과, 감염내과, 종양내과 등 숨이 찰 정도로 많습니다. 내과뿐만 아니라 다른 전문과들도 세분화를 추진합니다.

가슴이 아파서 큰 병원에 갔는데, 벽에 붙은 진료표를 보고는 가슴이 더 답답해지고 머리까지 지끈거리는 수도 있을 것입니다. 도대체 나는 어느 과를 찾아가야 할까요? 가슴이니까 당연히 심장내과? 위나 식도가 아플 수도 있으니까 소화기내과? 가슴에 있는 뼈가 문제일 수도 있으니까 정형외과? 고심 끝에 전문과를 찾아간다고 해도 진료를 받다가 다른 과로 가라는 얘기를 듣는 경우도 많습니다.

물론 이러한 분화는 의학의 발전에 따른 진전이며, 올바른 방향이기도 합니다. 문제는 그 방향이 절제되지 못하고 무한대로 뻗는다는 데 있습니다. 1차진료를 충분히 확대하는 방향에서 전문의의 발전이 이루어져야 하고, 그 바탕 위에 전문의 수련을 필요한 만큼 균형 있게 이루는 것이 정답입니다.

8. 왜 힘들게 유명 의료원 가세요?

동네병원에서 진료를 하다 보면 많은 일들을 겪게 된다. 동네병원 의사들에게 가장 힘들고 짜증나는 순간은 진단하기 힘들거나 치료가 잘 안 되는 질환을 만났을 때가 아니다. 소심하게 보일지도 모르겠지만, 환자가 동네병원을 대학병원과 비교하면서 무시하는 듯한 말투와 몸짓을 보일 때 기분이 안 좋아진다. 어느 학원 표어처럼 '열과 성으로' 정말 열심히 진료하고 상담하더라도 무시를 당하는 경우가 있다.

엊그제 50대 후반의 여자 환자가 유별난의 진료실로 들어왔다. 내부 인테리어 상황을 점검하는 듯 둘러보고는 의자에 앉는다.

"어디가 불편하세요?"

"저는 ○○의료원 심혈관센터 김○○ 박사님에게 진료받고 있는데요."

딱 느낌이 온다.

"아, 예, 예. 그런데요?"

"동맥경화도 있고, 콜레스테롤이 높다고 해서 여러 해 동안 진료를 받고 있는데 예약 시간을 놓쳐서 할 수 없이 여기로 약을 처방받으러 왔어요."

무슨 약을 복용하고 있냐고 물어보기 무섭게 약 이름을 댄다.

“○○○스타틴이에요.”

이름이 긴 외국어로 되어 있어 보통은 ‘피에서 기름 빼주는 약’이라고 하든지, 조금 유식한 표현을 써서 ‘고지혈증 약’이라고 부르는 약이다. 이처럼 쉽게 약 이름을 말하는 경우는 드물기 때문에 유별난도 다시 한번 환자의 얼굴을 슬쩍 쳐다보게 된다. 럭셔리한 의상에 피부도 고운 50대 후반. 말투에서도 교양이 묻어나온다.

대개 이런 환자가 오면 의사는 그 환자를 건성으로 대한다. 왜 그런 심리가 작용하는지 모르겠지만 그냥 잘 얘기해서 빨리 보내고 싶어진다. 다음부터는 이 병원을 안 찾을 사람 같으니까. 그런데 유별난은 그 환자를 빨리 안 보내고 이런저런 말을 이어갔다.

“아, 고지혈증 약이네요. 저녁마다 드시죠?”

“네. 이게 제일 좋다고 하더라고요.”

유명하다는 ○○의료원 의사에게 꿀리지 않는 것처럼 보이려는 유별난의 알량한 자존심이 불끈했나 보다. 환자는 궁금해하지도 않는데 고지혈증이란 무엇인가부터 동맥경화의 주범이며 심혈관계에 어떤 영향을 주니까 잘 치료받아야 한다, 운동이나 식사요법을 병용하면 좋다는 것까지 장황하게 설명을 곁들였다. 그러다가 흘끗 환자의 얼굴을 쳐다보니 따분한 기색이 역력했다.

“왜 멀리까지 가서 약을 처방받으세요? 이런 거는 가까운 병원에서 진료하고 처방받아도 돼요. 가끔 피검사도 받으면서요.”

그 환자에게 잘 보여서 고객으로 만들려는 생각은 아니었다. 다만 이런 정도는 자기 같은 동네병원 의사도 잘 알고 있으니 굳이 힘들게 큰 병원까지 갈 필요가 없고, 가까운 곳에서 잘 관리하면 된다는 것을 말하고 싶었을 뿐이다.

"동맥경화는 무섭잖아요. 성인병도 일으키고, 중풍이나 심장병을 만드는 거라고 하는데 아무 데서나 진료받으면 되겠어요? 아, 물론 선생님도 잘 보시겠지만 이게 심각한 문제잖아요? 그래서 전문가 박사님한테 진료를 받는 게 마음이 놓여요. 그 분이 TV에도 늘 나오시는 분이거든요."

이쯤 되면 말을 더 이어선 안 된다. 이미 조국을 지키려는 강력한 의지로 똘똘 뭉쳐 있기 때문에 그 어떤 공략이나 유화책을 써도 무너지지 않을 것이다. 가까운 동네병원에서 진료를 받는 것이 편리하고 좋다고 친절하게 설명하는 것도 무의미하다. 왜 말을 길게 해서 자신을 더 초라하게 만들어버렸는지 모르겠다.

잠시 침묵이 흐른 뒤 유별난은 고개를 끄덕이면서 '훌륭하신 분에게 진료를 받는 것은 정말 중요한 일이지요, 잘하셨습니다'라는 듯한 표정을 지었다. 그리고 환자가 불러준 약 그대로 처방전을 써주었다. 그 환자는 고맙다고 미소를 짓고 인사를 하며 나갔다.

유별난은 그 환자가 과연 유명 의료원이라고 하는 데서 운동이나 식사요법을 제대로 교육받고 있는지 궁금했다. 그런 정도면 어느 동네병원에서도 쉽게 처방하는 것인데, 가까운 동네병원에 와서 건강 상담도 하면서 약을 처방받으면 얼마나 편할까? 아무리 봐도 굳이 비싼 진료비 내고, 오래 기다려가면서까지 유명 의료원에 갈 필요가 없을 텐데 말이다.

유명하다는 그 의사, 유별난은 모르는 이름이었다. 하지만 대개 그정도 유명세가 있으면 환자들이 줄을 서서 진료를 받기 때문에 정말 1분 진료를 받기 쉽고, 늘 똑같은 처방전을 들고 나오는 경우도 많다. 가벼운 질환이면 더욱 그럴 것이다.

# 조화로운 의료전달체계

동네병원과 종합병원 사이의 관계인 의료전달체계도 중요하지만, 동네병원 간의 관계도 무척 중요합니다. 앞에서 예를 든 만성기침은 실제 원인을 찾기가 쉽지 않은 증상입니다. 잘 안 낫는다고 이 병원 저 병원 골라서 옮겨 다니다 보면, 원인을 찾기 힘든 것은 물론이고 한참 뒤 심각한 병이라고 판정이 나버린다면 얼마나 안타깝겠습니까?

단순 감기라고 해서 오랫동안 치료를 받았는데, 나중에 보니 폐암 말기로 밝혀져 오진으로 소송을 냈다는 보도를 언론에서 종종 봅니다. 이런 예는 숱하게 찾을 수 있습니다. 동네병원을 마음대로 옮겨 다니는 바람에 일정한 의사를 통해 여러 방면으로 진찰받을 기회를 놓쳐서 벌어지는 일들입니다.

단계를 밟으면서 이루어지는 진료체계 과정이 올바르다고 해도 주치의제도가 자리 잡지 못하면 동네병원들끼리 무한경쟁이 벌어져 의료 질서가 혼란해질 수 있습니다. 동네의 1차의료 기관을 찾는다 하더라도 환자가 여기저기 병원을 돌아다닌다면 종합병원에 가서 헤매는 것과 다를 바 없습니다. 자신을 잘 아는 주치의로부터 진료를 받고 차분히 기다려보기도 해야 합니다. 마음에 안 든다고 병원을 자주 옮겨 다닌다면 새로 찾아간 병원의 의사는 이전 치료 과정을 모르는 상태로 진찰을 하므로 여러 모로 비효율적입니다.

환자들은 여전히 이 병원, 저 병원 다니면서 쇼핑을 하고, 비용과 시간의 낭비는 사라지지 않습니다. 의사들도 고객 유치 경쟁에서 이겨야 하므로 더 많은 장비를 갖추려고 합니다. 어떤 동네병원은 종합병원에도 없는 장비를 갖추고 대대적인 광고를 하기도 합니다. 종합병원 수준에서 있어야 할 검사나 치료 장비들을 일반 개인병원급에서 사용하는 것은 검사나 장비의 남용입니다.

이런 점에서 1차의료, 의뢰의료와 같이 전달체계가 갖춰졌다고 해도 주치의를 통한 진료체계가 갖춰지지 않으면 의미가 없습니다. 주치의 제도를 도입하면 환자는 어떤 상황에서도 주치의에게 진료를 받고, 필요한 경우 종합병원 전문과로 의뢰를 받아서 효율적으로 진료를 받고 검사, 수술을 할 수 있습니다.

> 만성기침 ⇨ 주치의 ⇨ 전문의, 종합병원

조화로운 의료전달체계는 동네병원인 1차의료와 2, 3차 의료(의뢰의료) 간의 관계를 올바르게 잡아줍니다. 그리고 동네병원을 이용할 때에도 오랫동안 환자를 보아온 의사가 진료한다면 오진이나 잘못된 치료의 확률도 크게 낮아집니다. 무리한 치료나 약제를 사용하지 않으면서 우리 가족의 건강을 잘 챙길 수 있습니다.

제 2 장

의사들은 의과대학에서부터 환자 중심의 진료를 하도록 배웁니다.
병을 보지 말고 그 사람을 보라는 훌륭하신 선배의 이야기도 듣습니다.
하지만 사회는 의사들을 이기적인 집단으로 알지,
존경할 만한 전문가로 바라보지 않습니다.

당연한 귀결입니다.
아마도 100년 넘는 우리나라 근대의학의 역사 속에서
의사들이 우리 사회와 호흡하는 법을 배울 기회를
가지지 못했기 때문이 아닌가 생각합니다.

의사들은 점점 넘쳐나고 있습니다.
의술이나 충실한 진료라는 말은 관념이 되어버리고,
자칫 무한경쟁 속에서 허우적대는 날이 올지도 모릅니다.

위기의 대한민국 의사들은 이제 어떤 길을 가야할지
선택의 기로에 서 있습니다.

1. 위기의 의사들

토요일 오후, 오늘 유별난은 진료를 마치는 대로 개원한 의사들을 위한 연수 강좌를 들으러 가야 한다. 수련 과정을 마치면 더는 공부를 안 해도 될 줄 알았더니, 해마다 새로운 내용이 생겨 들어둬야 한다.

택시를 타고 붐비는 도심을 뚫고 겨우 행사장에 도착했더니, 시작한 지 이미 30분이나 지나버렸다. 행사장 입구에는 오늘의 강의 목록이 눈에 잘 띄게 붙어 있었다.

제24회 개원의를 위한 연수 강좌

〈메인 강좌〉

- 예방접종의 최근 변화된 내용들

- 당뇨 치료의 새로운 흐름

- 고혈압의 최신지견

- 개원가에서 흔한 안과질환

- 개원가에서 흔한 피부질환

- X-ray 판독법

〈주제 강좌〉

■ 비만 관리의 새로운 개념

■ 피부 관리실 운영의 A~Z

■ 건강보조식품 활용 방법

■ 개원가 운영 컨설팅 교육

유별난은 새로운 강의 내용이 뭐가 있나 이리 기웃, 저리 기웃 돌아보았다. 어떤 강좌는 강의실이 가득 차서 서서 듣는 이들도 있었다. 무슨 내용인가 흘끗 보니 피부 관리실 운영에 관한 내용이었다. 피부 관리 기술이나 병원 운영하는 방법 등의 강좌에는 열심히 경청하는 의사들로 가득했다. 이 강의는 강의료를 미리 내고 듣는 것인데도 사람들이 꽉 들어찰 정도로 인기가 높다. 하긴 주변 의사 친구들도 피부 관리다, 비만이다 돌파구를 찾느라 고민한다는 말을 들은 적이 있기 때문에 새삼스러운 일도 아니다.

쉬는 시간이 되어 커피 한 잔 들고 로비로 나왔다. 해가 갈수록 연수 강좌를 듣는 인원이 느는 것 같다. 다른 강의들도 앉을 자리가 없을 정도이니까.

"어, 유별난, 너도 왔구나."

고개를 돌려 보니 졸업하고 한 번도 못 만났던 의과대학 동창이다.

"야, 이거 몇 년 만이냐? 아이는 잘 크냐? 그런데 여긴 웬일이야?"

그 친구는 방사선과를 전공하고 영등포 어디에 개원을 했다는 소문을 들었지만 그 뒤로는 소식을 듣지 못했다.

대학병원에 자리가 없어서 여기저기 기웃거려보다가 생각 끝에 개원을 했다고 한다. 방사선과로 개원한 줄 알았더니 의외로 일반의원으로 개원했다고 한다. 방사선과 의사로 수련을 받을 때는 환자를 거의 보지 않았기 때문에 이런 연수 강좌를 찾아다니며 이것저것 배운다고 했다. 다른 개원의 연수 강좌에도 빠짐없이 찾아가서 강의를 듣는다는 말을 들으니 왠지 안타까운 마음이 들었다.

"그냥 지방에라도 가지 그랬어?"

"말도 마라. 지방에도 자리 없다. 방사선과로 오픈하려고 해도 장비가 만만찮잖아. 병원을 차려서 잘된다는 보장도 없고……."

"환자들 보려니까 힘들지 않니?"

"내과 환자들은 어떻게 보겠는데, 가장 어려운 게 아이들 진료하는 거야. 진료실로 들어오자마자 울어대는 아이, 엄마가 붙잡고 앉았는데도 바동거리며 나를 발로 차는 아이들을 보다 보면 답답해진다."

그 친구는 고개를 설레설레 흔들었다. 열이 펄펄 나는 아이를 데리고 온 엄마와 이야기를 나눌 때는 오히려 자기가 더 근심어린 표정을 짓게 된단다.

그 뒤로 그 친구는 가끔 진료 중인 유별난에게 전화를 해서 예방접종은 어떻게 하는지, 목이 부어 보이는데 항생제를 줘야 할지 말아야 하지 등을 물어보곤 했다. 몇 달이 지나면서는 점점 묻는 횟수가 줄더니 나중에는 아예 전화가 안 온다.

'슬슬 적응을 했나 보다. 어쨌든 힘들게 선택한 길이니까 잘돼야 할 텐데…….'

가끔 동기들을 만나서 졸업 후 어떻게 지내는지 소식을 들으면 안타까울 때가 많다. 산부인과를 전공했는데 전공과 상관없이 비만이나 피부 관리를 하는 경우, 의과대학에서 기초과학을 전공하고 근무하다가 동네병원 의사로 변절(?)한 친구, 흉부외과 전문의가 된 뒤 어느 지방에 일반의원으로 개원을 한 친구 등등 여러 소식이 들려온다.

기초의학이 발전하지 않으면 의학 발전에 희망은 없다. 기초학문이 받쳐주지 않는데 무슨 의학이 발달하겠는가? 그저 치료 기술만 발달할 뿐이다. 우리나라 의료계는 그런 점에서 큰 문제가 있다.

흉부외과 가운데에는 수련의가 없어서 교수 혼자 간호사를 데리고 수술하는 곳도 있다고 한다. 고난이도의 수술에 의사가 혼자라니 위험 천만한 일이다. 산부인과 상황도 가관이다. 점점 출산율이 낮아져 산부인과 전문의들이 경영난을 겪고 있다고 한다. 그래서 어쩔 수 없이 산부인과가 아닌 '부인과'만으로 버티든지, 발 빠르게 피부 관리나 비만으로 업종 전환을 하고 있다고 한다. 그러다 보니 동네에선 요즘 아이를 낳으려 해도 산부인과를 못 찾겠다는 말들이 나온다. 이러다가는 정말 아이를 낳으러 대규모 원정 출산을 가야 할 날이 올지도 모르겠다.

의사들이 전공과 상관없는 진료를 하는 것이 단순히 그들만의 잘못은 아니다. 다른 것을 하면서 수입을 올려보겠다는 욕심으로 보일 수도 있겠지만, 대부분 자신들의 진로에서 희망을 못 찾았기 때문이다.

유별난은 전공의 선발에 합격되었을 때 기쁨으로 가득 찼던 동료들의 얼굴들이 떠올랐다. 밤새 병동에서 왔다 갔다 하면서도, 늦은 시간까지 수술실에서 보내다 피곤에 찌든 얼굴로 나오면서도 미래를 꿈꾸던 그들이었다. 유별난이야 처음부터 동네병원을 하겠노라고 정했기 때문에 그 길로 가고 있지만, 그 친구들은 훌륭한 각과 전문의 수업을 마친 의사들이 아닌가?

2. 유별난, 의료봉사 모임에 나가다

유별난은 몇 달 전부터 동네 어르신들 가운데 거동이 불편한 분들을 대상으로 방문 진료를 시작했다. 봉사가 필요하다는 마음에서 '독거노인주치의운동본부'라는 단체의 권유에 따라 시작한 것이다. 유별난, 그는 그렇게 희생과 봉사 정신이 투철한 의사가 아니다. 그보다는 성실하고 좋은 인상을 보여주면 동네 사람들이 인정해주겠지 하는 계산에서 지역 봉사 진료에 나선 것이다.

방문 진료를 해보니 그동안 모르는 게 많았다는 것을 깨달았다. 병원에 오기 힘든 분들이 별로 없을 줄 알았는데 의외로 많았다. 가족이 있는데도 혼자 사는 어르신도 있고, 가족과 같이 살아도 자식들이 일하러 나가느라 병원에 모셔오지 못하는 어르신도 있었다. 의사의 손길이 미치지 않는 곳이 도심 한가운데에도 의외로 많다는 것을 알고 조금 더 열심히 나서게 되었다. 병원 업무도 늦게 끝나는데, 거기에 방문 진료까지 하자니 집에 들어가는 시간이 더 늦어졌다.

가끔은 이 지역에서 방문 진료를 나가는 의사들끼리 모임을 갖기도 하고 공부를 하기도 한다. 요즘에는 〈대한민국 의사들이 걸어온 길〉이란 책을 함께 읽고 있다. 우리나라 의료의 역사와 의사들 얘기라서 유별난은 그다지 재미를 못 느꼈다. 그러나 다른 의사들은 책을 통해 지금까지 몰랐던 내용들을 알게 되어서 읽은 보람이 있었다고 했다. 그 책을 흥미 있게 읽었다니 굉장한 인내심에 존경이 우러나왔다.

"왜 요즘 의사들은 욕먹는 직업 중 하나가 되었을까요?"

어느 날 모임에서 유별난이 평소 궁금했던 것을 가지고 화두를 띄워 보았다. 가끔 신문이나 방송에서 의사를 안 좋게 묘사하는 보도를 접할 때마다 유별난 역시 기분이 안 좋았다. 그래서 이번 기회에 다른 의사들의 생각을 들어보기로 작정한 것이다. 의사들이 언론에서 난타를 당하기도 하고, 인터넷 서핑을 하다 보면 의사들에 대해서 칭찬하는 글을 본 적이 별로 없다.

"책에도 나왔듯이 의사들이 사회에 대해서 언제 한번 심각하게 고민해본 적이 없었으니까 그렇죠."

"의사가 자기 본분인 진료에만 충실하면 되지, 무얼 더 해야 하나요? 그게 욕먹을 일인가요?"

"의사들이 이제까지 국가의 보건의료체계나 국민들을 위한 일에 무관심했기 때문일 겁니다."

"저는 아니라고 봐요. 보건의료에 관한 논문들을 보면 예방의학 의사들이 얼마나 지대한 공헌을 했는데요."

"그거야 그 분들 사이에서만 인정되는 얘기라고 봐요. 예방의학과 교수들이 내놓은 내용들 가운데 정책으로 실행된 것이 얼마나 됩니까?"

"생각해보면 그래요. 예방이나 조기 치료, 건강권을 얘기하지만 어느 하나 제대로 된 게 없어요. 또 1차의료의 중요성을 얘기하면서도 무차별한 동네병원 경쟁만 있지, 제대로 정비된 것도 없잖아요."

"그리고 우리 의사들이 수가 올리기 투쟁에만 열을 올리지, 의료개혁에는 관심을 안 보인 게 사실이잖아요. 그러니 제도가 제대로 만들어지지 않은 거죠."

가만히 듣다 보니 마치 의사들 성토장 같다.

가뜩이나 진료수가가 낮아서 환자 머릿수로만 병원 운영을 하는 것이 힘든 현실이기 때문에, 의료개혁을 하려면 수가 현실화부터 해야 한다고 생각하는 유별난이었다. 그래야 질 좋은 진료도 가능하고, 환자들에게 그만큼 충분히 설명할 수도 있다고 믿는 터였다.

"의료개혁이 안 되는 이유가 정치인들이 관심 없어서이지, 의사들 잘못은 아니잖아요. 법은 국회의원들이 만드는 건데……. 그리고 의사들도 해외나 지역에서 봉사활동을 많이 하고 있잖습니까?"

유별난은 다소 흥분하면서 얘기를 더 이어갔다.

"그리고 우리나라는 열악한 조건 속에서도 보건의료 지표가 괄목할 정도로 발전했잖습니까? 영아 사망률이나 평균 수명 등을 보면 유럽 복지 선진국들과 견줘도 높은 순위를 차지하고, 의료 기술 수준은 이미 뛰어나다고 알려져 있죠. 이렇게 자랑할 만한 보건의료 선진 국가 수준까지 오기까지는 정부의 의지와 국민들을 비롯한 관련 조직들의 노력이 컸습니다. 그러나 무엇보다도 의사들의 희생과 노력이 적지 않았다는 것을 인정해줘야 합니다.

1977년 시작된 전국민건강보험과 저수가 정책에도 불구하고, 지금의 의료 수준까지 이르게 된 것도 사실 의사들이 노력한 덕분입니다. 제가 보기에는 잘못된 인식 때문에 의사들의 공로가 사장되고 나쁜 면만 부각되어 존경을 받지 못하는 것 같습니다. 의사들은 할 만큼 했어요. 인식을 바로 잡는 것만 잘해주면 될 거예요. 어떤 희생을 더 하라는 거지요?"

그러자 다른 의사가 입을 뗐다.

"알다시피 서양의학 기준으로 본다면 우리나라 의료의 역사가 짧지 않습니까? 그 중에서 일제강점기든 해방 이후든, 최근에 이르기까지도 의사들은 공적의료라든지, 국가의 보건의료 영역에서 책임 있는 역할을 맡아보지 못했습니다. 물론 의사들도 국가의 도움을 그다지 받지 못하고 자립적으로 병원을 운영해야 했습니다. 그러다 보니 의사들은 의료를 자영업의 개념으로 생각하게 됐고, 국가는 국가대로 의사들을 방임해버리면서 공적의료에 끌어들이지 못했습니다.

이런 상황이다 보니, 의사들이 지금까지 우리 사회에 기여한 것만으로도 칭찬을 받아야 할 겁니다. 이렇게 그들의 노고를 인정할 필요는 있지만, 사실 우리 의사들이 오랫동안 개인주의화되어 국민들에게 다가가지도 못하고, 사회적으로 권위를 인정받지도 못하는 현실도 문제가 있는 겁니다."

유별난은 잘 이해가 안 갔다. 우리나라 현실에서 이 이상 어떻게 의사들이 무언가를 해야 할지 생각이 나지도 않았다. 저녁 늦게까지 진료하는 것도 힘든데, 더 무엇을 해야 한다는 건가?

더 생각하면 머리에 쥐가 날 것 같다. 여름이 다가오면서 환자가 팍팍 줄어들어 신경 쓰이는데, 그런 고민까지는 하기 싫었다.

# 의사들은 왜 스스로 자영업자라고 여길까?

선진 외국은 병원을 공적인 개념으로 생각합니다. 학교, 우체국, 소방서, 경찰서와 같은 의미로 병원을 바라봅니다. 그래서 그들에게 의사는 국민들의 건강을 살피는 공익 차원의 직업입니다.

그럼, 우리나라는 어떨까요? 일제강점기 이전까지만 해도 우리 역시 비슷하게 생각한 적이 있습니다. 고구려의 진대법, 고려의 의창, 상평창, 대비원, 혜민국 등이 가난하고 병든 백성들을 돌보는 구휼 제도였습니다. 조선시대에는 법전을 편찬하고 제도를 정비하면서 법과 행정을 통해 어려운 이들의 복지와 의료를 체계적으로 보살폈습니다. 대표적 기관으로 구황청, 혜민서, 활인서, 제생원 등이 있었습니다. 혜민서, 대비원, 제생원, 광제원은 의료를 통한 구제 제도로서 빈민들에게 의료를 제공했습니다. 전염병이 창궐할 때는 어의까지 동원해서 해결하게 하는 등 백성들의 의료 문제에 깊은 관심을 가지고 대처했던 전통이 있었던 것입니다.

그러나 일본과의 강제합병과 더불어 왜곡되고 질 낮은 보건의료가 국민들에게 제공되기 시작했습니다. 국가와 의사가 함께 국민의 보건 문제를 고민하는 것이 아니라, 경찰을 중심으로 위생이나 방역 정도의 일을 하면서 국가의 보건 문제를 해결하려고 했으니까요.

대한제국 말기와 일제강점기에 큰 규모의 병원들이 세워지기도 했습니다. 우리나라 근대의학의 시초인 광혜원에서 제중원, 다시 세브란스연합병원으로 이어지게 되고, 일제 통감부의 주도로 세워진 대한의원은 강제합병 이후 조선총독부의원, 경성제국대학 부속병원으로 이어지면서 경쟁을 하게 됩니다. 평양과 대구 등의 몇몇 지역에는 '자혜'라는 이름의 병원들이 세워지는데, 이름에서 알 수 있듯이 무료 진료를 통해 일본의 조선 침탈을 무마해보려는 의도를 깔고 있었습니다. 그 당

광혜원 뒤로 지금의 세브란스병원 일부가 보이고 있다.

서울역 건너편에 있던 세브란스의전(동은의학박물관 소장)

1908년 일제 통감부의 주도로 세워진 국립병원인 대한의원 모습. 그 뒤로 서울대학교병원이 보인다.

시는 세브란스연합병원을 빼고는 대부분 공립병원들이었습니다.

물론 이 병원들이 당시 어려웠던 국민들의 의료를 위해 많은 일을 하기는 했지만, 국가 전체 차원에서의 보건의료는 고민하지 못했습니다. 더욱이 대부분이 대도시에 있었기에 지방으로 가면 의료 혜택이나 보건위생 개념을 찾아보기 힘들었습니다.

개인이 차린 중소병원도 몇 개 있었는데 이 역시 주로 대도시 중심으로 세워졌습니다. 의사들은 앞서서 말한 큰 규모의 병원에서 교육을 받았지만, 그 병원 내에 마땅한 일자리가 없어서 개업을 해야 했습니다. 그들은 자기가 수련을 받았던 병원을 본떠 진료부터 검사까지, 그야말로 작은 규모의 종합병원을 만들었습니다. 장비나 진료에 어떠한 규제도 없었고, 지역의 보건의료 활동에 참여하도록 권유받지도 않았습니다.

그런 과정에서 의사들은 스스로를 자영업자로 인식하게 되었고, 이것이 100년이 지난 지금까지 이어져 내려온 것입니다. 웬만한 개인병원들이 온갖 검사 장비를 들여놔야 진료를 할 수 있는 것처럼 인식된 것도 그 당시부터 만들어진 관행입니다. 이러한 모습은 서양의학을 전수해준 서구 어디에서도 찾아볼 수 없는 모습입니다.

해방 이후 한국전쟁을 거치고 1970년대에 이를 때까지도 우리나라 보건의료는 사적 영역의 문제로 다루어졌습니다. 국가는 최소한의 방역이나 위생 사업만 담당하고, 의료 문제는 완전히 개인병원의 몫이었습니다. 개인병원의 수가 절대적으로 많았고, 국가는 그들의 진료에 어떠한 제한도 가하지 않았으니까요.

그러다가 1977년 건강보험제도가 시행되면서 비로소 국가와 의사들 간에 공적 관계가 만들어졌습니다. 국가가 보험료를 걷어두었다가 진료비로 대신 제공하는 겁니다. 이때 의사들의 불만이 만만치 않았다고 합니다. 의료수가가 낮게 책정되었을 뿐 아니라, 지금까지 자영업 개념 으로 해오던 진료를 공적 관계로 묶었기 때문이었습니다.

하지만 그때는 박정희 정권이 오랫동안 철권통치를 해오던 시절이 라 아무도 반발하지 못했죠. 아이러니하게도 건강보험이 처음 만들어 진 1977년이나, 지역을 포함한 전국민건강보험을 실시한 1989년의 노 태우정부 시절이나 모두 독재정권 시절이었습니다.

정부는 공공병원을 확충하고 그에 대한 지원을 늘리는 방안을 내놓 는 대신, 외국 차관과 국내 개인 자본으로 민간병원을 세우는 것만 독 려하였습니다. 그리하여 1970년대와 1980년대 말까지 민간병원이 우후 죽순처럼 생겨납니다. 제대로 된 공공병원은 찾기 힘들었습니다.

만약 그때 정부가 1차의료와 병원 간의 절차를 체계화하고, 주치의 제도를 잘 만들어놓았더라면 더 좋았을 텐데 하는 안타까움이 있습니 다. 국가 재정은 안 들이고, 병원 인프라 구축하는 데만 관심을 둔 정부 의 근시안적 사고방식의 한 면입니다.

건강보험제도가 생기면서 대한의사협회도 비로소 보건의료에 대한

1989년에 세운 서울아산병원

1994년에 세운 삼성의료원

연구 활동을 시작합니다. 자발적이지만 너무 늦게 사회에 눈을 돌린 것입니다. 하지만 의사 수는 점점 많아지고 의료 시장은 좁아지다 보니, 의사들의 요구에 따라 진료비를 인상하고, 의사들의 권위를 유지하는 것을 중심으로 한 연구가 이루어졌습니다.

물론 의미 있는 보건의료 정책 연구도 있었지만, 의사들의 입장을 옹호하는 데에 무게중심이 쏠렸습니다. 여기에는 김대중정부나 노무현정부 때 있었던 의약분업 파동, 의료법 파동 등으로 생긴 반감도 크게 작용해서, 국가적 보건의료 정책보다는 보수적 입장이 강화되었고, 의사들은 자기네 권익을 지키는 데 더욱 힘을 쏟았습니다. 이러한 경향은 지금까지도 계속되고 있어서, 국민들은 이제 의사들을 자신의 이익만 챙기는 집단으로 보고, 국민의 건강을 지키는 파수꾼으로 보지 않게 되었습니다.

의사들은 국민들의 진료에 대한 불만, 기하급수적으로 치솟는 의료비, 불안한 건강보험 재정에 신경을 쓰지 못합니다. 달라진 의료 환경을 제대로 인식하지 못하기도 하고, 요즘처럼 모두가 어려운 경제 상황 속에서 의사들의 관심은 자기네 병원의 경영이 나쁜 영향을 받지 않도록 하는 것일 뿐입니다. 국가적 문제를 어떻게 해결할지, 1차의료를 어떻게 잘 다듬어서 국민들이 더 좋은 의료를 접하게 할지, 소외받는 계층을 어떻게 보듬어야 할지 고민하지 못합니다.

# 3. 의사협회장 선거 공약을 보면서

요즘 의사협회 신문을 보면 신임 의사협회장을 선출한다는 기사가 연일 올라오고 있다. 유별난은 신문에 나온 후보자들의 경력과 공약 사항들을 살펴본다. 의사들의 권위와 이해관계를 위해 일하는 조직의 수장인 의사협회장 선거는 이 시기 의사들 사이에서 가장 큰 화제이다.

유별난은 투표권을 얻은 뒤로 지금까지 대통령 선거, 국회의원 선거, 지방자치단체 선거에 웬만하면 빠진 적이 없다. 하물며 의사협회 주관 행사에도 꼬박꼬박 참석하고, 의사협회 선거도 쭈욱 참여하고 있다. 2000년 의약분업 사태 때는 물론, 2007년 의료법 파동 때도 눈비 맞아가며 참석했던 그였다. 이 정도면 모범 회원으로 표창장을 주거나 회비 감면 혜택이라도 있을 법한데 아직까지 소식이 없는 게 안타깝다.

이번 회장 선거에 나선 후보들의 공약들을 보면 하나같이 의권醫權 회복을 들고 있다. 땅에 떨어진 의사들의 권위를 회복하는 데 주력하겠다는 뜻이다. 하긴 10년, 20년 전에 비하면 오늘날 의사들을 바라보는 국민들의 시선은 싸늘할 정도이다. 그렇게 된 데에는 의약분업 사태 이후 의사들을 파렴치범 정도로 몰아간 언론이나 정부의 탓도 크다. 국민들은 의사 집단을 사회에 대한 관심은 적으면서 자기네 권익만 찾으려는 이기적인 집단으로 보는 것 같다. 인터넷을 보다 보면 의사 얘기가 나왔을 때 좋은 소리가 나오는 건 찾아볼 수가 없다.

의사협회장 선거 공약들은 회원들의 단합, 강력한 의사협회 만들기, 의료수가 인상, 의료법과 건강보험제도의 불합리한 부분 개선, 기초의학 육성과 대학병원의 연구 활동 보장, 전공의 처우 개선 등 의사들과 밀접한 사항들이 대부분이었다. 그리고 영리병원 허용과 같은 예민한 부분도 눈에 띈다.

동네병원을 하면서부터 지역 의료 문제에 관심이 생긴 유별난은 좀 아쉬움을 느낀다. 의료수가가 낮은 것도 알고 있고, 의료법이나 건강보험에 문제점들이 있다는 것도 알고 있지만, 공약들이 지나치게 의사들의 이해관계에만 치우쳐 있는 것 같았다. 지역 보건의료 사업에 어떠한 징검다리 역할을 하겠다든지, 우리나라 보건의료 수준을 높이기 위해 어떻게 하겠다든지, 1차의료를 튼튼하게 해서 국민의료비 상승을 막고 국민 건강권도 지키겠노라고 한 후보는 한 명도 없다.

요즘 유별난은 동네 방문 진료 모임 의사들과 공부도 하고 있어서 의사협회장 선거 후보자들이 내건 공약에 더 관심을 기울이게 되었다. 이전에는 공약을 봐도 생각 없이 지나쳤는데, 자세히 들여다보니 대한민국 의사의 현 주소가 어떤 모습인지 확인할 수 있어 씁쓸했다.

왜 의사들은 국민들이 누릴 수 있는 질 높은 의료에 대해서는 이야기를 안 꺼내는 걸까? 동네병원을 중심으로 한 1차의료 문제, 응급실 문제, 대학병원 문제 등등 이야기해야 할 것이 얼마나 많은가? 대부분의 후보들은 그런 내용들은 중요하게 여기지 않고 있으며, 다루어도 아주 작게 다룰 뿐이었다. 의사들의 힘만으로는 불가능하다고 여겨서인지, 그것은 정부가 알아서 해야 하는 것이라고 여겨서인지 잘 모르겠다.

4. 유별난, 주치의제도를
공부하기로 하다

방문 봉사 진료를 하는 의사들의 모임에는 유별난과 같은 지역의 의사가 세 명 더 있다. 한 명은 치과 의사로, 거동이 불편한 환자를 위해 자비를 들여 이동식 치과 장비를 갖추어 치료하고 있다.

"치과 기계까지 가지고 다닐 필요가 있나요? 양치질만 잘하게 해드리면 되지 않아요?"

유별난의 물음에 치과 의사가 빙그레 웃는다. 분명 유별난의 말이 무식하게 들린다는 표정이다.

"그런 분들은 치석이 많아서 양치질 정도로는 안 돼요. 치아 상태도 아주 안 좋아서 풍치가 심해지면 이가 빠지지요. 그러면 음식을 잘 드실 수가 없어서 영양 상태도 불량해지고요."

"아, 그렇군요."

"그뿐만 아니라 여러 가지 문제가 생길 수 있어요. 구강 내 세균이 폐로 넘어가면 폐렴이나 다른 질병들이 생기기 쉬워요. 자료를 보면 누워 지내시는 분들 가운데 상당수가 감염성 질환으로 돌아가시거나 합병증으로 고생한다고 하더군요."

"그러면 구강 청결이 중요하겠네요. 포터블(이동식 치과 장비)은 어디에 씁니까? 꽤 비쌀 텐데……."

"치석 제거나 병든 이를 치료할 때 써요. 양치질하는 정도로 끝나면 안 되고, 스케일링도 가끔 해드리면서 치주에 숨어 있는 세균 창고를 없애버려야 해요."

그 치과 의사는 열성으로 2주에 한두 분씩 꼬박꼬박 방문해서 치료를 해드리고 있다고 한다. 유별난도 방문 진료를 하고 있지만 바쁠 때는 빼먹은 적도 많아서 부끄러워졌다.

각자 동네에서 활동하는 의사들이 모여서 공부를 시작했을 때, 처음에는 우리나라 의료사나 의료문제 등을 다루었다. 그러나 별 재미도 없었고, 그다지 실천적인 도움을 주지 못했다. 그래서 현장으로 뛰어들기로 했다. 일단 지역 내의 홀몸 어르신(독거노인)들을 파악하는 작업에 들어가서, 가족 상황과 어떤 의료 서비스가 필요한지를 조사했다. 다행히 유별난이 있는 지역에는 뜻있는 사람들이 성금을 모아 만든 'OO 건강복지센터'가 있어서 관련 자료를 얻어 지역 상황에 대해 쉽게 알 수 있었다. 거기서 제공해준 명단은 방문 진료를 하는 데 큰 도움이 되었다.

한편, 봉사 활동만으로는 지역 문제가 해결되지 않으므로 지역의 보건 사업을 어떻게 체계화할지, 주민들에게 어떤 실질적 도움을 줄 수 있을지 다양한 자료를 모아보기로 했다. 어떤 자료를 찾아야 할지 의견을 모은 다음, 각자 분야를 맡아서 조사를 시작했다.

유별난이 맡은 내용은 외국의 의료제도와 주치의제도를 파악하는 것이었다. 모임의 의사들은 자료만으로는 생동감이 없으니 외국 현지인들의 의견을 모아보라고 주문했다. 유별난은 해보겠다고 말은 했으나, 사실 막막하고 답답했다.

유별난이 외국의 자료와 현지인 의견 조사를 맡은 이유는 단순했다.

영어를 잘해서도 아니고, 외국 여행을 많이 다녀봤기 때문도 아니었다. 단지 유별난의 병원이 있는 지역에 외국인 노동자와 다문화 가정이 많다는 이유 때문이었다. 얼마 전 모임 끝나고 식사할 때 자랑 아닌 자랑을 한 것이 책임을 떠맡게 된 계기였다.

"우리 동네에는 외국인 노동자나, 필리핀 등에서 온 여성과 결혼해서 가정을 꾸리는 집들이 많아요. 그분들과는 한국어로 잘 안 통하니까 영어로 대화를 하지요. 필리핀 여성들이 영어를 기본적으로 잘하더라고요."

외국에서 온 사람들도 무난히 진료를 하고 있다는 것을 넌지시, 정말 지나가는 말로 살짝 자랑했을 뿐인데 그것 때문에 외국 자료를 모아보라고 덜컥 떠맡게 된 것이다. 그것도 생생한 현지인 목소리를 담으면서.

영어책은 좀 읽을 수 있어도 대화하는 것은 젬병인데 큰일이다. 게다가 주로 조사할 나라들이 유럽 아닌가? 유럽은 영어를 안 쓰는 곳도 많을 텐데……. 어쨌든 이렇게 해서 유별난의 주치의제도 공부는 시작되었다.

제 3 장

세계의
동네병원

세계화 시대라는 것이 실감 납니다.
조금만 노력을 기울이면 해외로 나가지 않아도
이메일이나 전화를 통해서 하고픈 말을 주고받을 수 있습니다.

단, 그 나라 말을 알아먹어야 하고, 전화 통화를 할 때는
시차 때문에 새벽까지 기다리기도 해야 합니다.

그래도 재미있었습니다.
세계는 어떤 모습으로 주치의제도를 활용하고 있을까?
현지인들은 실제로 자신들의 제도를 어떻게 생각하고 있을까?
이제부터 함께 살펴보겠습니다.

# 1. 세계의 주치의제도를 찾아서

"Hello?"

"Speaking."

드디어 외국 사람과 첫 통화에 성공했다. 여기까지 오는 데에 유별난 은 우여곡절을 겪어야 했다. 우선 전화료가 많이 나올까 봐 요즘 유행인 인터넷 전화로 바꿨다. 해외 통화료가 싸다고 했으니까 아내에게 혼날 염려도 적을 것이다.

그 다음 문제는 통화 시각이었다. 외국이라는 것이 한국 바로 옆에 있는 것도 아니고, 지구 전체에 퍼져 있기 때문에 전화를 거는 시간도 제각각이었다. 일과가 끝난 저녁 시간에 프랑스에 걸려고 하면 거기는 한참 일하고 있을 오후 시간이다. 프랑스의 그 누군가가 일하다 낯선 외국인의 전화를 받기는 쉽지 않을 것이다. 결국 자다가 깨든지 뜬눈으로 기다리든지 해서 새벽 3, 4시쯤에 전화를 걸어야 했다.

그게 프랑스 하나면 다행이다. 순서가 정해진 것도 아니고, 연락이 닿는 데로 캐나다로 갔다가, 태평양에 있는 오스트레일리아 갔다가, 미국 갔다가, 독일 갔다가, 뉴질랜드 갔다가 다시 유럽으로 가서 영국에 간다. 시차가 전부 달라서 통화하는 시각도 달라야 했다.

유별난은 고민 끝에 첫 접촉 대상을 일단 영어권으로 하기로 했다. 유럽은 영국 빼고는 영어를 하지도 않을 것이고, 설사 그들이 영어를 한다고 하더라도 유별난이 자신이 없어서 아무래도 접촉이 쉽지 않을 것이기 때문이다.

첫 상대를 찾는 것은 쉽진 않았지만 우연이 작용했다. 병원에 찾아오는 환자 가운데 한 분의 오빠가 캐나다에 이민 가서 살고 있었다. 전화번호를 받아서 며칠 뒤 그 분과 통화를 하게 됐다. 그 집 아이가 한국에 왔을 때 유별난이 진료해준 적이 있어서 친근하게 이야기를 나눌 수 있었다. 그 분은 이민 간 지는 9년째라는데, 자기도 잘 모르는 게 많아서 주변에 아는 현지인을 연결해주겠다고 했다. 그러고는 첫 통화가 이루어졌다.

"Glad to meet you. I'm Dr. Yu in Korea. I got know you by introduction of Mr. Park."

"Oh, Dr. Yu. I'm waiting for your call."

이렇게 대화가 시작됐다. 어법에 맞건 안 맞건, 알고 있는 단어를 최대한 동원해서 묻고 답을 들었다. 필요한 문장은 미리 영작해놓고 손에 들고 통화를 한다.

다른 나라들 역시 주변 사람들의 소개를 받아가면서 현지인들과 통화할 수 있었다. 어떤 경우는 세 단계를 거쳐 겨우 접촉하기도 했다. 전화 통화로 다 못 푼 것은 이메일로 상세히 물어보았고, 그들의 도움으로 제법 여러 나라의 주치의제도에 관한 실제 이용 상황을 알아볼 수 있었다.

조사 과정에서 알게 된 건데, 외국 사람들은 '주치의'란 표현을 쓰지 않았다. 그냥 닥터라고 하는 경우가 많았고, 형식적으로 제너럴 피지션

general physician, 혹은 패밀리 닥터family doctor라고 하는 경우가 있었다. 우리말로는 '일반의', 혹은 '가정의'란 뜻이다.

또 하나 알게 된 사실은 전문의와 만날 일이 그다지 많지 않아서, 그들이 의사라고 할 때는 대부분 일반의를 지칭하는 것이고, 특별한 경우에만 전문의란 표현을 쓴다는 것이었다. 대부분의 나라에서 전문의 비율은 40~50퍼센트 정도이고, 주치의의 의뢰를 받았을 때에만 만날 수 있다고 했다.

이렇게 외국의 얼굴도 모르는 사람들을 두루 만나보는 데 거의 다섯 달이 걸렸다. 80일간의 세계 일주를 두 번 한 것이나 다름없는 여정이었다.

 # 외국에서는 '주치의'를 뭐라고 부를까?

'주치의主治醫'란 사전적 의미로 보면 정해진 환자를 주로 치료하는 의사를 말합니다. 즉, 내가 아플 때 나를 전적으로 책임지고 의료 행위를 펼치는 의사입니다. 물론 다른 의료진이나 주위의 손길이 접근할 수도 있지만, 그 어떤 상황에서도 그들을 연결하며 나를 책임지는 의사를 주치의라고 합니다.

예부터 어느 나라든지 의료를 행하는 의사는 일정 지역에 거주하며 마을의 의료를 담당해왔습니다. 가족 누구나 그 의사를 찾았고, 필요한 경우는 의사가 집을 방문하기도 했습니다. 급한 경우에는 사람을 시켜 마을의 의사를 불러오기도 했고, 상담도 했습니다. 물론 요즘처럼 의료 기술이 발달하고 위생 개념과 예방이 철저하지는 않았지만 환자를 보는 방법은 비슷했습니다.

이처럼 마을의 담당 의사가 곧 주치의였던 것입니다. 그들을 단순하게 의사라고 불렀지만, 실질적으로 마을 사람들 개개인의 '주치의'였던 셈입니다. 왜냐하면 마을 사람 하나하나를 소상히 알면서 진료를 해줬기 때문이죠. '마을의 의사=주치의'란 동격 관계가 성립되었습니다.

영어에는 주치의란 표현이 없습니다. 여러 가지 설명을 듣고 '아, 저런 사람이 말하자면 주치의로구나'라고 짐작할 뿐입니다. 그들의 전통에서 의사라 하면 당연히 주치의이고, 그래서 그냥 닥터라고 부릅니다. 때로는 자기가 늘 찾는 의사란 뜻으로 'usual doctor'라고 부르기도 하는데 정확한 표현은 아닙니다. 잘 쓰는 몇 가지 표현을 봅시다.

Who is your doctor?
(너의 담당 의사는 누구니? = 너의 주치의는 누구니?)

위의 표현처럼 흔히는 'my doctor'란 표현을 쓰는데, 그냥 'doctor'에다 담당한다는 의미로 소유격인 'my'란 단어를 집어넣었을 뿐입니다.

My family doctor suggests that my father should quit drinking.
(우리 주치의가 아버지는 술을 끊어야 한다고 했어.)

일부 나라에서는 주치의를 'family doctor'라고 부르기도 합니다. 가족 주치의란 뜻에서 'family practitioner', 'family physician'이라고 말하기도 하고, 입원했을 경우에도 치료를 지속하기 때문에 'attending physician'이라고 말하기도 합니다.

또한 많은 나라에서 'general practitioner' 또는 'general physician'이라고도 하는데, 줄여서 GP라고 합니다. 이 표현은 '일반의'란 뜻으로, 일반적인 진료를 담당하고 주로 개인이나 가족의 주치의 역할을 하기 때문에 'general'이란 말을 붙인 것으로 단순히 '닥터'라고 의사를 지칭하던 것에서 발달된 개념입니다. 특별히 의뢰 환자를 보는 전문의는 'specialist'라고 합니다.

 ## 의료개혁은 전 세계의 고민거리

1940년대에 이르러 세계적으로 사회주의권이 확대됨에 따라 복지 정책도 널리 시행되기 시작했습니다. 유럽의 많은 나라들이 최고의 복지 수준, 최고의 의료보장 정책들을 펼쳤습니다. 하지만 의료 기술의 발달과 노인 인구의 급성장은 의료 비용의 증가를 가속화했고, 의료전달체계의 비효율도 심각한 문제로 떠올랐습니다.

유럽이나 오스트레일리아, 뉴질랜드, 캐나다와 같은 나라들은 높은 세금(우리나라의 2~3배)과 건강보험료를 통해서 국민들 간의 합의 속에 수준 높은 사회보장을 시행하고 있습니다. 그 나라들의 보건의료의 특징은 오래된 전통으로서 복지 우선 정책, 환자들의 부담을 최소로 하는 의료제도라고 말할 수 있습니다. 하지만 최근 들어 이제까지의 틀로는 현재의 복지나 보건의료의 보장 수준을 유지하기 어려운 상황에 이르러서, 비용을 줄이고 의료전달체계를 효과적으로 바꾸려고 애쓰는 중입니다. 의료개혁의 핵심 문제는 바로 날로 증가하는 의료비와 의료의 효율성 문제이기 때문입니다.

복지국가라고 하는 그 나라들은 지금 수준에서 의료보장성을 더 높이는 것이 그다지 중요한 정책이 아님을 알고 있습니다. 보장성은 이미 90퍼센트를 웃돌기 때문입니다. 문제는 그 보장성을 유지하기 힘들게 만드는 지출 비용입니다.

프랑스의 사르코지 대통령은 진료를 받을 때마다 본인 부담금을 1유로씩 내고, 약값에서 0.5유로, 구급차 이용료로 2유로씩 내게 해서 알츠하이머질환과 암 치료를 위한 의료 연구 기금을 마련하겠다고 발표했습니다. 이것은 2008년 1월부터 시행되고 있습니다. 다른 나라들도 진보든 보수든 정부의 성격과 상관없이 의료 비용 줄이기에 전력을 다하고 있는 실정입니다. 물론 기본적이고 전통적인 의료보장 내용은 되도록 유지하면서 말입니다.

각 나라마다 여러 가지 고유한 보건의료 문제를 가지고 있고, 어느 나라를 봐도 의료개혁을 중요 정책으로 삼고 있습니다. 그리고 의료개혁의 중심에는 주치의제도가 있습니다. 주치의제도가 의료비용의 문제, 질 좋은 진료의 문제, 효율성의 문제 등 보건의료 문제를 해결해주는 핵심 고리 역할을 하기 때문입니다.

의료개혁의 방법과 방향은 각 나라의 보건의료 역사와 보장 수준에 따라 크게 다르게 나타납니다. 예를 들어 영국이나 네덜란드, 스웨덴, 노르웨이는 복지정책과 주치의제도의 역사가 깊어 개혁에 큰 어려움이 없으나, 독일과 프랑스 등은 제약을 싫어하는 자유주의적 사고가 널리 퍼져 있고 전문의가 많아 다소 어려움을 겪고 있습니다.

치솟는 의료비는 이미 전 세계의 최대 관심사가 되었습니다. 선진 복지국가들도 끝없는 의료비 증가로 몸살을 앓고 있습니다. 그들은 어떻게 하면 더 많은 보장을 할까 하는 고민에서 어떻게 하면 의료비를 줄일 수 있을까로 초점을 옮기고 있습니다. 또 비용의 문제가 곧 효율의 문제임을 알고 병원을 이용하는 모든 과정에서 환자들이 느끼는 만족도를 높이되, 비용은 적게 들이는 방법들을 찾고 있습니다. 이것이 많은 나라에서 진행하고 있는 의료개혁의 핵심입니다.

 # 주치의제도의 기초 상식

벨기에의 가정의학과 교수인 드 메세니르De Maeseneer는 유럽의 의료제도를 평가하면서 주치의제도에서 가장 중요한 개념으로 '등록제'와 '인두제', '의뢰체계' 세 가지를 꼽았습니다. 등록제는 환자가 특정한 의사에게 정해진 기간 동안 진료를 받기로 계약하는 것을 말합니다. 인두제는 의사에게 주는 진료비를 등록되어 있는 인원수에 따라 결정하는 것입니다. 의뢰체계는 전문의의 진료가 필요할 때는 반드시 주치의의 의뢰에 의해 가능하도록 하는 것입니다.

그러나 유럽에서도 위의 원칙을 모두 지키면서 환자를 진료하는 나라는 많지 않습니다. 진료비가 낮고, 입원을 해도 거의 무료로 치료받을 수 있는 유럽이지만 원칙적인 주치의제도를 시행하는 나라들이 많지 않다는 것입니다. 단골 의사가 있고 그들이 주치의처럼 진료를 했어도 주민들을 등록해서 정해진 환자들만 보는 체계는 많지 않습니다. 그러다 보니 최근에는 의료 이용률의 증가로 비용 문제가 발생하고, 여러 병원을 돌아다니는 비효율이 계속 지적되었습니다.

의료제도를 고치고 뒤늦게 주치의제도를 도입한 프랑스에서는 주치의를 정하면서 등록을 하는 원칙을 지킵니다. 비슷한 시기에 의료제도를 손질한 독일에서는 이 세 가지 특성을 모두 포함한 적이 없습니다. 최근 독일의 헤센Hessen 지역에서 실시하고 있는 주치의 시범사업도 첫 번째 특성만을 모형에 포함시켰을 뿐입니다. 독일의 다른 두 지역에서 실시하는 주치의 모형은 세 가지 특성 요인을 모두 반영하고 있다고는 하지만, 독일 전국적으로 이루어지는 진정한 주치의 모델은 아직 없다고 봐야 합니다.

그럼 제대로 된 주치의제도 아래에서는 어떻게 진료를 받을까요? 주치의는 1차의료에 대한 전문 교육을 받은 의사들이 맡습니다. 그들은 의과대학 졸업 후, 흔한 질병들에 대해 약 4~5년에 걸쳐 충분한 교육과 훈련을 받고 주치의로서 진료를 시작합니다. 우리나라 같으면 가정의학과 전문의 과정인 셈입니다. 그렇게 훈련된 의사들을 ‘일반의’라고 부르는데, 보통 의과대학만 졸업하는 경우는 거의 없습니다.

의사들은 자기가 일할 지역을 고르고 지역 주민들로부터 등록을 받아 진료를 시작합니다. 등록을 한 이후에 건강 관리나 진료가 이루어지기 때문에 이 제도의 정식 명칭은 ‘주치의 등록제도’입니다. 의사들은 등록된 주민들만을 대상으로 진료를 하므로 환자를 더 모으려고 무리하게 애쓰지 않아도 됩니다.

등록은 가족 단위로 하기도 하고, 개인이 하기도 합니다. 1년을 기준으로 주치의를 바꾸고 싶은 사람에 한해 등록을 갱신합니다. 이때 등록비를 내는 나라도 있고 안 내는 나라도 있습니다.

주치의를 맡는 동네병원 의사들은 의과대학만 나온 사람들이 아닙니다. 그들은 정규 의과대학을 졸업하고, 전문의처럼 4~5년 동안 일반의 수련을 받아야 합니다. 그리고 나서야 일반의 자격을 얻고 지역에서 진료를 할 수 있습니다.

의사들은 혼자 개원하는 경우도 있고, 3~5명씩 집단으로 개원하기도 합니다. 그들은 건강보험공단으로부터 직접, 혹은 주치의 연합조직을 통해 진료비에 상응하는 보수를 받습니다. 어떤 나라는 공무원처럼 건강보험공단으로부터 임금을 받는 경우도 있지만, 의사들의 자율을 존중하는 차원에서 기본급에 성과급을 더한 금액을 주기도 합니다. 기본급은 '인두제'로서 등록한 주민의 수에 따라 지급합니다. 성과급은 환자 방문 횟수나 필요한 검사를 더 한 경우, 혹은 당뇨나 고혈압 관리를 잘해 주민 건강 증진에 기여한 경우에 지급합니다.

주치의가 지역에서 등록 가족을 대상으로 의료 행위를 하는 것을 '주치의 서비스'라고 부릅니다. 주치의는 주민들이 처음 방문하면 개개인의 건강 상태를 평가하고, 필요할 때마다 교육이나 건강 검진 등을 합니다. 환자와 전화 상담을 할 수 있고, 직접 주치의 병원을 방문하여 진료를 받게 하기도 합니다. 거동이 불편하거나 사정이 있는 환자는 주치의가 직접 방문하여 가정에서 진료하기도 합니다. 아이들의 예방접종은 기본이고, 청소년 스트레스 상담, 부인과 질환 관리까지 다양하게 다룹니다.

나라마다 주치의 서비스 종류는 다릅니다. 전화 상담, 방문 진료, 응급 전화와 같은 것들이 기본 서비스로 포함되기도 하고, 아예 안 하기도 합니다. 어떤 나라는 본인 부담금을 일부 받아서 서비스를 제공하기도 합니다.

잘 훈련된 1차의료 의사들은 자기가 맡은 질병을 대체로 잘 관리합니다. 지역에서 필요한 질병 정보나 건강 문제들에 대해서 전문적으로 교육을 받았기 때문에 전혀 문제가 되지 않습니다. 주치의가 실력이 없거나 못 미더워서 의사를 바꾸고 싶어 하는 주민들은 거의 없습니다. 만일 주치의가 해결하지 못하는 질병이라면 환자는 주치의로부터 자세한 의뢰서를 받아 해당 전문의를 소개받거나 종합병원으로 갑니다. 만일 주치의를 거치지 않고 종합병원 치료를 받으면 엄청나게 비싼 진료비를 내야 합니다.

동네병원, 종합병원 할 것 없이 마음대로 골라서 갈 수 있는 우리나라 국민들로서는 주치의제도가 처음에는 답답하게 느껴질 수 있을 것 같습니다. 하지만 의료비 재정을 절약하고, 자신에 대해서 잘 알고 있는 의사로부터 충분히 여유 있게 진료를 받을 수 있다면 더 행복하지 않을까요?

최근 몇 년 동안 주치의제도를 시행해온 프랑스에서 국민들이 대체로 잘 적응하고 있으며 만족스럽다는 평가를 내린다고 하니, 우리도 너무 걱정만 하지 말고 적극 도입해도 괜찮을 것 같습니다. 제도란 것이 처음에는 약간 불편하지만 몸에 익으면 깃털처럼 가벼워지는 법이니까요. 게다가 전 세계 연구자들이 충분히 인정한 제도라면 안심해도 될 겁니다. 문제는 어떻게 우리나라 현실에 맞도록 적용할 것인가입니다.

 # '진료비 지불방식'이란?

'진료비 지불방식'은 의사가 환자를 진료했을 경우 의사에게 주어지는 비용을 말합니다. 여러 가지 방식이 있으며, 나라마다 다르게 적용하고 있습니다. 치료 난이도나 검사 등에 따라 일일이 가격을 정해서 지급하는 방법(행위별수가제), 치료 내용에 관계없이 일정한 가격을 정해서 지급하는 방법(포괄수가제), 치료 내용이나 난이도, 치료 횟수에 관계없이 등록한 사람 수대로 일정액을 지급하는 방법(인두제), 지급할 금액을 미리 정해서 나눠 갖게 하는 방법(총액예산제) 등 다양합니다. 나라마다 과거 관습에 따라 지불방식이 결정되는 경우가 많고, 주치의제도를 엄격하게 하는 정도에 따라서 인두제를 하는 경우와 아닌 경우로 나뉘기도 합니다.

행위별수가제가 비용이 많이 들어가고, 반대 개념인 포괄수가제가 비용이 적게 들어가는데, 효율이나 의료의 질 측면에서는 포괄수가제가 다소 뒤떨어지는 면이 있습니다. 그래서 요즘은 의사들과 환자들의 만족도를 높이고, 효율을 좋게 하기 위해서 각 지불 방식들을 혼합해서 적용하는 경우가 늘고 있습니다. 행위별수가제와 포괄수가제를 같이 사용한다든지 하는 것처럼 말입니다.

▌인두제(capitation system, 人頭制)

국민보건서비스NHS 방식의 나라에서 가장 널리 사용하는 것으로, 일정 기간 의사에게 등록된 환자수를 단위로 진료비를 결정하는 방식입니다. 영국이 대표적인 나라입니다. 주민들이 자기가 다닐 단골의사를 정하면 진료 횟수나 치료 내용에 관계없이 등록된 환자 1인당 의사에 대한 보수가 정해지고, 국가에서는 일정 기간마다 이를 지급하는 형태를 취합니다. 인두제 방식이라도 나라마다 차이가 있어서 등록 주민 수를 제한하는 경우도 있고, 제한하지 않는 경우도 있습니다.

사람 수에 따라 들어올 보수가 정해지기 때문에 의사는 자기 비용을 들여가면서 무리한 검사나 치료를 하지 않으려는 경향을 보입니다. 불필요한 진료 행위를 줄일 수 있어서 의료비용이 절약될 수는 있으나 의사들로 하여금 '최상'의 진료보다는 '최선'의 진료만을 하게 만듭니다. 의사들은 진료 시간을 늘릴 필요도 못 느낍니다. 그래서 주민들이 불만을 가질 수 있습니다.

▌총액예산제(budget rationing)＝예산할당제

의료보험자와 의료기관(의사) 사이에 1년 의료비 총액을 정해놓고 달마다 지불하는 방식입니다. 정부나 보험공단이 진료기관을 소유할 경우 매년 초에 병원별로 예산을 할당해주고 이 범위 내에서 환자를 보게 하는 데 적합합니다. 1차의료 의사들에게는 지역이나 해당 주치의 병원

별로 지급 총액을 정해놓고 진료 내용이나 횟수에 관계없이 달마다 지급하기도 합니다. 지급해야 할 총액은 해마다 의사와 정부 사이에 예산 협상을 통해 정하게 됩니다.

의사들은 정해진 금액 한도에서 진료 행위를 하므로 무리한 검사나 치료를 하지 않게 되고, 환자를 여러 번 병원에 오게 하지도 않습니다. 인두제 방식에서처럼 더 나은 치료를 환자에게 제공하지 않으려는 경향을 띤다는 단점이 있지만, 총의료비 상승을 적절히 조절할 수 있고, 예산이 정해지므로 국가 의료비 재정을 계산하기에 편하다는 장점이 있습니다.

2. 유럽에 사는 것 같은 캐나다

유별난이 처음 전화 인터뷰를 한 상대는 캐나다 인이었다. 아는 사람으로부터 소개를 받긴 했지만 막상 전화를 걸려고 하니 고민이 생겼다. 캐나다는 영어와 프랑스 어를 공용으로 사용한다는데, 혹시 상대방이 프랑스 어를 사용하면 어떡하나 걱정이 되었던 것이다. 프랑스 어라고는 고등학교 때 배운 '봉주르 무슈', '꼬망 딸레 부'밖에 모르는데 말이다.

다행히 소개받은 외국인은 천천히 영어로 이야기를 들려주었다. 그녀의 이름은 스테이시Stacie로, 캐나다에서 나고 자란 41세 여성이었다. 음식점을 경영하는 남편과 결혼해서 두 돌 지난 아이를 두고 있다고 한다. 캐나다 동부인 온타리오Ontario 주 토론토Toronto에 살고 있다. 스테이시가 전해준 캐나다의 의료제도는 이러했다.

캐나다에서는 병이 걸리면 맨 처음에 가정의family doctor를 찾아가야 한다. 보통 가족 모두가 같은 주치의에게 등록한다. 원하면 언제라도 주치의를 바꿀 수 있지만, 다른 곳으로 이사 가기 전까지는 웬만해서는 바꾸지 않는다고 한다.

이유는 크게 두 가지가 있는데, 하나는 대부분의 가정의들이 진료하

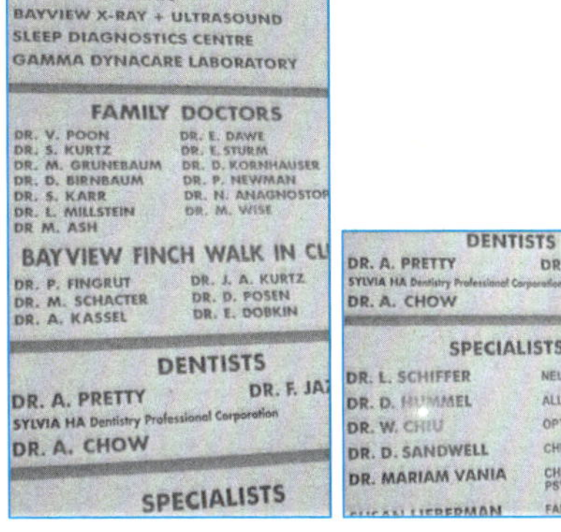

캐나다의 가정의병원. 오른쪽에 공동 클리닉을 알리는 세움간판 이 보인다.	공동 클리닉의 세움간판 내용. 여러 명의 가정의들이 모여 있고(왼쪽), 전문의도 함께 있어(오른쪽) 주민들이 이용하기 편리하다.

면서 충분히 설명을 해주고 필요한 만큼 치료를 해주기 때문이다. 두 번째 이유는 가정의 숫자가 많이 모자라고, 이민자가 늘면서 원하는 가 정의에게 등록하는 일이 쉽지 않기 때문이다. 등록을 바꾸고 싶어도 원 하는 곳에서 등록을 안 받아줄 수도 있다. 지역에 따라 다르지만 대도 시나 인구가 많은 곳일수록 이런 경향이 더 크다고 한다. 많은 가정의 들이 신규 등록자를 받지 않는다고 하니 문제가 다소 심각한 것 같다. 결국 가까운 곳에서 등록하지 못한 주민들은 먼 가정의병원을 찾아가 야 하는 불편을 감수해야 한다.

"여기에서는 가정의의 실력과 능력에 따라서 사람들이 몰립니다. 내 주치의는 닥터 핑거트Dr. Philip Fingrut라고 하는데 유대인입니다. 이 지 역에 아는 의사들이 많고, 전문의에게 의뢰가 필요할 때는 며칠 안에 전문의 진료를 받을 수 있게 소개해주기 때문에 사람들이 좋아합니다."

주치의에 따라 다르지만, 전문의에게 가서 진료받기까지 상당한 시 간이 걸리는 경우도 많다. 그래서 주치의를 선택해서 등록할 때는 주변의 평가를 잘 듣고 결정한다. 얼마나 친절한가, 전문의나 종합병원에 의뢰할 때 금방 진료를 받을 수 있게 해주는가 등이 중요한 선택 기준이 된다.

"가정의에게 진료를 받을 때는 비용을 얼마나 냅니까?"

"뭐라고요?"

"비용 말입니다. 진료비……."

영어 표현이 틀렸나 싶어 다시 천천히 들려줘야 했다. 그런데 알고 보니 표현이 잘못된 게 아니라, 진료를 받고 비용을 낸다는 것이 의아하게 들려서 되물었던 것이다.

"캐나다에서는 진료를 받고 개인이 내는 본인 부담금은 전혀 없어요."

그 뒤 다른 나라 사람들과 인터뷰를 할 때도 같은 소리를 여러 번 들었다.

캐나다의 가정의들은 한국처럼 꼭 필요한 약은 잘 처방해주는 편이다. 하지만 가정의가 처방했다 하더라도 약값은 보험 적용이 안 된다고 해서 유별난은 깜짝 놀랐다.

"그럼 약값은 온전히 자기 부담인가요?"

"예, 여기서는 약값 부담이 아주 크답니다. 그래서 의사도 꼭 필요하지 않으면 약을 처방하지 않아요."

"그럼, 가벼운 증상이라도 약이 필요할 때는 어떻게 하나요?"

"웬만하면 병원에 안 가고 약국에서 적당한 약을 사서 쓰는 경우가 많습니다."

처방전 없이 약국에 가서 산다는 것은 한국에서 일반약을 구입하는 경우와 같은 것이다. 유별난은 동네병원에서 처방받고 약을 살 때 비용이 얼마나 드는지 구체적으로 알고 싶어서 연고류를 예로 들어 물었다.

“약값은 비싼 편인가요? 혹시 최근에 가정의 진료를 받고 처방받은 것 중에 연고 종류를 사본 적이 있나요? 가격을 알 수 있을까 해서요.”

“여기에서는 약값은 전액 본인 부담이에요. 작년에 스키 타다가 다쳐서 진통제와 항생제 연고를 처방받은 적이 있어요. 연고 가격이 30~40달러 정도였던 걸로 기억합니다. 너무 비싸서 약 상자에 두고 아껴 쓰고 있습니다.”

스테이시는 연고를 아껴서 두고두고 쓰고 있다고 말하고는 자기도 우스웠나 보다. 수화기 너머로 한참 웃는 소리가 들렸다. 캐나다 달러로 30~40달러면 우리 돈으로 3~4만 원가량이니, 정말 귀한 연고라서 자식에게 물려줄 수도 있겠다 싶었다.

동네병원에서 처방한 약은 비용 전체를 환자 본인이 내야 하지만, 의뢰받아서 간 전문의나 종합병원에서 처방한 약은 모두 무료란다. 무료로 하려면 전부 무료로 할 것이지, 어떤 것은 돈을 다 내고, 다른 것은 또 무료라니 유별난은 잘 이해가 가지 않았다.

캐나다에서는 종합병원 이용도 모두 무료라고 한다.

“암 치료든 어떤 수술이든 모두 무료란 말입니까?”

“물론이에요. 병원을 이용하면서 돈을 낸다는 것은 생각해본 적도 없지요.”

아무리 세금으로 골고루 의료 혜택을 보게 한다고는 하지만 너무나 놀랍다. 유별난은 그래도 못 미더워서 이 대목에서 길게 얘기를 나누었는데, 결국 스테이시의 경험담을 듣고 나서야 인정할 수 있었다.

스테이시는 늦은 나이에 아이를 가졌다. 그녀는 가정의의 진찰을 받고 전문의에게 의뢰되어 가서 산전 진찰을 정기적으로 받게 되었다. 노산이어서 기형아 검사부터 여러 가지 검사를 받았다고 한다. 출산을 앞

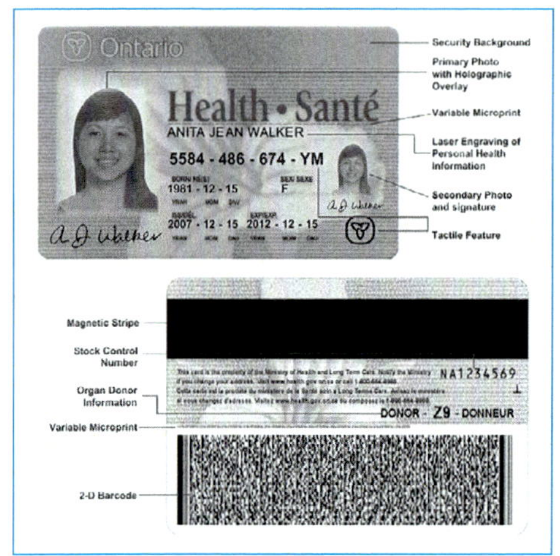

온타리오 건강보험카드

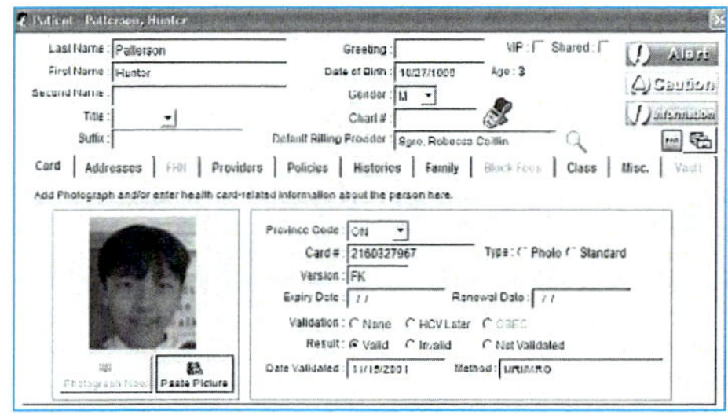

건강보험카드에 등록된 내용
(사진 제공 : 캐나다 온타리오 주
건강보험공단)

두고는 제왕절개로 낳을 각오까지 했는데 다행히 자연분만(질식분만)을 할 수 있었고, 아기를 안고 나올 때까지 돈은 한 푼도 안 냈다고 한다.

"혹시 나중에 집으로 청구서가 날아오지 않던가요?"

"호호호, 그런 것도 없었어요."

토론토에는 종합병원이 곳곳에 있다고 한다. 여성 전문 클리닉, 소아 전문 클리닉, 심장 전문 클리닉 등 전문의들이 단독으로 운영하는 전문 병원들도 많은데, 모두가 온타리오 건강보험카드OHIP Card로 해결된다. 보험으로 안 되는 것들은 직장건강 보험으로 해결한다. 그러나 여기에서도 치과 영역은 보험으로 할 수 있는 것이 많지 않다.

스테이시는 종합병원 경험이 많은 자신의 언니 이야기를 들려주었다. 언니는 고혈압으로 동네병원 가정의에게 진료를 받다가, 머리가 너무 아파서 의뢰를 받고 종합병원에 가서 CT를 찍었다. 병명은 '뇌하수체 양성종양'이었다.

검사 후 며칠 뒤 언니는 주치의를 방문해서 설명을 들었다. 검사 결과를 받아든 주치의는 언니의 병이 혹이 맞지만 암은 아니라고 안심시켰다. 그러면서 혹이 눈 신경을 눌러서 시각 장애가 올 수 있기 때문에 수술을 받아야 한다고 했다. 주치의는 병원과 연락을 해서 수술 날짜를 잡아줬다.

이 수술은 고난이도의 기술이 필요한 뇌수술의 일종이다. 언니는 고혈압 조절을 하면서 무사히 수술을 받았다. 물론 입원 후 병원 문을 나설 때까지 아무도 청구서를 내밀지 않았다. 유별난의 생각에는 캐나다가 미국과 국경을 맞대고 있지만 오히려 북유럽 국가의 이야기를 듣는 듯했다.

아이들이 맞는 기본접종은 모두 무료로, 가정의병원이나 국가운영 진료소에서 맞는다. 우리나라에서는 영아나 65세 이상 노인에게만 적

스테이시가 사는 토론토 주변의 종합병원인 North York General Hospital

용되는 보건소의 독감접종도 캐나다에서는 나이 구분 없이 모두 무료이다.

응급실도 무료로 이용한다. 낮에는 주치의병원을 이용할 수 있지만 한밤중에 아프거나 급할 때는 응급실을 이용한다. 응급실 이용이 공짜면 너나 할 것 없이 많이 이용할 것 같다고 생각했는데, 실제로는 정말 응급 상황이나 꼭 필요한 경우가 아니면 잘 이용하지 않는다고 한다.

한번은 스테이시의 아이가 열이 심하게 올랐다. 해열제를 먹였지만 열은 안 떨어지고 계속 울어대서 밤중에 응급실로 갔다. 간호사는 왜 왔는지 몇 마디 묻고 가더니 함흥차사. 주위를 보니 바닥에 앉아서 기다리는 환자도 있었다. 4시간쯤 기다렸을까? 의사 얼굴은 보지도 못했는데 아이는 열이 저절로 떨어져서 편안히 잠들어 있었다. 그래서 그냥 데리고 나온 적이 있다고 한다. 그 뒤에도 한두 번 응급실에 간 적이 있는데 갈 때마다 응급 상황이 아니었기 때문인지 의사를 만나기까지 보통 6시간 이상이 걸렸다고 했다.

캐나다 사람들의 의식 수준이 높아서 응급실 이용을 자제하는 것이 아니라, 숨은 이유가 있었던 것이다. 응급실에 가면 중요하고 위급한 환자 순서로 치료해주므로 여간 아프지 않고는 의사 얼굴 한번 보기까지 보통 5시간 이상 걸린다고 한다. 그러니 정말 응급 질환이 아니고서는 응급실에 가지 않고 그냥 집에서 참고 마는 것이다.

 # 캐나다의 주치의병원

- 인구 : 3,300만 명
- 면적 : 9,984,670km²(한반도의 45배)
- 1인당 국민소득 : 4만 3,000달러(대한민국의 2.3배)
- 1년 총의료비 : GDP의 10.1퍼센트(대한민국 6.3퍼센트, OECD 평균 9.0퍼센트)
- 인구 1,000명당 활동 의사 수 : 2.2명(대한민국 1.7명, 한의사 제외, OECD 평균 3.1명)

 ## 건강보험제도 살펴보기

사람들이 병원을 어떻게 이용하는지, 병원은 어떻게 운영되는지 알아보려면 아무래도 그 나라의 건강보험제도를 알아야겠죠?

캐나다는 1971년부터 전국민건강보험제도를 도입했습니다. 우리나라처럼 건강보험료를 내되 소득에 따라, 주에 따라 금액이 다릅니다. 그러나 그다지 비싸지 않습니다. 보험 재정의 많은 부분을 연방정부와 주정부의 소득세와 소비세, 법인세 등 세금으로 충당하기 때문입니다.

캐나다에서는 거의 모든 진료비가 무료입니다. 건강보험에서 진료비를 100퍼센트 지불하고 환자는 한 푼도 내지 않습니다. 하지만 치과진료, 특실 병실 이용 등 보험 적용이 되지 않는 부분도 있습니다.

캐나다에서는 의료정책을 국가에서 통일되어 하지 않고 주정부 책임 아래 시행하므로 주정부마다 정책이 다릅니다. 어떤 주는 건강보험료를 거두기도 하고, 어떤 주는 주민들에게 건강보험료를 받지 않고 세금으로 거둔 것에서 건강보험료에 해당하는 부분만큼 사용하기도 합니다. 세금도 주마다 다르고 건강보험에 사용하는 내역도 조금씩 차이가 있습니다.

여기서 캐나다 건강보험의 아버지라고 할 수 있는 '토미 클레멘트 더글러스Tommy Clement Douglas(1904~1986)' 얘기를 하지 않을 수 없습니다. 더글러스는 1944년부터 1961년까지 서스캐처원Saskatchewan 주지사를 지냈는데, 이때 주 독자적으로 건강보험 형태를 만들어서 시행하게 한 사람입니다. 이것이 바로 지금 캐나다 전국에서 실시하고 있는 건강보험의 효시입니다.

그는 어릴 때 넘어져서 무릎 뼈에 염증이 생긴 적이 있습니다. 치료를 받았지만 무릎의 염증은 자주 재발해서 나중에는 다리를 절단해야 할 정도로 심각해졌습니다. 그를 병원에 입원시킨 부모는 걱정이 컸습니다. 힘든 수술이기도 했지만 비용이 만만찮을 것이기 때문입니다. 이때 마침 더글러스를 본 정형외과 의사가 부모에게 무료로 수술을 해줄 테니 대신 의과대학 학생들이 수술을 참관할 수 있도록 해달라고 제안합니다. 지금 같으면 실습 모델인 셈입니다.

그 제안을 받아들여서 더글러스는 여러 차례의 재수술을 받았습니다. 덕분에 다리는 절단하지 않아도 됐고, 건강한 다리를 찾았습니다. 비용을 들이지 않고도 어려운 수술을 할 수 있었던 겁니다. 이 일이 있은 뒤로 더글러스는 어떤 질병일지라도 비용에 구애받지 않고 가장 훌륭한 의사에게 치료를 받을 수 있게 해야 한다는 신념을 가지게 됩니다.

훗날 주지사로 선출된 더글러스는 이전 정부에서 오랜 기간에 걸쳐 쌓아온 엄청난 빚을 모두 청산해가면서 복지와 의료를 위한 재정 확보에 힘을 기울입니다. 그의 임기는 끝났지만 이러한 노력에 힘입어 마침내 캐나다에서는 처음으로 역사적인 건강보험 법안이 통과되었고, 1962년부터 주민들에게 시행됩니다. 건강보험은 다른 주로도 빠르게 퍼져나갔고, 1971년부터는 캐나다 전국에서 전국민건강보험 시대가 열립니다. 이런 과정을 거친 끝에 캐나다는 세계 어느 나라보다 우수한 무상의료 체계를 갖추게 되었습니다.

물론 쉽지 않은 과정이었습니다. 가장 어려운 문제는 의사들을 설득하는 것이었습니다. 캐나다 전체 의사협회와 주 의사 단체는 자신들이 정부에 예속될 것이고, 주정부에서 주는 급여에 의존하게 되어 수입이 줄어들 것이라는 두려움이 컸기 때문에 격렬하게 저항을 합니다. 갑작스런 역할의 변화와 수입의 불안정에 대한 걱정으로 저항을 한 것은 어떻게 보면 당연한 것일지도 모릅니다.

많은 시민들이 복지나 의료보장이 한층 높아지는 것을 반겼지만, 의사들을 비롯한 다른 이해 당사자들을 설득하기가 쉽지 않았습니다. 엄청난 재정도 필요했기 때문에 많은 사람들은 건강보험제도의 성공에 회의적이었습니다. 주지사인 더글러스는 건강보험 재정을 어떻게 마련할 것인지, 의사들의 처우를 어떻게 할 것인지 알리며 설득에 나섰습니다. 점차 의사들도 수긍하게 되었고 새로운 제도는 안착을 합니다.

이렇게 여러 세력들과 타협하고 달래는 과정을 거쳐 만들어졌기에 영국과는 조금 다른 모습으로 의료제도 개혁이 이루어지고 건강보험이 만들어집니다. 즉, 1차의료를 담당하는 주치의들은 자영업 성격을 띠고, 등록을 강제하지도, 인두제도 아닌 캐나다식 주치의제도로 진행된 것입니다.

이와 같은 역사를 거쳐 만들어진 건강보험이기에, 지금도 캐나다에서는 선거 때 건강보험의 혜택을 줄여 재정 부담을 없애겠다는 공약을 내건 후보가 당선되는 일이 거의 없다고 합니다. 같은 북미권이고 역사도 비슷한 이웃 미국과 달리 공공의료 개념이 일찍부터 자리 잡았음을 알 수 있습니다.

이처럼 캐나다는 의료보장이 잘된 나라로 알려져 있지만, 한편으로는 차츰 문제점들이 드러나 의료개혁의 목소리가 높아지고 있습니다. 그 중 중요한 것이 의료 시설의 낙후, 동네병원 의사의 부족, 국가 재정에서 빠져나가는 의료비 비중 증가 등입니다. 어떤 학자는 10년 정도 지나면 캐나다 정부 세금 수입의 45퍼센트 안팎을 의료비로 쓰게 될지도 모른다는 연구 결과를 내놓을 정도이니까요.

캐나다도 민간의료보험이 있는데, 우리나라와는 좀 다릅니다. 대부분 기업의 필요에 따라 가입을 합니다. 치과 진료나 입원 시 특실 이용료, 특별 간호, 일부 장애인용 기구 등 공적건강보험으로 보장받지 못하는 부분을 해결하기 위해 기업이 전액이나 대부분을 부담하고 개인이 일부 부담하는 형태입니다. 기업이나 단체, 노동조합의 가입이 전체 고객의 85퍼센트를 차지하기 때문에 그들은 민간보험도 공공보험처럼 느끼고 있습니다. 자영업자 등 개인의 가입은 15퍼센트에 불과한데, 전액 자기 부담입니다.

만일 국민건강보험에만 가입하고 민간보험은 들지 않았다면 엄청나게 높은 진료비를 경험할 수도 있습니다. 예를 들어 치과 치료 한 번에 적게 잡아야 1,000달러(약 100만 원)이고, 웬만하면 4,000달러(약 400만 원)

가 넘는다고 합니다. 임플란트도 아니고 염증이나 신경 치료 등 질병이
생겨서 치료하는데도 말입니다.

 ## 주민과 주치의의 만남

캐나다 사람들은 대부분 동네 가정의를 주치의로 등록해서 일상적
인 진료를 받습니다. 가정의들은 가족의 주치의로서 진료, 예방접종,
건강 상담 등 일반적 의료 행위들을 담당합니다.

주민들은 자기가 원하는 가정의를 골라 등록합니다. 특별히 언제까
지 진료를 받겠다고 기간을 정해놓지는 않습니다. 등록 환자의 인원수
제한도 없어서 환자가 많이 몰리는 의사는 예약해서 진료를 받기까지
의 대기 시간이 길고, 심한 경우는 예약 후 며칠 지나야 진료를 받을 수
도 있습니다.

전문의나 종합병원에 의뢰를 했을 때도 기다리는 시간이 아주 깁니
다. 인기 있는 가정의라면 친절하고 성의 있게 진료를 하는 것은 물론,
전문의에게 의뢰해서 빨리 예약 시간을 잡아주는 면도 필요합니다.

일상적인 진료라면 가정의, 전문의, 종합병원에 이르기까지 거의 무
료이지만 진료의 첫 단계인 가정의에게 등록을 하지 않고 진료를 받으
면 진료비는 아주 비쌉니다. 특별한 검사나 치료가 필요할 경우엔 가정
의의 의뢰서를 들고 전문의에게 전화로 예약을 합니다. 보통 가정의가
예약을 잡아주기도 하지만 자기가 직접 예약하기도 합니다. 의뢰 없이
전문의에게 가는 경우에는 상당한 금액의 진료비를 물어야 합니다.

# 주치의의 특징

캐나다의 가정의들은 자영업자로서 자유롭게 동네병원을 열 수 있습니다. 그러나 전문의 단계부터는 공공의료 영역이어서 주정부와 연방정부의 통제와 재정 지원을 받습니다.

종합병원은 모두 공립이고 주정부에서 지원합니다. 캐나다의 종합병원에는 외래 진료라는 것이 없습니다. 종합병원은 주로 의뢰를 받아서 검사나 수술을 하는 곳인데, 대부분 개원한 가정의나 전문의들이 계약을 해서 이용합니다. 개원한 전문의는 종합병원의 장비나 인력 등을 활용해서 의뢰받은 환자를 직접 검사하고 수술합니다. 이것이 '개방형 의사 제도attending doctor system'라는 것입니다.

전문의는 우리나라 전문의들과 비슷합니다. 특이한 것은 척추교정 전문의도 있어서 자기 영역의 환자들을 본다는 겁니다. 이들은 대부분 의뢰받은 환자를 보는데, 보험이 적용되지 않는 진료 내용인 경우 환자들로부터 비싼 진료비를 받으며 치료나 수술을 합니다.

의료보장의 수준은 영국과 비슷하게 높으며, 정부가 주치의들에게 지급하는 진료비는 '행위별수가제fee for service'입니다. 영국처럼 정통적 주치의제도를 택하는 나라들은 진료 횟수에 관계없이 등록한 사람 수대로만 비용을 지급하는 '인두제capitation'를 택했습니다. 그런데 캐나다는 건강보험제도를 도입하면서 의사들의 요구를 들어줘서 환자를 많이 보거나 검사를 한 만큼 비용을 대주는 행위별수가제 형식을 택했습니다. 즉, 진료 행위별로 지급되기 때문에 의사들은 환자를 많이 보면 수입이 늡니다. 등록 환자 수도 제한이 없어서 많이 진료할수록 동네병원의 수입도 늘어납니다.

하지만 개원해 있는 가정의나 전문의들의 진료비 책정 기준인 진료수가는 주정부 재정과 연방정부 보조금으로 해결합니다. 이것이 가정의들 수입의 전부입니다. '총액예산제'라고 해서 1년 동안 가정의들에게 지급하는 정부 예산이 정해져 있어서 무한정 지급되지 않습니다. 환자 수가 늘어서 많이 진료를 하면 일시적으로 의사 수입은 늘어나겠지만 다음에는 진료수가가 낮게 조정되어 환자 1인당 지급액이 줄어들기 때문에 별로 이득이 없습니다. 그래서 일부러 등록 주민 수를 늘리려고 경쟁하지도 않고 적절한 수준으로 환자를 보려고 합니다.

 캐나다의 고민

거의 모든 진료를 무료로 해줄 정도로 최고 수준의 의료보장을 자랑하는 캐나다도 최근 몸살을 앓고 있습니다. 나날이 증가하는 의료비를 정부 재정에서 감당하기 힘들고, 국민들의 만족도가 점점 낮아지고 있기 때문입니다.

다른 나라들과 마찬가지로 노인 인구의 증가로 만성질환이 늘고, 관리 비용과 치료 비용이 높아져 기하급수적인 의료비 상승을 부추기고 있습니다. 의료 기술의 발달 역시 의료비 상승을 이끕니다. 따라서 보험 재정에서 지불해야 하는 지출도 눈덩이처럼 커지는 것입니다.

캐나다의 건강보험은 공적 성격이 강한 반면, 종합병원에서 치료를 받으려면 장기간 대기해야 하는 등 문제점도 많이 있습니다. 한 예로 수술 날짜를 기다리다 암이 악화되어 환자가 숨졌다는 뉴스가 종종 나올 정도입니다.

지역마다 다르겠지만 어떤 자료에 따르면, 가정의 진료의 경우 전화로 예약해도 3분의 1 정도만 당일 진료가 가능하다고 합니다. 근본적으로 동네병원을 책임지는 가정의들이 턱없이 부족하기 때문입니다. 그렇다고 지금 가정의를 늘릴 유인책도 없습니다. 가정의들에게 지급하는 수가가 낮아 지원하는 의사가 적기 때문입니다.

의사뿐만 아니라 간호사도 절대 부족한데, 일부는 이웃 미국으로 빠져나가서 그곳에서 일하기 때문에 의료인 부족은 심각한 수준이라고 합니다. 의료인들에 대한 처우 개선이 잘 안 되고 그에 따른 문제가 맞물리면서 의사와 간호사의 친절도는 점점 떨어집니다.

가정의들에게는 그다지 문제가 없는데, 전문의나 종합병원 단계로 올라가면 환자들의 불만이 높습니다. 가뜩이나 의료진이 부족해서 기다리는 것도 힘겨운데, 병실도 부족하고 의료 장비도 많이 뒤처져 있습니다. 시설과 장비를 개선한다고 병원이나 전문의 수입이 느는 것이 아니기 때문입니다. 새로운 치료 방법을 시도하는 일도 어렵습니다. 정해진 재정 범위 내에서 치료해야 하기 때문입니다.

캐나다 정부도 지금까지 유지해온 의료보장 수준을 지키기가 힘에 부치는 모양입니다. 치솟는 건강보험 재정 적자는 정부의 눈길을 조금씩 의료보장 서비스 항목을 줄이거나 본인 부담을 늘리는 쪽으로 유혹하고 있습니다.

거기에다가 민간건강보험과 사립병원에 대한 요구가 증가하는 추세여서 정치권에서도 여러 해 동안 논란을 벌이고 있다고 합니다. 지금까지 지켜온 공공의료를 훼손할 수는 없고, 그렇다고 지금 이대로 가다가는 건강보험 재정 파산이 분명하겠고, 그렇다고 국민들로부터 세금을 더 받아내는 것도 힘든 상황입니다.

앞으로 캐나다가 어느 길로 갈지 지켜볼 만한 이유가 여기에 있습니다. 유럽 여러 나라들은 진작부터 개혁 조치들을 진행하고 있는데, 캐나다는 아직 고민 중에 있습니다. 과연 그들은 어떤 결정을 내릴까요?

3. 다정한 프랑스의 주치의

이번엔 프랑스에 전화를 건다. 여기 시간이 새벽 3시니까 프랑스는 저녁 8시겠다. 외국에 전화를 걸 때는 바짝 긴장한다. 혹시라도 잡음이 날까 봐 방문도 꼭 닫고 건다.

미리 이메일로 필요한 내용들을 써서 보냈으므로, 몇 가지 확인하면서 궁금한 것들을 물어보면 된다. 문제는 역시 언어 장벽인데, 이메일로 보내온 답장에는 자기는 어렸을 때부터 외국 여행을 많이 다녀서 어느 정도 영어가 가능하다고 했다. 다행이다.

유별난이 소개받은 나탈리Nathalie는 28세 여성이다. 파리 교외에 살며, 두 살 난 아이를 키우는 가정주부이다.

프랑스의 건강보험제도는 2005년에 큰 폭으로 바뀌어 주치의제도가 본격 도입되었다. 시행 초기에는 국민들이 약간 혼란스러워했다고 한다. 그 제도가 도입되기 전에는 우리나라처럼 아무 병원이나 들를 수 있었지만, 이제는 그랬다가는 여러 가지 불이익이 따라붙어서 주치의에게 먼저 가게 되었다고 한다. 하지만 병원 이용에는 그다지 달라진 것이 없어서 국민들이 금방 적응할 수 있었다고 한다.

나탈리는 몇 년 전 결혼을 하고 부모 곁을 떠나 이사를 했다. 새로 터

전을 잡은 뒤 근처의 주치의에게 등록을 했다. 가정의에게 첫 진료를 받으러 가서 등록을 했는데, 그러면 건강보험공단에서 48시간 안에 회답을 준다고 한다. 물론 회답이 안 와도 진료는 받을 수 있다.

나탈리 부부는 젊고 건강한 편이어서 자신들의 문제로 병원을 찾는 경우는 드물고, 대개 아이가 아프거나 예방접종을 할 때 병원을 이용한다.

주치의병원은 집에서 걸어서 10분 거리에 있다. 간호사는 없고, 진료와 상관없이 업무를 돕는 직원 한 명만 있는 단출한 동네병원이다. 나탈리의 가족을 담당하는 의사는 40대 초반의 여성이라고 한다. 대부분의 나라가 그렇듯이 프랑스 의사들 역시 가운을 입지 않는다. 나탈리의 주치의 역시 가운 대신 깔끔하게 차려입은 옷으로 환자를 본다.

의사가 항상 웃으면서 맞아주기에 나탈리 가족은 기쁘게 의사를 만나고 오곤 한단다. 나탈리의 딸 마리Marie를 데려가면 의사는 항상 아이 이름을 불러준다. 그리고 처음에는 장난감을 가지고 한참 아이와 놀아주다가 나중에야 어디가 아파서 왔는지 묻기 시작한다. 진찰을 마치고 나면 지금의 발달 단계에서는 이런 말을 배워야 한다, 이런 놀이를 같이 해주면 좋다는 등 여러 조언을 덧붙여준다.

유럽의 다른 나라와는 다르게 프랑스 사람들은 약을 좋아하는 것 같다. 의사들도 필요하면 언제든지 약을 충분히 처방해주고, 환자들은 약국에 들러서 약을 한 아름 싸들고 집에 오는 모양이다. 언젠가 나탈리의 남편이 허리가 아파서 동네병원에 갔는데, 진통제 비슷한 것을 처방받아 약국에서 약을 가져왔다고 한다. 이후 몇 달 동안 허리가 아플 때나 다리가 아플 때나 그 약을 복용했다고 한다. 유별난은 자기가 영어를 잘 못 알아들은 것은 아닌지, 믿어야 할지 말아야 할지 혼란스러웠다.

이렇게 약을 좋아하는 만큼 프랑스에는 당연히 약국도 활성화되어 있다. 그래서 동네 중요 도로에는 약국이 많이 있다. 나중에 프랑스에 갈 일이 있으면 길거리 간판들을 유심히 보라. 약국 간판을 정말 흔하게 볼 수 있을 것이다. 슈퍼마켓보다 더 자주 눈에 띌 정도이다.

프랑스는 오래 전부터 의약분업을 실시하고 있어서 처방전을 들고 약국에 가서 약을 사는 것을 당연히 여긴다. 병원과 붙어 있는 약국도 가끔 있지만, 집에서 가깝고 단골로 다니는 약국을 주로 간다고 한다. 거기서 다른 물건도 고르고 수다도 떨다가 온다나?

"약국에서 약 말고 다른 것들을 산다고요?"

프랑스 약국에서는 약뿐 아니라 화장품 등 온갖 잡화도 같이 판다. 그래서 간판에 'PHARMACIE'라는 안내가 없으면 화장품 가게라고 착각할 수도 있다. 약국에는 꽤 다양한 약이 준비되어 있고, 'OTC 약품 Over-The-Counter Drug(약국 진열대 너머에서 골라서 살 수 있는 약)'이라고 해서 처방전 없이 살 수 있는 약도 많다. 약사들이 이것저것을 사라고 부추기는 일은 없고 환자들이 요구할 때 필요한 약을 팔고, 복용 방법이나 효과, 부작용에 대해서 잘 말해주는 편이다.

나탈리는 자기가 보기에도 프랑스 사람들이 약을 많이 소비하는 경향이 있다고 말했다. 약국에 가면 정말 다양한 약이 있고, 약이 아니더

파리 근교의 마을. 왼쪽에 PHRMACIE라고 적힌 약국 간판이 보인다. 도로를 사이에 두고 이 근처에만 약국이 세 군데 있다.

라도 화장품이나 대체의학 관련 제품을 사들고 나오는 일이 많다. 프랑스 약국들은 약보다는 화장품이나 다른 잡화들을 팔아서 더 높은 수입을 올리는지도 모르겠다. 또 지역마다 24시간 운영하는 약국이 몇 군데 있어서 한밤중에도 이용할 수 있다고 한다.

한 연구 자료에 따르면 프랑스 의사들의 신약 이용률은 매우 높아서 전 세계에서도 손가락에 꼽힐 정도라고 한다. 의사들의 처방에서 오리지널(원제품)과 제네릭(복사품)의 비율이 9대 1에 달할 정도라고 하니 말이다. 의사들도 약 좋아하고, 국민들도 약 좋아하니 약국도 흥하고, 약 소비도 많은가 보다.

프랑스에서는 주치의병원을 이용할 때마다 정해진 협정 가격인 23유로(2009년 현재)를 현금으로 낸다. 그리고 병원 진료비는 나중에 자동으로 정부(정확히는 건강보험공단)로부터 환불받는다. 약값 역시 먼저 지불하고, 나중에 자동으로 환불받는다. 이처럼 병원이나 약국을 이용하면 언제나 자료가 자동으로 당국에 전송되기 때문에 일일이 계산해서 환급받는 절차를 거칠 필요가 없다. 나탈리는 자기가 어렸을 때만 해도 부모님이 영수증을 모아서 일일이 환불 신청을 했던 기억이 있단다.

"본인 부담이 거의 없는 나라도 많은데, 병원을 이용할 때마다 진료비를 내는 게 부담스럽지는 않으세요?"

"거의 환불받기 때문에 부담은 없어요. 그리고 제도가 바뀌었어도 이전과 비슷한 수준으로 진료비를 내기 때문에 그다지 많이 낸다는 느낌은 없어요."

22유로였던 진료비가 2008년부터 23유로로 올랐다. 23유로면 지금 환율로 4만 원 정도이니 적지 않은 돈이다. 그래도 거의 돌려받기 때문에 부담을 안 느낀다는 것이다. 유별난은 먼저 지불하고 돌려받는 과정이 복잡하다는 느낌이 들었다.

"진료비와 약값을 지불했다가 돌려받는 절차가 복잡하고 귀찮지는 않은가요?"

"늘 그렇게 해왔기 때문에 별로 불편하다고 느끼지 않아요."

"한국에서는 진료를 받을 때마다 약간의 금액을 진료비로 내면 끝입니다. 프랑스처럼 환불받는 절차는 없지요."

나탈리는 우리의 진료 절차를 듣고는 그러는 게 더 편하겠구나 하면서 왜 프랑스는 그렇게 안 하는지 의아해했다. 물론 우리의 진료비가 조금 비싼 게 흠이기는 하지만……

유별난은 나탈리와 대화를 마친 뒤에 프랑스의 환불 체계에 대한 자료를 더 찾아보았다. 그래도 쉽게 이해할 수가 없어서 파리에 살고 있는 교민의 도움을 받았다. 이번 인터뷰를 위해 소개를 받은 분으로, 여러 차례 전화와 이메일로 자세히 설명해주었다. 그분의 설명에 따르면 프랑스의 환불 체계는 다음과 같다.

진료를 받은 사람이 진료 양식에 건강보험 개인 번호와 주소를 적고, 하단에 서명한 뒤 건강보험공단에 발송하면 일부를 환불해준다. 그런 다음 건강보험공단의 환불 내역서를 뮈튀엘Mutuelles에 보내서 환불받는 절차를 밟으면 나머지 비용도 마저 환불해준다. 한 번 진료받을 때 23유로를 내고 이 가운데 70퍼센트를 건강보험공단으로부터 환불받고, 나머지도 다른 보험체계인 뮈튀엘에서 환불받는다고 한다. 즉, 거의 전액을 돌려받는 셈이다. 그래서 실제 주치의 이용 시 환자가 부담하는 금액은 한 번에 1유로 정도밖에 되지 않는다.

설명을 마친 그 교민은 자신의 의견도 덧붙였다. 국가에서 운영하는 공공의료기관이 아닌 개인병원들은 건강보험공단에 서류를 보내고 결

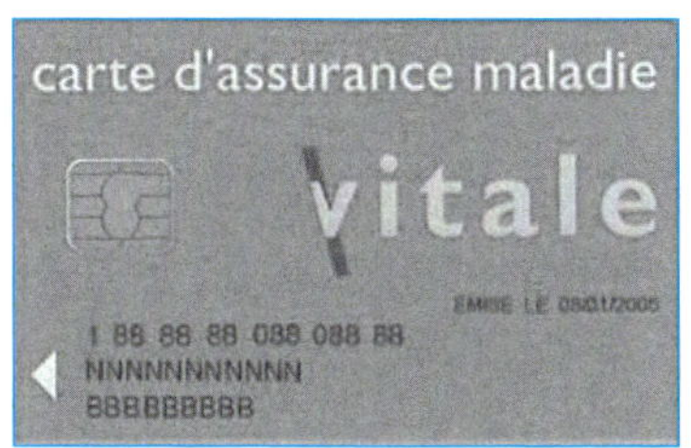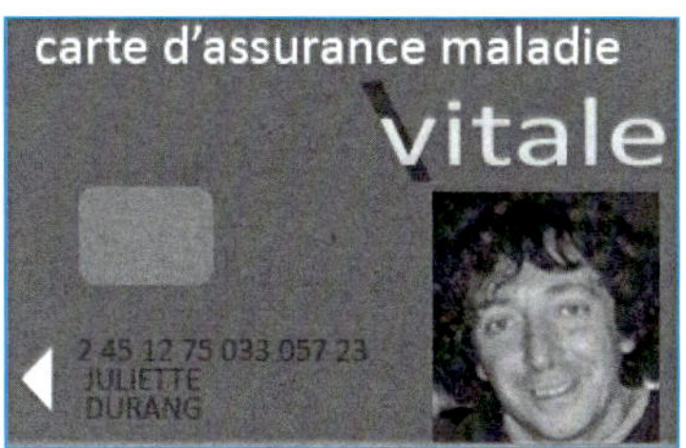

프랑스의 전자건강보험카드인 카르트 비탈레. 왼쪽은 과거에 사용하던 카드이고, 요즘은 오른쪽 카드처럼 사진이 들어가는 것으로 바뀌고 있다.

제를 얻기까지 시간이 오래 걸리고 절차가 복잡해서 기피하는 것 같다고 한다. 그래서 환자들에게 자비로 부담하게 하고 나중에 환자 스스로 건강보험공단으로부터 환불받는 수순을 밟게 하는 것 아닌가 하고 말한다. 유별난은 나름대로 일리 있는 것 같다고 생각했다. 의사나 약국에서는 현금 결제를 하니 편하지만, 환자들은 환불 절차를 밟아야 하므로 다소 불편한 제도 같다.

대형 병원 입구에는 이런 장치가 있어서 카드를 긁으면 자동으로 진료 대기가 된다.

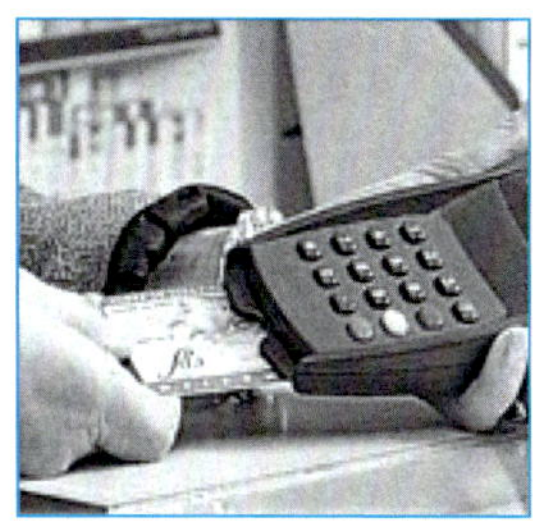

간단한 단말기로 전자건강보험 카드의 내용을 읽거나 결제할 수도 있다.

요즘은 건강보험공단에서 발급하는 '카르트 비탈레carte vitale'라는 전자건강보험카드로 환자 신상명세를 관리하고 비용 결제를 함께하는 추세로 가고 있다. 전자 결제 시에도 환자들로부터 직접 진찰비를 받고, 그 증명 내용을 건강보험공단에 전송한다. 단말기가 없는 병원에서는 의사가 자필로 적은 진료 양식을 환자에게 발부하고, 환자는 그 서류를 건강보험공단에 보낸다. 전자건강보험카드 사용이 점점 늘어서 약국도 전자건강보험카드 결제로 바뀌고 있다고 한다.

# 프랑스의 주치의병원

- 인구 : 6,200만 명
- 면적 : 543,965km²(한반도의 2.5배)
- 1인당 국민소득 : 4만 2,000달러(대한민국의 2.3배)
- 1년 총의료비 : GDP의 11.0퍼센트(대한민국 6.3퍼센트, OECD 평균 9.0퍼센트)
- 인구 1,000명당 활동 의사 수 : 3.4명(대한민국 1.7명, 한의사 제외, OECD 평균 3.1명)

# 건강보험제도 살펴보기

프랑스의 건강보험제도는 1차 세계대전 이후 독일의 사회보험 형식을 따라서 제정된 사회보험법을 기본으로 하고 있습니다. 전국민사회보험을 실시한 것은 1974년부터입니다.

건강보험의 형태는 전국민건강보험NHI 유형으로, 유럽 국가 중 한국과 가장 비슷합니다. 모든 국민이 의무적으로 건강보험을 들어야 하고, 소득을 기준으로 보험료를 냅니다. 모든 소득자는 평균 소득의 30퍼센트를 세금으로 지출합니다. 이렇게 걷은 세금 가운데 5분의 1 정도가 사회보장 비용에 투입되며, 건강보험 재정에도 쓰입니다.

한국은 소득의 5퍼센트(직장인은 본인과 회사가 절반씩 부담)를 보험료로 내는 반면, 프랑스는 20퍼센트(직장인은 본인이 8퍼센트, 회사가 12퍼센트 부담)를 냅니다. 프랑스는 국내총생산 가운데 의료비 지출이 11퍼센트를 차지해 우리나라보다 훨씬 높습니다. 대부분의 국민들에게 거의 모든 보장을 해주는 사회보장제도, 특히 의료제도 때문에 사회보장비 적자 폭이 2002년 64억 유로, 2003년 110억 유로에 달했습니다. 이렇게 적자 폭이 점점 더 커지자 프랑스 정부는 의료보험 개혁에 나섰습니다.

프랑스의 건강보험제도에는 국민들이 의무적으로 가입하는 공적건강보험la sécurité sociale과 민간건강보험assurance personnelle, 공제조합이 제공하는 보충보험complementary이 있습니다. 저소득층에 대해서는 '보편적 질병급여'가 적용되는데, 이는 우리나라의 의료급여와 비슷한 것으로 본인 부담 없이 진료를 받을 수 있습니다.

인구의 90퍼센트 이상이 법정 본인 부담금이나 비급여 본인 부담금에 대해서 보장해주는 민간건강보험에 가입되어 있으며, 이것이 전체 의료비의 10퍼센트 넘는 수준을 담당하고 있습니다. 민간건강보험이 지출하는 의료비가 미국과 네덜란드에 이어 세 번째로 높은 나라입니다.

역사적으로 보면 프랑스 정부는 본인 부담금을 늘려 의료비 지출에 대한 고통 분담을 국민들과 함께하려 시도했지만, 오히려 보충형 민간 건강보험 가입을 유도하는 결과를 낳았습니다. 결과적으로 보충형 민간보험료로 인한 환자들의 재정 부담은 늘어났으며, 의료의 형평성과 의료 혜택 접근성에도 문제를 가져왔다고 볼 수 있습니다.

공제조합(철도공제조합, 광산부조조합 등)이 제공하는 보충보험인 뮈튀엘은 각 지역 및 단체를 대상으로 합니다. 뮈튀엘은 개개인의 건강 상태와 상관없이 같은 단체 일원이라면 동일 보험료가 적용됩니다. 단체 일원으로서 가입이 강제되지는 않습니다. 비영리 조직으로 운영비 등 최소 필요비용만으로 구성되고, 일반적으로 개인 사보험보다 보험료가 낮습니다.

1차의료 서비스는 주로 개원한 일반의나 전문의가 맡고 있으며, 일부 종합병원 의사나 보건소 의사도 제공합니다. 의사들의 개원 지역 선택이나 의뢰 여부, 진료 내용에도 큰 제한 없이 자율성을 존중하며, 환자들이 의사를 선택하는 데에도 제한이 없어서 아무 의사에게서나 진료를 받을 수 있습니다. 이는 우리나라와 매우 흡사한 진료 체계입니다.

프랑스는 개원의와 민간병원, 공공병원 모두 서로 다른 역사적 과정을 통해 형성되었고, 그 영향으로 지금까지 의료 공급자의 자율성이 매우 높습니다. 이런 점이 의료보험 개혁에서도 중요하게 고려되었습니다.

프랑스에서는 의사와 건강보험관리공단 사이에 의료 제공을 위한 계약을 맺습니다. 즉, 병원이나 주치의(일반 개원의)가 공적건강보험에 의한 진료를 하기 위해 건강보험관리공단과 계약을 하는 것입니다. 계약은 3~4년마다 갱신을 하는데, 계약 시 강제되는 내용이나 항목은 특별히 없고, 건강보험 환자를 보겠다는 것에 동의하는 것이 골자입니다. 의사가 건강보험관리공단과 계약을 안 할 수도 있는데, 그러면 건강보험 환자를 볼 수 없습니다.

한편 개별 의료 기관과 민간보험회사는 별도의 계약은 하지 않고, 환자가 민간보험회사로부터 해당 서비스의 진료비를 상환받는 절차만 있습니다. 과거 민간보험회사에서 의료 기관과 개별 계약을 하려고 시도한 적이 있었으나, 정부가 금지해 현재까지도 따로 계약을 체결하지 않고 있습니다. 민간보험회사와 의료 기관 간에 계약이 이루어지면 전국 민건강보험 체계가 무너질 것이 우려되어 엄격하게 금지하는 것 같습니다.

한편 건강보험공단에서 보장하는 의료 행위의 경우는 의사들의 단체인 조합syndicat과 공단이 협상을 통해 수가를 결정합니다. 협상 시기는 특별히 정해져 있지 않고, 계약이 성사되었을 때 다음 협상 시점을 정합니다.

| 주치의제도 도입

프랑스는 우리나라처럼 전문의가 높은 비율을 차지하고, 아무 병원이나 원하는 대로 찾아가도록 되어 있었는데, 최근 의료개혁을 통해 주치의제도를 도입했습니다. 주치의제도 도입과 이후 정착 과정에 대해서 우리에게 시사하는 바가 크므로 눈여겨볼 필요가 있겠습니다.

1차 도입 : 1998년

프랑스에서는 의료전달체계의 문제, 날로 증가하는 의료 비용의 문제 등을 해결하기 위해 1998년 보건의료 개혁의 핵심으로 주치의제도 도입을 시도했습니다. 프랑스 정부를 대신한 건강보험공단과 프랑스 일반의협회MG France와의 협약을 통해 시작되었습니다. 이때 주치의제도를 '의뢰의 제도referring doctor scheme'라고 불렀습니다.

주치의 자격은 일반의로 한정했고, 자발적 참여를 원하는 환자에 대해서 제도를 시행하려고 했습니다. 그러나 국민들의 낮은 인식도와 전문의들의 반대에 부딪치면서 제도는 정착되지 못했습니다. 10퍼센트의 일반의와 1퍼센트의 환자만이 참여하는 저조한 기록을 남겼습니다. 프랑스는 전문의 비중이 높은데 일반의만 참여할 수 있게 제한한 데다가, 의사들 입장에서는 이득이 없어 보였기에 참여가 저조했던 것입니다.

국민들도 바뀌는 제도에 대한 이해가 부족했고, 어떤 이득이 있는지 몰라서 참여율이 낮았습니다.

결국 1998년의 시도는 뿌리내리지 못했습니다. 주치의제도를 시행하는 데 국민의 자발적 참여를 유도하고 의료인의 동의를 확보하는 것이 얼마나 중요한지를 보여주는 경험이었습니다.

2차 도입 : 2004년

프랑스의 주치의제도는 2004년 8월에 두 번째로 제안되어 법안을 통과해, 2005년 1월 1일부터 정식으로 시행되었습니다. 명칭도 '의뢰의 제도'에서 '선호의사 제도preferred doctor scheme'라고 바뀌었습니다. 주치의제도가 어떻게 성사됐는지 자세히 알아볼 필요가 있습니다.

2004년 두 번째 시도에서는 이전의 문제들을 충분히 분석한 뒤 제도의 시행 자체에 무게를 두었습니다. 우선 갖가지 매체를 통해 국민들에게 주치의제도의 장점과 이점을 충분히 홍보했습니다. 그런 뒤 2005년 1월부터 몇 달 동안 건강보험공단은 가입자 모두에게 주치의 신고 양식을 보냈습니다. 건강보험 가입자와 16세 이상인 가입자의 피부양자에게 원하는 경우 주치의를 지정하고, 건강보험공단에 신고 서류를 보내도록 하였습니다. 여러 요인이 작용하기는 했는데 처음부터 희망자가 많아서 2005년 7월부터는 신청자에 한해 우선 주치의제도를 실시했습니다.

이렇게 해서 주치의제도가 도입되었고, 그 뒤로는 정부도 놀랄 만큼 상당히 신속하게 진행되었습니다. 주치의제도를 시작한 2005년 5월에 16세 이상 건강보험 가입자 4,800만여 명 중 65퍼센트 정도인 3,000만 명 이상이 등록했습니다. 2006년에는 80퍼센트 정도인 3,800만 명 정도가 주치의 등록을 했습니다. 2009년 1월 자료에 따르면 주치의 등록 인구가 85퍼센트라고 합니다. 도입 초기에 빠르고 안정적으로 수요를 확보했고, 국민들로부터 어느 정도 인정을 받은 것입니다. 등록하지 않은 나머지 15퍼센트는 의료 기관 이용 실적이 거의 없는 가정이라고 하니, 사실상 모든 국민이 주치의제도를 따르고 있는 셈입니다.

2004년에는 1998년 처음 시도할 때와 다르게 건강보험공단이 일반 의협회가 아닌 전체 의사협회와 협약을 맺었습니다. 협약은 2005년 1월에 체결했으며 2010년 6월까지 5년간 유효합니다. 협약이 만료되는 시점에 협약 내용을 조정할 예정인데, 주치의제도 자체는 지속될 것으로 보입니다.

계약에 따르면 주치의는 문지기의 역할을 합니다. 주치의와 계약을 맺은 환자가 전문의나 종합병원의 진료를 받으려면 주치의의 진료 의뢰를 통해야 합니다. 환자가 주치의의 의뢰 절차를 거치지 않고 전문의나 종합병원 진료를 받으면 본인 부담을 인상함으로써 경제적 불이익을 당하게 했습니다.

의사 본인이 원하지 않으면 주치의로 신고하지 않고 진료해도 되고, 전문의도 주치의 시스템을 원하지 않으면 의뢰 환자를 받지 않아도 됩니다. 그러나 이때 의사가 환자에게 협약 요금(국가에서 정한 진료비) 이상의 추가 비용을 직접 청구할 수 있기 때문에 환자의 부담이 큽니다.

일부 예외를 두었는데 응급 상황일 때, 산부인과, 신경정신과, 안과 진료 가운데 일부 진료 내용에 한해 직접 방문을 허용하여 주치의 의뢰를 거치지 않아도 진료를 받을 수 있습니다. 출산과 관련해서는 의무적으로 중급 이상의 병원에서 임신 기간 중 9회에 걸쳐 병원 진료를 받도록 하고 있습니다.

프랑스에서 주치의제도가 자리 잡을 수 있었던 이유를 간단히 정리해보겠습니다.

첫째, 국민들의 참여를 획기적으로 유도해냈습니다. 영국이나 몇몇 나라에서처럼 국민들의 강제 가입이 없습니다. 홍보와 교육에 공을 들여 자발적 참가자들을 모았는데, 이것이 좋은 반향을 얻으면서 등록자가 대폭 늘었습니다.

둘째, 의사에게는 주치의 자격에 제한을 두지 않았고, 진료 수입을 보장해주었습니다.

셋째, 전문의가 많고, 자유롭게 병원을 이용했던 이전의 의료전달체계에 대한 변형을 최소화해서 국민들이나 의사들의 혼란을 줄였습니다.

넷째, 국가가 원하는 건강 관리의 지속성, 포괄성, 예방 등의 내용을 담음으로써 국가로서는 주치의제도의 장점을 보장할 수 있었습니다.

 ## 주민과 주치의의 만남

프랑스의 주치의는 문지기로서, 환자가 아플 때 처음 찾는 병원으로서의 역할과 더불어 질병의 예방, 지속적인 치료, 건강 증진, 의뢰, 환자 의료 기록 작성 등 환자의 건강을 전반적으로 관리하도록 되어 있습니다.

주치의들이 진료하는 개인병원이 우리나라처럼 엄청난 의료 장비를 갖춘 경우는 보기 어렵습니다. 대부분의 나라에서 주치의병원은 우리나라 보건지소 정도의 기초 시설들만 갖추고 진료합니다.

환자는 원하는 주치의에게 언제든지 등록할 수 있습니다. 프랑스 정부나 공단에서는 환자와 주치의 연결에 아무런 관여를 하지 않습니다. 등록 가능 환자 수를 제한한다든지 소개하는 행위도 하지 않습니다. 다만 자율적 계약에 대한 등록 명부만 가지고 있을 뿐입니다.

더구나 건강보험공단 측에 알리기만 하면 환자는 특별한 제약 없이 언제든지 주치의를 변경할 수 있습니다. 주치의를 변경할 경우에는 '새 주치의 선정 양식MTN : Médecin Traitant Nouveau'에 새로 선정할 의사의 동의 서명을 받아서 건강보험공단에 제출하면 됩니다. 여행 등으로 거주지를 떠나서 진료를 받을 때나 주치의가 부재중일 때도 간단한 서류만 작성하면 어디에서든지 진료를 받을 수 있습니다.

주치의를 마음대로 바꾼다면 주치의제도를 하지 않는 것과 똑같지 않냐고 생각하기 쉬운데, 대부분은 주거지를 옮기지 않는 한 주치의를 바꾸지 않는다고 합니다. 주치의 등록을 자꾸 바꾸는 것도 귀찮은 일이지만, 무엇보다도 자신을 잘 아는 의사를 정해서 꾸준히 진료를 받는 것이 좋다는 것을 알기 때문입니다.

모든 질병에 주치의제도가 적용되는 것은 아닙니다. 만약 다른 지방으로 여행을 갔다가 사고를 당하면 즉각 큰 병원으로 갈 수 있습니다. 그리고 응급 상황은 주치의제도와 상관없이 운영됩니다. 정신과, 안과, 산부인과 등 전문성이 절대적으로 필요한 경우도 주치의를 거치지 않고 바로 큰 병원으로 갈 수 있습니다.

주치의는 필요한 경우에는 자기 환자를 전문의나 종합병원 의사에게 의뢰합니다. 그리고 의뢰를 받은 위탁의Le médecin correspondant 등 다른 치료 담당자와 협력 속에 만성질환자들에 대한 치료 기록을 작성해서 관리합니다.

최근 프랑스에서는 이렇게 종합한 환자의 신상, 치료 및 검사 등 진료 정보를 담은 개인의료기록부DMP : Dossier Médical Personnel를 전국적 단일 전산정보망으로 통합하려고 하고 있습니다. 주치의제도의 정착을 위한 시스템의 하나로 생각하면서 의욕적으로 추진하고 있는데, 여기에는 1998년부터 시행하고 있는 전자건강보험카드가 이용되고 있습니다. 본인이 원할 때만 전자건강보험카드의 환자 정보에 접근할 수 있도록 했습니다. 현재는 개인 정보 노출 우려 때문에 개인 신상정보 정도만 카드에 기록됩니다. 그러나 앞으로는 검사 결과, 진단명, 투약 내용 등 모든 진료 정보를 넣으려고 연구 중이라고 합니다. 어떻게 하면 개인 정보가 새나가지 않을 것인가가 프랑스 정부의 고민일 것입니다.

주치의는 무료로 예방접종을 하고 통합 관리를 위해 기록을 해서 보고합니다. 파리 시내의 경우 무료 백신을 접종해주는 의료 센터가 8군데 있어서 주치의가 아니더라도 접종할 수 있습니다. 주민들은 이런 의료 기관에 예약을 해서 예방접종을 맞고, 의사들은 '예방접종 기록지 carnet de sante'에 기록을 합니다. 입학하거나 외국 학교로 진학할 때도 등록 서류에 예방접종 증빙 서류를 의무적으로 제출해야 하기 때문에, 프랑스 국민들은 예방접종 기록을 평생 보관해야 합니다.

# 주치의의 특징

프랑스에서 의사를 le médecin traitant이라고 부릅니다. médecin은 의사란 뜻이고, traitant은 치료란 뜻이므로 합쳐서 직역하자면 '치료 의사'입니다. 단순히 의사라고 번역해도 됩니다. 1차의료 의사의 역할을 하면 일반의le medecin généraliste라고 부릅니다. 전문의도 주치의로 나서서 1차의료를 담당하면 일반의라고 부릅니다.

앞에서도 말했듯 외국어에는 주치의란 표현이 따로 없습니다. 즉, 1차의료 의사들이 제도 속에서 주치의로 역할이 바뀝니다. 반면에 2차의료 담당자, 즉 전문의나 종합병원 의사들은 위탁의, 의뢰의le médecin correspondant라고 부릅니다.

프랑스의 2004년 개혁안에서는 전문의라도 원한다면 주치의 역할을 할 수 있도록 했습니다. 전문의가 주치의로서 1차의료를 담당하려면 해당 전문의는 전문의로서의 진료는 할 수 없고, 주치의로서 역할을 해야 하는 것으로 규정하고 있습니다.

전문의가 일반의로 전환한다면 1차의료에 대한 수련을 제대로 받지 않은 상태에서 환자를 적절하게 돌볼 수 있을지 걱정되기도 합니다. 하지만 2006년 5월 중순까지의 통계를 보면 주치의를 하겠다고 건강보험공단과 계약한 의사 가운데 99.6퍼센트는 일반의였고 0.4퍼센트만이 전문의였다고 합니다. 주치의의 문을 전문의에게까지 열어놨지만 실제로는 거의가 수련을 제대로 받은 일반의들이라는 것입니다. 또 참여한 전문의들에게는 따로 교육을 받도록 합니다. 전문의 비중이 높은 우리나라에서 참고하면 좋을 대목입니다.

주치의제도를 도입하면서 주치의 보수 지불 제도를 어떻게 할 것이냐에 대한 논란이 많았습니다. 의사가 어떤 수입원을 가질 수 있느냐 하는 문제입니다. 크게는 진료 내용에 따라 공단으로부터 받는 금액과 환자들로부터 직접 받는 본인 부담금이 있습니다.

프랑스는 주치의제도를 계획할 때 등록 주민 수에 맞게 비용을 지불하기는 하지만 등록 환자 수를 엄격하게 제한한다든지, 정해진 기간 안에 주치의를 바꾸는 것을 엄격하게 적용하는 인두제 방식을 완화해서 사용합니다. 종전 방식대로 의사협회와 보험자인 건강보험공단과의 금액 협상에 따라 주치의들의 기본 보수(진료 수가)가 결정되고, 외래 진료에서의 진료비는 행위별수가제로 하는 큰 틀을 그대로 유지했습니다.

진료비의 경우 행위별수가제이지만 우리나라처럼 질병과 치료 내용에 따라 복잡하게 나뉘지는 않습니다. 프랑스에서 말하는 협정 금액이란 우리가 얘기하는 진료수가인데, 주치의인 경우 보통 23~40유로 사이에서 진료의 난이도에 따라 자율적으로 받습니다. 진료비를 단순화한 것입니다. 한편 전문의는 40~75유로 선에서 진료비를 환자들에게 부과합니다. 각 질병별 치료 행위마다 진료비를 복잡하게 나눈 우리나라보다 간편하고 효율적인 것 같습니다.

이렇게 진료비 수준을 정할 때도 건강보험공단은 주치의 편을 많이 들어주려고 합니다. 이전까지는 매년 진료수가를 정할 때마다 실랑이를 해야 했고, 물가나 상황을 고려하여 계속 인상해왔습니다. 그런데 지금은 조건에 따라 가변적으로 정합니다. 약을 덜 사용하거나 비싼 오리지널 약품 대신 카피약을 많이 사용한 경우, 항생제 사용을 줄였을 경우 등에는 보험 재정이 절약되는 만큼 의사들에게 성과급으로 돌려줍니다. 약을 많이 쓰는 프랑스이기 때문에 약값과 연동해서 인센티브를 제공하는 것입니다. 반대로 기준치 미달이면 진료수가를 정할 때 불리하게 만들었습니다. 이러한 방식에 의사들도 동의했으며, 이는 의료비 절감뿐만 아니라 장기적인 안목에서 국민 건강에도 이바지하므로 누이 좋고 매부 좋은 격입니다.

주치의 지불 금액을 보상해주는 방법은 여러 가지가 있습니다. 30가지 유형의 만성질환을 정해서 환자 1인당 해마다 40유로를 지불해주는데, 이는 주치의 주도하에 의료 기록을 작성하는 업무에 대한 보상 차원입니다. 주치의는 진료 의뢰를 할 때 장기질환자의 특수 진료, 영유아 진료 등에 따라 얼마씩의 보상을 받습니다.

이렇게 해서 주치의제도 시행 후 주치의인 일반의들의 수입은 오른 반면 전문의들의 수입은 소폭 감소했다고 합니다. 일반의들의 수입은 곧 건강보험공단의 지출을 의미하므로 보험 재정에 영향을 줄 것이라고 생각할 수 있지만, 제도 시행 4년이 지난 지금까지 보험 재정이 그 때문에 나빠졌다는 통계는 없다고 합니다. 약을 적게 쓰고, 병원 이용이 다소 줄었기 때문일 것이라고 추측할 수 있습니다. 실제로 프랑스 건강보험공단의 발표에 따르면 주치의제도를 시행하고 3년이 지난 2008년 말에 건강보험공단 지출액의 1퍼센트인 1억 3,000만 유로(당시 환율로 약 2,000억 원) 정도가 절약됐다고 합니다.

게다가 프랑스 정부와 건강보험공단은 장기적으로 주치의제도가 만성질환 관리에 효과적이고, 진료의 질을 높이며, 질병을 예방한다고 보고 있습니다. 그에 따라 국민들의 건강이 향상되면 건강보험 재정이 훨씬 더 절감될 것이라고 기대하고 있습니다.

그러면 프랑스의 환자들은 진료비를 얼마나 낼까요?

프랑스는 오래 전부터 환자가 우선 진료비를 내고 나중에 돌려받는 방식(환급, 상환)을 택해왔습니다. 주치의제도에서도 이런 방식을 쓰고 있으며, 상환액participation de forait을 차별해서 돌려주어 환자들을 주치의제도로 유인하는 정책을 씁니다.

환자가 주치의 경로를 따르면 건강보험공단은 외래 환자의 처방료를 포함한 진료비의 경우 70퍼센트, 입원해서 치료받으면 80퍼센트를 환급해줍니다. 검사에 따라서 약간 비율이 다른데 초음파 검진과 같은 경우에는 60퍼센트를 국가에서 환급해준다고 합니다. 의약품의 경우에도 의료비 환급 제도를 적용합니다. 항암제 등 필수적인 처방의약품의 경우 100퍼센트 환급을 원칙으로 하며, 치료 상황에 따라 35~65퍼센트를 환급해줍니다.

환급할 때는 자기가 낸 진료비 전부를 돌려주는 것이 아니라 국가에서 기본적으로 얼마씩을 공제하고 돌려줍니다. 주치의를 방문할 때마다 1유로의 공제액이 있고, 주치의 의뢰를 거치지 않은 서비스 이용 시 매 진료당 3유로 안팎의 금액을 환급해주지 않고 공제합니다. 임산부, 신생아, 장애인, 장기질환 등에는 진료비가 무료이거나 상황에 따라 극히 일부 금액만 본인이 부담합니다.

프랑스는 기본 건강보험 환급액 말고도 보충보험에서도 환급을 해주는데, 2006년 1월 1일부터는 주치의가 아닌 의사에게 진료를 받을 경우 보충보험의 환급액에서 7유로를 삭감하도록 하고 있습니다.

| 진료비 계산

프랑스의 본인 부담금 환급 제도는 상당히 복잡합니다. 게다가 해마다 조금씩 변해서 더욱 이해하기 어렵습니다. 이를 쉽게 알아볼 수 있게 다음과 같이 정리해보았습니다.

※ 2005년 7월 1일 이전까지는 모든 건강보험 진료에서 진료비의 70퍼센트를 상환해줬음.

　* 주치의(일반의) 진료 시 : 20유로 진료비 냄.

　* 전문의 진료 시 : 23~25유로 진료비 냄.

※ 2005년 7월 1일부터는 주치의를 지정한 경우에만 진료비의 70퍼센트를 상환해줌.

　* 주치의(일반의) 진료 시 : 21유로 진료비 냄.

　* 주치의가 의뢰한 전문의 진료 시 : 27유로(누진 치료를 받을 경우), 40유로(전문 검진 치료를 받을 경우)

※ 주치의를 지정하지 않았을 경우에는 차등 상환

　* 2005년 12월 31일까지는 이전처럼 진료비의 70퍼센트 상환(제도 시행 처음이니까)

　* 2006년 1월 1일부터는 진료비의 60퍼센트만 상환

　* 2007년 9월 1일부터는 진료비의 50퍼센트만 상환

　* 2009년 2월 1일부터는 진료비의 30퍼센트만 상환(현재 시행)

2009년 현재, 주치의에게 진료받을 경우 기본 진료비는 23유로입니다. 진료 난이도에 따라서 40유로까지 낼 수 있습니다. 일단 23유로를

지불했다고 합시다. 나중에 건강보험공단으로부터 23유로의 70퍼센트에 해당하는 약 16유로를 환급받을 수 있습니다. 매 진료 시 1유로씩 건강보험공단에서 기본 공제액으로 가져가니까 결국 15유로를 환급받는 겁니다. 그럼 나머지는 본인 부담일까요? 아닙니다. 다음 식을 봅시다.

23유로(주치의 진료비)−1유로(기본 공제액)−15유로(실제 건강보험공단 환급액)＝7유로

차액인 7유로는 나중에 보충보험 성격의 공제조합인 뮈튀엘에서 환급받을 수 있는 금액입니다. 건강보험공단과 보충보험에서 환급을 받으면 결국 환자는 기본 공제액인 1유로만 낸 셈입니다.

물론 주치의 경로를 따르지 않고 다른 일반의에게 진료를 받으면 2009년 1월부터는 진료비의 30퍼센트만 환급해주니 23유로의 30퍼센트인 약 7유로만 받을 수 있습니다. 뮈튀엘에서는 주치의 이용과 관계없이 7유로를 환급해주니까 환자는 합쳐서 14유로를 돌려받고, 9유로를 진료비로 낸 셈이 됩니다. 9유로면 우리나라 돈으로 16,000원 정도입니다. 가벼운 질환이라도 한번 진료에 그만큼 낸다는 겁니다.

의약품 구매와 관련해서는 개인별 연간 최대 50유로까지 상환이 되지 않습니다. 그러나 다음 각 호에 해당되는 경우 연간 의약품 자기 부담 한도액 50유로 적용을 받지 않고, 규정 요율에 따라 전액 환불받습니다.

1. 저소득층 보장보험CMU 수혜자

2. 의료 지원 대상자

3. 임산부

4. 아동에 대한 의약품 구입

 ## 프랑스의 고민

2004년 개혁 이후, 프랑스 국민이나 정부, 의사 모두 주치의제도 자체에 대해서는 어느 정도 만족하고 있습니다. 하지만 제도 도입을 위한 협상 과정 중에 수많은 예외 조항을 만든 것이 앞으로 풀어야 할 큰 과제입니다. 인두제 방식이 아닌 점, 등록 기간이 없으므로 환자들이 쉽게 병원을 바꿀 수 있어 병원 이용을 통제하지 못할 수 있다는 점, 특정 주치의병원에 환자가 몰리면 충분한 진료 시간을 확보할 수 없어 질 높은 진료를 제공하지 못할 수 있다는 점 등 문제가 될 사항들이 있습니다.

이런 점들 때문에 어떤 학자는 프랑스의 이 제도는 주치의제도가 아니라고까지 합니다. 하지만 주치의제도에 대한 정답은 없습니다. 나라 형편에 맞게 변용할 수 있고, 나중에 적절한 평가를 통해서 조금씩 발전시켜나가면 됩니다.

주치의의 역할 중 상담, 교육, 방문 등 주치의 서비스 항목을 늘리는 것도 앞으로 프랑스가 노력해야 할 부분입니다. 정부가 점점 본인 부담 항목을 늘리려고 시도하는 것, 전문의들의 줄어든 수입을 보전하는 방법, 개인 정보의 비밀 보장이 전제된 개인의료기록 통합관리 시스템 등 해결해야 할 과제들도 산적해 있습니다.

주치의제도 시행과 직접적 관련은 없지만 프랑스 사람들은 병원 서비스에 불만이 많은 편입니다. 여러 나라를 비교한 조사에서도 프랑스의 자국 내 병원 이용에 대한 만족도는 상당히 낮게 나옵니다. 큰 원인 가운데 하나가 진료 체계의 문제점인 듯합니다. 예를 들어 한 조사 결과에 따르면 당뇨 환자들이 당뇨 합병증으로 망막질환이 오는 것을 예방하기 위해 1년에 한 번씩 안과 진단 검사를 받는 경우가 40퍼센트에 불과하였다고 합니다. 의사가 적극적으로 권유하지도 않고, 환자들이 잘 지키는지 확인하지도 않는 탓입니다.

그래서 공공보건을 잘 수행하는 것과 의료 사고를 줄이는 것, 더 나은 진료를 할 수 있게 하는 것은 프랑스 의료개혁에서도 중요한 부분입니다. 이와 관련하여 주치의들의 외래 진료에 진료 지침서를 배포하게 하고, 일반의 훈련 기간을 늘리고, 의사들끼리 원활한 소통을 위해 보건의료 공급자 간 네트워크를 만들고, 전자건강보험카드 사업을 하는 등 노력하고 있습니다.

개인의료기록부는 2007년 시행할 예정이었으나 아직도 구체화되지 않았습니다. 이는 전 국민에 대한 개인별 정보를 구체화하여 진료의 지속성을 달성하고 불필요한 중복 진료를 사전에 예방함으로써 진료의 질을 높이는 역할을 할 수 있을 것입니다.

주치의제도를 시행한 지 3년이 지난 2008년 말에는 건강보험공단 지출액이 1억 3,000만 유로(약 2,000억 원) 정도가 절약됐다고 합니다. 여기에는 여러 가지 요인이 있겠지만 만성질환 환자가 증가해서 비용 지출이 더 늘었을 것을 감안하면 실제 절약 규모는 그 액수를 훨씬 넘을 것으로 프랑스 건강보험공단은 추정합니다.

프랑스는 독특한 방식으로 주치의제도 문제를 풀어나갔습니다. 줄 건 주고, 얻을 건 얻는다는 생각으로 정부(건강보험공단)와 의사협회의 합의를 통해 주치의제도를 전격 성사시킨 것입니다. 다른 많은 나라들이 지금 프랑스를 주목하고 있는 것도 바로 이러한 점 때문입니다. 국민들의 건강을 증진시킨다는 대의 아래 정부와 의사단체가 협상을 성사시켰듯이, 앞으로 남은 문제들도 잘 해결할 수 있을지 관심을 갖고 지켜봐야 할 것입니다.

4. 주치의의 교과서, 영국

김지연 씨는 영국에서 거주한 지 8년 정도 된 40대 초반의 여성이다. 남편이 해외 근무를 하게 되어 두 살짜리 아이를 데리고 영국으로 건너 갔다. 처음에는 말도 잘 안 통하고 문화도 다르고 음식도 맞지 않아 애 를 많이 먹었다고 한다.

처음 집을 얻은 곳은 런던 교외였다. 최근 지은 집이라고 소개받아서 갔더니, 50년 정도 된 집이었다. 부동산 소개업자한테 왜 이렇게 오래 된 집을 안내하느냐고 따졌더니 그나마 그 집이 새 집에 속한다고 하더 란다. 주변 집들이 대부분 70년, 100년 된 집이라니까.

이렇게 우리와 문화가 전혀 다른 영국에서 집을 구한 뒤 지연 씨가 제일 처음 한 일은 지역 주치의를 찾아가 등록한 것이었다. 이사 온 사 람들이 가장 먼저 해야 할 일들 중 하나가 바로 주치의 등록이다. 언제 아플지 모르니까 말이다. 근처에는 동네병원이 세 군데 있는데 집에서 조금 멀지만 사람들이 괜찮다고 추천해준 곳으로 등록을 했다.

영국 내에 거주하는 사람이라면 주치의 등록을 할 때 등록비는 내지 않는다. 주치의로 정한 병원을 찾은 첫날, 등록하는 데 2시간이 넘게 걸 렸다. 서류를 작성하고, 가족 모두가 간단한 진찰과 면담을 거쳐야 했다. 의사는 면담을 하면서 가족들의 건강은 어떤지, 큰 병을 앓은 적은 없었는지 시시콜콜히 물으며 기록했다.

지연 씨는 의사의 시간을 너무 잡아먹는 게 아닌가 해서 미안한 마음이 들었는데, 영국에서는 그렇게 하는 게 기본이라고 했다. 오히려 담당 의사는 느긋하게 이것저것 물어왔다. 한국에서는 전혀 낯선 진료 모습이었다.

"처음 방문한 날, 의사가 두 살짜리 우리 아이를 보더니 얼굴이 노랗다고 황달인 것 같다고 검사를 하자고 했어요. 황인종이니 당연히 노랗지, 하얗겠어요? 담당 의사가 너무 강력하게 우기는 통에 어쩔 수 없이 그날로 아이는 울면서 혈액 검사를 했어요. 나중에 결과를 보니 황달은 없었지요."

지연 씨네 가족이 가는 주치의병원은 의사가 셋이고, 간호사와 그 외 직원들이 근무하고 있다. 영국 병원의 특징 중 하나는 주치의 가운데 인도 등의 외국 출신이 많다는 것이다. 영국 본토 출신은 손으로 꼽을 정도라고 한다. 영국에서는 주치의들의 급여가 너무 적어서 백인 의사의 상당수가 이웃나라로 빠져나가버린다고 한다.

의사들의 수입이 많은지 적은지 판단하는 데에는 복잡한 면이 있다.

런던 근교의 주치의 동네병원. 보통 다른 주택들과 섞여 있고 간판이 작아서 주의 깊게 보지 않으면 안 보인다.

보는 이의 시각에 따라 얼마가 충분한 것인지, 적정한 수입인지 달라질 것이기 때문이다. 한 예로 마이클 무어 감독은 〈식코〉란 영화에서 영국 의사가 충분한 수입을 올리고 안정된 생활을 누리고 있다고 묘사했다.

요즘 영국의 의사들은 무리를 지어서 주치의병원을 차리는 경우가 많다고 한다. 시설이나 장비를 같이 쓰므로 비용을 절약할 수 있고, 휴가를 떠나거나 자리를 비울 일이 있을 때 다른 의사가 대신 진료를 해줄 수도 있기 때문인 것 같다. 여럿이 공동 진료를 한다고 해도 환자는 특정 의사를 주치의로 지정해서 간다. 그러나 급할 때나 기다리기 싫을 때는 다른 의사에게 진료를 받아도 된다.

진료 시간은 진료 내용에 따라 다르다. 짧게는 5분일 수도 있고, 모호하거나 복잡한 증상이면 30분 정도까지 길어진다. 지연 씨는 링거액을 맞으면서 2시간도 있었다고 한다. 그때 의사가 왔다 갔다 하면서 자주 상태를 관찰했고, 지연 씨는 무척 고마웠다고 말했다.

"영국에서 동네병원 의사가 링거도 놔주나요?"

"왜요? 맞으면 안 돼요?"

"영국같이 여간해서 약 처방을 하지 않는 짠돌이 나라에서 링거를 투여했다는 게 믿기지 않아서요."

실제로 영국 의사들은 웬만하면 약을 처방하지 않는다. 영국에 간 우리나라 사람들이 큰 불만을 토로하는 점이 바로 이 부분이다. 아파서 병원에 가더라도 진찰한 다음에는 단순한 시럽 같은 것만 처방해준단다. 배가 아파도, 머리가 아파도 진통제 비슷한 시럽만 준다는 것이다.

"그 시럽이 만병통치약인지, 아니면 약이 없어서인지, 영국 생활 8년 동안 주치의가 처방해준 약은 그 시럽밖에 없어요."

물론 조금 과장되긴 했지만, 그런 경향은 분명히 있다. 거기에는 여러 가지 이유가 있을 텐데, 아마도 주된 이유는 주치의 병원에 할당된 의료비가 한정되어 있기 때문에 꼭 필요한 경우가 아니면 간단한 약만 처방하는 것일 것이다. 둘째로 약을 적게 처방하는 의사들의 습관도 작용한 것 같다.

"그럴 때는 우리나라에서 병원 다닐 때가 좋았다는 느낌도 들어요. 약도 풍족하게 처방해주고, 먹으면 잘 낫는 것 같고……."

"영국에 사는 우리 교민들 사이에서는 잠시 한국에 다녀올 기회가 있으면 약을 싸들고 돌아오는 게 기본 상식처럼 되어 있어요. 항생제는 필수고, 이러저러한 약들을 아는 의사에게 처방받아서 싸들고 옵니다. 어떤 때는 그렇게 가져온 약을 주변 교민들에게 나눠주기도 해요."

영국은 외국인일지라도 세금을 내면 자국민들과 똑같은 대우를 해준다. 특히 의료나 복지 측면에서는 거의 100퍼센트 동일 대우를 한다. 그래서 영국의 국가책임 의료제도인 국가보건서비스NHS에 따라 주치의를 만날 때나 종합병원을 이용할 때, 응급실을 이용할 때 모두 비용을 들이지 않고 해결할 수 있다.

지연 씨 부부가 아파서 병원을 찾는 일은 1년에 한두 번 있을까 말까 하지만, 아이는 여러 번 이용했다. 그런데 영국에서 사는 동안 병원비는 한 푼도 내지 않았다. 나중에 둘째 아이가 생겼을 때는 산전 진찰부터 아이를 낳을 때까지 무료였다.

"한밤중이나 병원 휴가철같이 주치의를 만나기 힘든 상황에는 어떻게 하나요?"

지연 씨는 주치의 휴가 때 병원을 찾아야 할 일은 없었는데, 야간 진료를 받은 적은 있었다.

"밤중에 아이가 고열로 끙끙 앓았던 적이 있는데, 해열제를 먹여도 열이 안 떨어져서 겁이 덜컥 났어요. 그래서 급히 주치의에게 전화를 했더니 상태를 듣고 온수 마사지를 하면서 지켜보라고 했어요. 의사의 얘기를 들으니까 일단 안심은 됐지요."

이처럼 주치의들은 밤에도 전화를 받아주기는 하지만, 아주 위급한 상황이 아니면 주민들은 전화로 의사를 잘 부르지 않는다. 전화를 걸 수 있다는 건 의사가 그만큼 환자를 잘 안다는 뜻인데, 주치의제도가 잘 발달된 나라에서나 가능할 것이다.

언젠가는 지연 씨가 한밤중에 배가 몹시 아픈 일이 있었다. 몇 시간이 지나도 가라앉지 않기에 주치의에게 전화를 걸었다. 의사는 증상을 상세히 듣더니 충수돌기염이 의심된다며 응급실로 가라고 안내를 해줬다. 깜깜한 밤에 지연 씨 가족은 차를 타고 30분 정도 달려 종합병원 응급실로 갔다. 그곳 의사가 진찰을 하더니 단순 복통이라고 하면서 약을 주었다. 시간이 지나면서 아픈 것은 가라앉았고, 다시 집에 돌아왔다.

영국에서는 아무 때나 응급실에 갈 수 있다. 여행이나 출장 등으로 사는 곳을 떠나 있을 때 갑자기 아프면 아무 응급실이나 이용할 수 있다. 거주지에서도 낮에는 주치의병원에 연락해서 응급실로 가지만, 급하면 주치의를 거치지 않고도 이용할 수 있다. 밤중에 아플 때는 주치의에게 전화하지 않고 응급실로 가는 경우가 많다.

"그렇게 쉽게 가면 응급실이 미어터지지 않나요?"

"신기한 것이, 아주 붐빌 것 같으면서도 의외로 한가했어요. 런던 외곽이어서 그랬을지도 모르겠어요."

안 좋은 기억도 몇 가지 들을 수 있었다. 한번은 남편의 손가락이 차문에 끼어서 찢어졌다. 주치의를 찾아갔는데, 자기네가 보기에는 많이 찢어졌는데도 달랑 두 바늘만 꿰매고 거즈로 싼 다음 돌려보냈다. 항생제는 고사하고 진통제도 처방해주지 않았고, 실 뺄 때 오라고 하고는 끝이었다. 지금도 남편은 흉터 남은 손을 보면서 불만스러워한단다. 다른 교민이나 현지인들의 얘기를 들어봐도 한국에서처럼 꼼꼼히 꿰매주지는 않는 것 같다고 한다.

지연 씨는 이것이 인두제를 실시하는 영국의 특징 같다고 의견을 덧붙였다. 등록 환자 수에 따라 국가에서 주는 수입에 의존하니 검사를 많이 한다든가, 더 잘 치료해야 한다는 생각도 없고, 약은 꼭 필요한 경우가 아니면 처방하지 않는 것이다.

'인두제가 문제인가? 인두제는 정해진 인원만 진료하게 함으로써 질적으로 잘 관리하라고 만든 제도인데, 오히려 치료 내용이 부실할 수도 있다. 인두제 아래에서는 더 나은 진료를 하는 것은 불가능한 일일까?'

밤늦게 영국과 통화를 마치고, 유별난은 이 부분에 대해서 오래 고민을 해본다.

대학 구내에 있는 주치의병원

 영국의 주치의병원

- 인구 : 6,100만 명
- 면적 : 244,820km²(한반도의 1.1배)
- 1인당 국민소득 : 4만 1,000달러(대한민국의 2.2배)
- 1년 총의료비 : GDP의 8.4퍼센트(대한민국 6.3퍼센트, OECD 평균 9.0퍼센트)
- 인구 1,000명당 활동 의사 수 : 2.5명(대한민국 1.7명, 한의사 제외, OECD 평균 3.1명)

 건강보험제도 살펴보기

영국은 건강보험이란 말을 쓰지 않습니다. 그리고 보험료가 아닌 세금으로 국가가 국민들의 건강 관리를 책임집니다. 행정부 산하 조직이 보건 서비스 업무를 총괄하기 때문에 우리나라처럼 관리 업무를 대신하는 국민건강보험공단 같은 기관도 당연히 없습니다.

영국은 잉글랜드, 스코틀랜드, 웨일스, 북아일랜드가 모여 연방 형태로 되어 있는 나라입니다. 건강보험은 '국가보건서비스NHS : National Health Service' 체계로 통일되어 운영되는데, NHS란 약자는 영국 정부가 자금을 지원하는 건강 관리 체계 네 가지를 나타내는 통상적 명칭일 뿐입니다. 4개의 지역은 각자 자기네 보건 관리 행정기구를 다음과 같이 다르게 표현합니다.

- 잉글랜드 – NHS
- 스코틀랜드 – NHS Scotland
- 웨일스 – NHS Wales
- 북아일랜드 – Health and Social Care in Northern Ireland

영국 정부는 보건 담당 중앙 행정부를 통해 4개로 나뉜 관리 기구를 조정하면서 통일성을 갖춥니다. 그래서 국민들은 거주지가 아닌 다른 지역에서 치료를 받더라도 차별을 받지 않습니다.

영국은 1948년에 NHS를 시행한 이후 60년이 넘도록 자국 내에 거주하는 모든 국민은 소득, 직업, 연령, 성에 관계없이 무료로 의료 서비스를 제공받게 함으로써 대표적 무상의료 국가로 자리 잡았습니다. 주치의 진료에서 병원 입원에 이르기까지 환자들은 한 푼의 비용도 내지 않습니다. 검사비, 수술비, 병실료 등이 모두 무료입니다. 암 치료비나 장기 입원비도 당연히 무료입니다. 이러한 혜택을 누릴 수 있는 것은 높은 세금 부담이 있기에 가능한 것입니다.

영국도 다른 나라들처럼 치과 진료, 성형 계통의 진료, 안과 진료 일부에서는 환자들이 본인 부담을 해야 합니다. 하지만 저소득층, 소아, 임산부, 노인층은 이 경우에도 무료입니다. 본인 부담을 해결하기 위해 영국 사람들도 국민의 10퍼센트 정도가 보충형 민간건강보험PMI : supplementary private medical insurance에 가입해 있습니다. 가입자들은 대부분 고소득자나 자영업자, 노후를 대비하는 장년층, 특정 단체들입니다.

영국 국민들이 가장 불만스러워하는 것은 긴 대기 시간입니다. 몇 년

전의 자료에 따르면 주치의 진료 후 전문의나 종합병원의 의사를 만나기까지 평균 대기 시간이 7주였다고 합니다. 1년 넘게 기다려야 하는 환자도 몇 만 명이나 됩니다.

영국 정부는 매달 '진료 대기 명단waiting list'을 발표하는데, 대기 환자를 100만 명 이하로 줄이는 게 정부 당국의 소원이라고 할 정도로 이 문제는 심각합니다. 2009년 1월 명단에 따르면 대기 환자가 전 달에 비해 4,500명 늘어서 103만 9,000명이었습니다. 이에 대해 정부 당국자는 전년 1월의 증가 수치보다는 준 것이라며 대기자 억제책이 성공적이라고 호평했답니다. 그리고 2009년 1월에 1년 넘게 기다리는 환자의 수가 1,310명 줄어든 47,100명이라고 발표하며 기뻐했다고 합니다.

이러한 문제를 해결하기 위한 방편으로 1989년 1월부터 NHS에 시장 원리를 도입하여 NHS의 보건서비스 중 공립병원의 역할을 민간 의료기관에 위탁하기도 합니다. 병원의 모든 일들을 국가가 관장해왔는데, 그 가운데 일부를 민간의 역할로 돌리는 변화를 준 것입니다.

민간 의료기관은 주로 외과적 수술 일부를 담당하게 하였는데, 2003년부터는 진료 내용을 다소 확대했습니다. 여전히 의뢰를 받아서 하긴 하지만 특수 혈액 검사, 내시경 검사, 관절경 검사 등과 일부 외과 항목, 안과 항목 등으로 진료 내용을 넓혔습니다.

유럽이 유럽연합 체제로 재편성됨에 따라 의료 시장에서도 국경이 사라지고 있는 추세입니다. 그래서 미국 등 외국의 의료인들이 NHS와 계약을 하고 영국으로 진출하는 일이 부쩍 많아졌습니다. 이들은 주로 위탁받은 의료 행위를 담당합니다. 이런 변화가 대기 환자를 줄이는 데 약간 도움을 주기는 했지만, 민간 의료기관이다 보니 의뢰받은 환자들도 골라서 진료하는 경우가 많다고 합니다. NHS 소속 영국 의사들보다 진료비를 더 받으면서도 합병증이 있거나 치료하기 힘든 환자는 의뢰를 받지 않고 돌려보내는 일도 있습니다. 또 그들은 국가가 정한 의사 수련 규정이나 질 관리 평가에 영향을 받지 않기 때문에, 교육을 제대로 받지 않은 의사들이 늘어나 질이 떨어지는 문제가 노출되고 있다고 합니다.

한편, 2004년부터는 인두제에 의존하던 의사들의 보수 지불 체계를 대폭 손질해서 성과급을 강조하고 있습니다.

다른 나라들과 비교하면서 영국을 보면 이러한 점진적인 의료개혁이 의아해 보일 때도 있습니다. 다른 변화도 있었지만 주요 변화를 간추려보면 1989년 약간의 시장 원리 도입, 2003년부터 확대, 2004년 보수 지불 체계 변경, 2005년 일반의 수련제도 변화 등입니다. 의료개혁이라고 하면 다른 나라에서는 대부분 진료 체계를 바꾸는 것과 같이 큰 틀에 변화를 주는데, 영국은 몇 년마다 조금씩 변화를 주고 있습니다.

이것은 영국에서는 의료가 국가 관장 사업이고, 의사나 그 외 의료인력이 공무원과 같은 신분에서 활동하기 때문에 언제라도 정부가 필요하면 원하는 대로 바꿀 수 있기 때문인 것 같습니다. 굳이 이해 당사자들과 오랜 시간 싸움을 해가며 한 번에 왕창 바꾸지 않아도 되기에 그런 것 같습니다. 오랜 시간이 지나면서 조금씩 문제점들이 노출되는 국가 중심의 보건의료 체계에 영국은 점진적으로 중요한 변화들을 여러 차례에 걸쳐 시도하는 중입니다.

이러한 의료개혁이 성과를 거둘지, 아니면 공적 의료체계에서 이탈함으로써 더 큰 문제를 가져올지 궁금합니다.

▎무상 의료의 발판을 마련한 '베버리지 보고서'

영국의 경제학자인 베버리지William Henry Beveridge는 '베버리지 보고서'로 잘 알려진 〈사회보험과 그와 관련된 서비스Social insurance and allied services, 1942〉에서 2차 세계대전 이후 영국의 포괄적인 사회보장 제도에 대해서 언급했습니다. 그 내용 중에서 보건의료 부분은 그것을 실천하기 위한 한 방편이었습니다. 그 이후 영국은 지금까지 복지와 보건의료의 표상이 되어왔습니다.

베버리지는 보고서에서 보건 서비스가 근로자들의 질병을 조기에 치료하여 생산 현장으로 돌아가도록 지원해야 하므로, 건강보험은 세금으로 충당되는 국가 운영 제도가 되어야 한다고 제시합니다. 그리고 국가는 국민 모두에게 차별 없이 질병의 예방, 치료, 재활 등 모든 의료 서비스를 제공해야 한다고 주장합니다.

당시 영국의 약 1,700여 개 지방정부 소속 병원과 1,000여 개 자선병원들은 적자에 허덕이고 있었습니다. 그래서 한 국가의 건강 관련 정책과 관리를 국가가 책임져야 한다는 베버리지의 주장은 큰 반향을 얻습니다. 그리고 1946년 제정된 '국가보건서비스 법안National Health Service Act'에 따라 국가는 국민의 건강을 지키고 증진시키는 것을 제일의 목표로 삼고, 1948년부터 본격적인 국가보건서비스NHS 제도를 시행합니다.

어느 나라도 잘 해내지 못하던 무상 의료의 발판을 영국이 쉽게 마련할 수 있었던 것은 2차 세계대전 이후 기간산업을 국유화하고, 베버리지 보고서 내용을 바탕으로 한 복지 사업의 확대를 선거 공약으로 내세운 노동당이 집권했기 때문입니다. 2차 세계대전 직후 모두가 아프고 힘든 시기였고, 사회주의가 많은 국가에 영향을 주던 상황에서 노동당이 집권을 했기에 가능했으리라 생각합니다. 내용이 좋아도 다른 많은 나라에서는 궁핍한 재정 상태와 이해 당사자들의 갈등 속에서 제도 실현을 할 수 없었는데 말입니다.

 주민과 주치의의 만남

영국 주민들은 동네 주치의에게 반드시 등록을 해야 하는데, 이때 자기 마음에 드는 의사를 고를 수 있습니다. 진료를 받으려면 미리 예약하고 찾아가야 합니다.

주치의는 지역 사회에서 질병의 예방과 치료, 재활, 지역 보건 사업 등을 담당하며, 주민들은 필요할 경우에 의뢰를 받아 전문의 단계로 넘어갑니다. 주치의를 맡은 일반의들은 영국 의료제도의 핵심이고, 정부의 역할 중 많은 부분이 일반의들에 대한 교육, 역할 수립, 처우 개선에 맞추어 있습니다.

주민들은 자신의 건강이 걱정되거나 질병이 생겼을 때 주치의를 통해서 대부분 해결합니다. 그 중 10퍼센트 정도는 전문의에게 의뢰되고, 그 중 10퍼센트 정도는 입원 치료를 받습니다. 이 비율은 아주 오랜 기간 동안 거의 변함이 없다고 합니다. 그러니까 주치의가 지역 주민들의 90퍼센트 가까운 질환을 다루는 셈입니다.

# 주치의의 특징

　영국 의사 가운데 50퍼센트 정도는 일반의입니다. 영국 전체에 약 1만 개가 넘는 일반의병원이 있습니다. 의사 혼자 진료하는 곳이 30퍼센트 정도이고, 2~4명씩 근무하는 곳이 약 35퍼센트, 5명 이상이 근무하는 곳이 35퍼센트 정도입니다. 점점 공동 진료 방식으로 많이 바뀌는 추세이고, 주치의병원 단위로 보수도 지급됩니다. 여러 명이 근무하면서 장비나 시설을 같이 이용할 수 있고, 휴가 때는 교대로 진료실을 지키므로 편히 여가를 보낼 수 있는 장점이 많기 때문입니다. 또 통계에 따르면 주치의 한 명당 등록 주민 수는 몇 명이 근무하는지와 별 상관없이 평균 1,500~2,000명 정도입니다.

　주치의들은 지역의 기본적인 진료를 해결합니다. 주치의제도에서 이야기하는 문지기 역할을 충실히 실현합니다. 주민들은 반드시 자신의 주치의를 통해서 다른 전문의에게 가야 합니다. 치과나 안과는 의뢰 없이도 갈 수 있는데, 치과 진료는 본인 부담 비용이 많으나 안과 진료 시에는 보장되는 것이 꽤 있습니다.

　입원이 필요할 경우에도 의뢰를 받아 가는데 종합병원에는 전문의들이 근무하며, 여러 가지 진단 장비와 수술 장비들을 갖추고 있습니다. 종합병원은 거의(96퍼센트가량)가 공공병원public hospital입니다. 영국에서는 전문의들이 주치의 진료를 할 수 없고, 일반의들은 병원에 근무할 수 없습니다. 전문의들은 따로 전문의 진료소를 차리거나 종합병원 인력으로 흡수됩니다.

의사들에 대한 진료비 지불 체계는 몇 년 사이에 많이 변했습니다. 2004년 이전까지 국가는 지역마다 설립된 주치의관리기구PCT : Primary Care Trust를 통해 개인 의사별로 계약을 맺었습니다. 주치의관리기구는 인두제에 따라 진료 횟수에 관계없이 주치의 개인에게 등록한 주민 수에 따라 기본급처럼 일정 액수를 지불하고, 예방접종이나 지역의 보건 사업에 참여하는 경우는 약간의 성과급처럼 더 지불했습니다. 정해진 진료 시간 외에 환자를 보는 경우에도 수당은 없었습니다. 그래서 주치의들은 진료를 많이 하든 적게 하든, 검사를 잘하든 못하든 크게 관계없이 보수를 받았습니다.

주치의인 일반의들은 영국 의료제도의 핵심입니다. 그들은 국가에서 주는 월급을 받습니다. 그런데 근래 몇 년 사이 영국의 보수 지불 체계가 크게 변화하고 있습니다. 등록 주민 수대로만 월급을 주던 것에서 환자들을 성실히 본 것을 점수화해서 그에 따라 성과급을 더 주는 제도로 변했습니다. 2004년 이후 주치의관리기구는 개인 의사가 아니라 주치의 병원을 단위로 계약을 합니다. 보수와 관련해서는 시간 외로 얼마나 진료를 했는지, 환자를 얼마나 더 봤는지, 적절한 검사를 잘했는지, 지역 보건 사업에 참여를 잘하는지 등을 기준으로 성과급을 줍니다. 이전 영국에서는 못 보던 내용입니다.

그렇다고 우리나라 어느 언론에서 얘기한 것처럼 인두제가 폐지된 것은 아닙니다. 인두제를 기본으로 하되 성과급을 더해서 보수를 줍니다. 이로써 영국 정부는 보건 정책을 한 단계 끌어올렸고, 국민들은 양질의 진료와 예방 사업의 혜택을 입게 되었습니다. 얼마나 열심히 진료와 지역의 보건 사업에 뛰어들었는가에 따라 주치의의 수입이 결정됩니다.

변화한 영국의 의사 보수 지불 체계는 다른 나라들의 눈길을 끌고 있습니다. 그도 그럴 것이 60년 넘게 국가 소속 의사처럼 되어 있고, 등록 주민 수에 따라서만 보수를 받던 체계에서 180도는 아니더라도 90도 정도는 달라졌기 때문입니다.

미국의 건강보험 회사들도 영국의 변화를 주시하면서 이 정책을 도입하려고 연구 중입니다. 다른 여러 나라들도 관심 있게 영국의 일반의 보수 지불 제도의 변화를 눈여겨보고 있다고 합니다.

2004년 이후 달라진 주치의 보수 지불 체계

영국에서는 2004년 '새로운 1차의료 서비스 제도NGMS : New General Medical Services'라는 것이 만들어지면서 보수 지불 방식이 인두제에 성과급 방식을 더해서 총액예산제global budget로 전환했습니다. 총액예산제는 주치의가 한 명이든 여러 명이든 상관없이 일반의병원을 단위로 한 해의 총액을 계산해서 보수를 지급하는 제도입니다.

주치의관리기구와 계약을 하는 주체도 주치의 개인이 아니라 주치의가 근무하는 주치의병원 단위로 바뀌었습니다. 여러 명이 근무하고 있는 병원이라면 개인이 아닌 전체를 하나로 해서 병원이 계약 주체가 되는 겁니다.

영국 정부는 총액예산제를 통해 등록 주민 1인당 보수 단가를 낮추었습니다. 그러면 일반의들의 수입이 줄어들므로 보수를 이전 수준으로 적절히 유지할 수 있도록 수입을 보전하는 정책을 만들었는데, 그것은 제도를 시작한 첫 몇 해 동안만 한시적으로 썼습니다. 의사들이 새로운 제도에 거부감을 나타내지 않게 하기 위한 유인책이었습니다.

그리고 가장 중요한 변화는 성과급제를 만들어서 더 나은 진료를 할 수 있도록 독려하는 정책입니다. 이것을 '양질의 의료-보수 연관 제도 QOF : the Quality and Outcomes Framework'라고 합니다. 10개의 만성질환을 정해서 얼마나 잘 관리하는지와 주치의병원의 운영 체계 개선, 환자 진료 횟수 등 달성 목표를 세밀하게 정해서 146개의 지표146 quality indicators로 구분하여 점수로 만듭니다. 그 지표에 맞게 환자의 치료 효과가 좋으면 점수를 획득합니다. 점수당 정해진 금액만큼 일반의들은 수입을 올릴 수 있습니다. 최고 점수는 1,050점입니다.

조사 결과를 보면 2004년 제도 시작 첫 해에 평균 83.4퍼센트가 목표에 도달한 것으로 나왔습니다. 일반의들의 평균 획득 점수는 1,003점이었습니다. 그 정도로 많은 일반의들이 참여했고, 여러 질환의 치료와 관리가 잘되었다고 해석할 수 있습니다. 물론 일반의들의 수입도 늘어서 평균 7만 6,000파운드의 수입을 얻었다고 합니다.

환자 관리 상황 외에, 가격이 저렴한 일반명 약품을 처방한 정도도 다음해 보수를 결정하는 데에 영향을 끼칩니다. 그래서 의사들은 더 많은 환자를 보려고 하고, 만성 환자들을 더 잘 관리하며, 값싼 일반약 처방을 늘리려고 노력하게 됩니다. 저녁 늦게까지 환자를 진료한다든지,

바뀐 일반의 보수 지급 방식(Pay-for-Performance Program for GP)

과거	인두제 + 운영비, 성과급(지역 보건 사업 참여 정도에 따른 보너스)
2004년 이후	총액예산제 …… 인두제(이전보다 낮아진 단가) + 양질의 의료-보수 연관제도QOF + 지역 특화 공중보건사업LES

적절한 검사를 한다든지 하는 것들도 요즘 몇 년 사이에 생겨난 모습입니다. 또 '지역 특화 공중보건사업LES : Locally Enhanced Services'에 참여한 정도에 따라 성과급을 주기 때문에 보수는 더 늘어납니다.

이러한 것들은 2004년 이전에는 없었던 내용들입니다. 영국에서는 NHS를 중심으로 한 의료 시스템을 수십 년 동안 유지해왔습니다. 그 때문에 진료의 질이 크게 떨어지지는 않았다 하더라도, 일반의들이 역동적으로 환자를 진료하고 지역 보건 사업에 열심히 뛰어드는 모습을 보이지 않았던 것도 사실입니다. 새로운 지불 제도는 여기에 촉진제를 투여한 것입니다.

그러다 보니 일반의 사이에서 점점 수입의 차이가 벌어지는 현상이 생겼습니다. 이와 관련해서는 재미있는 자료가 있습니다. 보통 일반의들은 시간 외 진료 없이 1년에 약 7만 파운드(약 1억 4,000만 원)를 벌어들인다고 합니다. 하지만 자기가 얼마나 활동을 더 하느냐에 따라 수입은 극심하게 변동할 수 있습니다. 예를 들어 스코틀랜드 북서쪽 멀리 떨어져 있는 섬들을 묶어서 아우터 헤브리드스Outer Hebrides라고 하는데, 여기에 속한 다섯 개의 섬들을 경유하며 홀로 일하는 한 일반의는 한해 30만 파운드 이상의 고소득을 올렸습니다. 또 어떤 일반의는 연간 25만 파운드를 벌어들이기도 했다고 발표되었습니다.

달라진 보수 지불 제도에 '당근'만 있는 것은 아닙니다. 2004년 이전에는 예방 사업이 주치의의 자율적 참여 사항이었습니다. 그래서 잘하면 성과급을 주고, 안 하면 안 주는 정도로 그쳤으나 바뀐 제도에서는 주치의 의무 사항이 되었습니다. 지역의 예방접종 사업에 참여하는 것은 당연한 의무이고, 안 하면 총액예산을 계약할 때 불리하게 적용되는

'채찍'인 셈입니다.

❘ 영국의 일반의 교육 제도

영국에서는 졸업 후 수련 과정 중에 일반의와 전문의의 길이 나뉩니다. 일반의가 되어 진료를 하기까지는 약 10년 가까운 시간이 걸립니다.

일반의가 되려면 5~6년 과정의 의과대학 교육을 마치고, 우리나라의 전공의 과정처럼 4년 이상의 일반의 수련을 받아야 합니다. 그 수련은 독특하게 내과 일반의, 외과 일반의로 구분되어 진행됩니다.

내과 일반의가 되기를 원하면 의과대학 졸업 후 대체로 병원 내 일반 외과병동에서 6개월, 일반 내과병동에서 6개월을 지냅니다. 이후 개원의 수련 과정에 본격적으로 들어가는데 산부인과, 소아과, 노인의학과, 응급의학과, 정신과와 같은 병원 전문 직무 중 총 4회에 걸쳐 6개월씩 업무를 마칩니다.

이후 등록의사general practice registrar로서 1년을 지낸 후 시험을 통과하면 정식으로 일반의 진료를 할 수 있는 자격을 얻습니다. 이때부터 동네병원 주치의가 되는 것이죠.

2005년부터 수련 제도가 다소 바뀌었는데, 일반의 수련 과정에 권위를 덧붙이는 작업을 합니다. 이것은 일종의 일반의에 대한 전문의 자격 제도인데, 일반의가 되고 나서도 추가로 소아과나 산부인과, 노인의학에 대한 연수를 받으면서 수료 자격증을 따두기도 합니다. 그 분야를 더 공부하고 환자들을 전문적으로 보기 위함이라고 합니다.

이렇게 어렵고 오랜 과정 끝에 일반의 자격을 얻으므로, 영국의 일반의들은 외국에 나가서도 전문적 권위를 인정받습니다.

 ## 영국의 고민

영국의 자료를 분석할 때 주의해야 할 것이 있습니다. 엄격한 주치의 제도, 인두제, 긴 대기 시간, 환자를 잘 보려고 하지 않는 주치의, 공무원 신분의 의사, 적은 급여 등이 영국의 의료제도에 대해 흔히 알려져 있는 것들입니다. 그러나 거기에는 오해도 있고, 이미 지난 이야기인 것도 있습니다.

예를 들어 주치의들이 환자를 잘 안 보려고 하고 적극적이지 않다고 상상하는 것은 왜곡된 시각입니다. 물론 약을 덜 쓰고, 치료를 적극적으로 안 하는 면도 있었지만, 영국 국민들은 그래도 주치의의 진료 수준에 만족하는 편입니다. 결정적으로 2004년 개혁 이후부터는 그러한 우려도 거의 사라지는 것 같습니다. 인두제 방식의 지불 제도에 손을 대고, 주치의들에게 성과급을 주어 환자들이 원하는 검사나 처치를 할 수 있도록 배려했기 때문에 더 양질의 진료를 하는 쪽으로 바뀌고 있습니다. 영국 의료제도는 점진적이고 끊임없이 변화하고 있기 때문에 자료를 볼 때도 언제 나온 자료인지를 확인하지 않으면 그릇된 분석을 하기 십상입니다.

제도가 바뀌면서 많은 부분들이 이전보다 좋아지고 있다고는 하나, 아직도 남아 있는 고질적 문제들이 있습니다. 전문의나 종합병원 의뢰 시 대기 시간이 아주 긴 것도 정부의 계속되는 고민거리 중 하나입니다.

대기 환자에 관한 정보인 '진료 대기 명단'은 영국 정부와 정치권에서 상당히 민감한 문제입니다. 오죽하면 대기 시간을 줄이려고 정부에서 내놓은 구호가 "대부분의 환자들은 13주 내에는 진찰이 되어야 하며 모든 환자들이 26주 안에는 진찰되도록 해야 한다" 이겠습니까. 환자들은 평균 7주 정도 기다려야 의사의 진찰을 받을 수 있다고 합니다. 그래서 과거 노동당 정부는 공약으로 "대기 환자의 10만 명 감소" 전략을 내세우고, "18개월 이상의 대기 환자는 제로로 만들자"는 목표를 내걸기도 했습니다.

이전에는 국가가 관리하는 병원으로만 의뢰를 하고 수술이나 입원을 했는데, 이제는 대기 환자를 줄이기 위해 민간병원에서도 의뢰받은 환자를 볼 수 있도록 변화를 주었습니다.

바뀌고 있는 의료제도들이 급변하는 의료 환경에 어떤 효과를 보일지는 앞으로 몇 년 동안 관심을 가지고 지켜볼 필요가 있습니다. 영국의 관전 포인트 역시 다른 나라와 크게 다르지 않습니다. 노인 인구의 증가, 고급 의료에 대한 국민들의 욕구, 의료비의 상승 등에 어떻게 대처할지, 새로운 제도들이 어떤 효과를 보일지가 주목됩니다.

5. 민간건강보험 제도 속의 네덜란드

유별난은 어렸을 때 네덜란드를 댐이 무너지는 것을 몸으로 막은 소년의 나라, 풍차의 나라로 알고 있었다. 조금 자라 역사를 배울 때는 제주도 모슬포에 표류해온 하멜의 고국으로 다시 만났고, 이제는 2002년 월드컵에서 우리나라를 4강으로 이끌었던 거스 히딩크의 나라로 익숙해졌다. 하지만 아직도 네덜란드는 우리에게 낯선 나라이다.

유별난이 소개받은 네덜란드 인은 케스 헤이닝Kees Heyning 씨. 암스테르담의 서쪽에 위치한 도시인 하를럼Haarlem에 살고 있는 40대 남자로 잡지사에 근무하고 있다. 부인 줄리Julie는 심리치료사로 일하고 있으며, 자녀는 없다고 했다.

네덜란드는 영국처럼 전통적인 주치의제도를 시행하고 있다. 그런데 민간건강보험회사와 계약된 의사를 주치의로 둔다는 것이 국가 주도의 주치의제도를 실시하는 다른 나라들과 다른 점이다.

헤이닝 씨 가족도 가까운 곳에 위치한 가정의를 주치의로 두고 있다. 헤이닝 씨가 가입한 민간건강보험회사는 'OVGZ'로, 그 회사와 계약한 가정의병원 가운데 골라서 등록했다고 한다. 등록 기간이 정해지지 않으며 등록비는 따로 없고, 가정의를 이용할 때에도 진료비를 내지 않는다. 민간건강보험회사에서 의사에게 전액 지불하기 때문이다.

"한 달에 건강보험료는 얼마를 내죠?"

"우리는 한 달에 108유로를 내고 있어요."

108유로면 어림잡아도 20만 원이 조금 안 되는 금액이다.

유별난은 제일 먼저 민간건강보험 체계로 바뀐 이후 달라진 게 무어냐고 물어보았다. 그러자 다소 난해한 답이 돌아왔다.

"우리는 이전에도 국가건강보험에 가입해 있지 않았어요. 지금도 여전히 이전에 가입해 있던 민간건강보험을 유지하고 있고요."

이전부터 국가건강보험에 가입하지 않았다니, 참 특이한 경우라는 생각이 들었다. 이것을 어떻게 해석해야 할지 생각하는 사이 할 말이 얽혀버렸다. 계획대로라면 네덜란드의 보편적인 주치의 이용과 건강보험 형태에 대해 대화가 흘러가야 하는데 엉뚱한 방향을 타고 말았으니 말이다.

"2006년 이후 네덜란드는 민간건강보험회사에 이전의 건강보험 업무를 위탁했는데, 그 후에 달라진 점을 느끼나요?"

"더 나빠진 것 같아요. 보험료도 올라서 화가 나요. 몇 년 전 건강보험 체계가 바뀌면서 이미 가입해 있던 사람들의 보험료도 덩달아 올라버렸죠. 가정의를 이용하는 거나 종합병원을 이용하는 거나 모두 똑같은데 보험료는 올랐고……. 그래서 그다지 좋아졌다는 느낌은 없어요."

헤이닝 씨 부부는 건강상의 문제가 있으면 언제든지 가정의에게 전화한다. 의사도 필요하면 집으로 방문해서 기꺼이 상담을 해준다. 진료를 받으려면 물론 전화로 사전 예약을 한다.

그런데 놀랍게도 담당 의사에게는 진료실이 없다고 한다. 의사는 자기 집 응접실에서 편하게 환자와 만나고, 필요한 치료를 한다고 했다.

"그럼 검사가 필요하면 어떻게 하죠? 약을 처방해주기는 하나요?"

"간단한 혈액 검사나 소변 검사 정도는 할 수 있고, 그 외 검사가 필요하면 의뢰해서 검사를 받게 하죠. 내 주치의는 인지 치료 의사anthroposophical doctor여서 약은 꼭 필요한 경우가 아니면 처방하지 않는 편이에요."

"약이 없으면 불편하지 않나요? 그런 치료에 만족하세요?"

"특별한 방법으로 치유를 하기 때문에 약이 필요한 경우는 많지 않아요. 우리는 그 의사를 아주 신뢰하고 있고, 치료 방법에도 만족하고 있어요."

헤이닝 씨는 자신의 주치의가 anthroposophy를 하는 의사라고 했는데, 우리말로는 '인지학人智學'이라 한다. 이는 대체 의학의 일종으로 인간의 정신세계, 즉 영적인 부분을 중시하면서 병을 대할 때도 인간의 잠재된 능력을 극대화시켜서 치유의 힘을 갖도록 하는 것이다.

유별난은 헤이닝 씨에게 네덜란드 의료제도 전반에 관해 혹시 불만이 있느냐고 물었다. 그랬더니 그는 몇 가지 이야기를 거침없이 들려줬다. 헤이닝 씨는 네덜란드의 주치의제도는 오랜 전통을 가지고 있어 안정되어 있고, 네덜란드 의료의 근간을 이루고 있다고 설명했다. 건강보험 체계가 바뀌면서 해마다 보험료가 오르는 게 불안하며, 대체적으로는 이전과 크게 달라진 것은 없다고 했다.

"마음에 안 드는 것들은, 우선 아까 말씀드렸듯이 건강보험료가 자꾸 오르는 점이지요. 또 종합병원을 갈 때 대기 시간이 긴 것도 고쳐지지 않네요. 그리고 민간건강보험회사에서 개인 신상 관련 자료나 진료 기록들을 담은 전자카드 제도를 도입하려고 하는데, 개인 정보가 노출될 수 있어 문제가 심각하다고 생각합니다. 그것도 민간회사가 가지고 있으면 말입니다. 하여튼 저는 제도가 바뀐 것이 하나도 마음에 안 들어요."

헤이닝 씨는 이전에 자기네가 민간건강보험회사에 가입되어 있을 때보다 전 국민이 대상이 되면서 관리해야 할 사람들이 많아지니까 보험회사들이 효율적인 관리 방식을 생각해내는 것 같다고 설명을 덧붙였다.

어느 나라나 이 전자카드가 말썽이다. 의료 관련 기록을 넣어 병원마다 공유하면 중복 검사나 진단 오류를 줄일 수 있는 등 분명 효율적이기는 하다. 하지만 예기치 않게 타인에게 정보가 새나가면 문제가 심각해진다. 더욱이 네덜란드처럼 민간건강보험회사 체제의 경우 개인 회사에 국민들의 정보를 주는 것은 문제가 있어 보인다. 개인 신상 정보가 넘어가는 것도 문제이지만 의료에 관련된 정보까지 넘어간다면 정말 심각한 문제가 될 수 있다.

 # 네덜란드의 주치의병원

- 인구 : 1,650만 명
- 면적 : 41,526km²(한반도의 0.2배)
- 1인당 국민소득 : 4만 6,000달러(대한민국의 2.4배)
- 1년 총의료비 : GDP의 9.8퍼센트(대한민국 6.3퍼센트, OECD 평균 9.0퍼센트)
- 인구 1,000명당 활동 의사 수 : 3.9명(대한민국 1.7명, 한의사 제외, OECD 평균 3.1명)
- 보건의료체계 : 사회보험NHI에서 민간건강보험으로 바뀜.

 ## 건강보험제도 살펴보기

네덜란드는 1854년 구민법이 제정되면서부터 국가 차원의 사회복지 개념을 도입했습니다. 그 당시부터 수공업자들의 단체인 길드의 상호 부조 원칙이 있었지만, 초기 모형의 건강보험제도가 만들어진 것은 2차 세계대전이 일어나기 전인 1941년입니다. 이때 사회보장법이 생기면서 정부가 나서서 국민들의 건강을 돌보기 시작했고, 국가는 보험으로 보장해주는 급여 범위를 점차 확대해나가다가 1964년 '건강보험법ZFW : Ziekenfondswet'을 제정했습니다. 사회보험으로서의 건강보험제도가 본격적으로 시작된 것은 1966년 1월 1일부터입니다.

건강보험 개혁 이전

오랫동안 네덜란드 건강보험의 특징은 셋으로 분류되었습니다. 첫째로는 일반적인 질환을 보장해주는 보험으로서 공적건강보험과 민간건강보험, 공무원건강보험이 있습니다. 둘째로는 중증질환이나 만성질환, 장기요양 서비스에 적용되는 특별의료비 보상제도가 있고, 셋째는 보충적 민간건강보험이 있습니다.

공적건강보험은 우리의 건강보험과 비슷합니다. 이전까지는 국민건강보험법에 따라 공적건강보험을 시행했는데, 2006년부터 전국민 민간건강보험으로 바뀌면서 없어졌습니다.

특별의료비 보상제도AWBZ : Algemene Wet Bijzondere Ziektekosten는 1968년부터 시행한 것으로, 네덜란드에 거주하는 모든 사람들이 강제 가입하게 되어 있습니다. 즉, 전체 거주 인구 100퍼센트를 포괄합니다. 우리나라에서 2008년부터 시작한 장기요양보험과 비슷한 겁니다. 장기요양 서비스 외에도 중증질환이나 만성질환 등을 보장하기 위한 제도로, 1980년부터는 정신과 치료도 급여 대상에 포함했습니다.

보충적 민간건강보험은 이전의 공적건강보험과 공무원건강보험에서 보장이 안 되는 부분을 보충하기 위해 자발적으로 가입하는 민간보험입니다. 우리나라에서 국민건강보험이 있는데도 보험회사에 따로 보험을 드는 것처럼 말입니다. 네덜란드 국민의 약 90퍼센트가 가입해 있습니다.

2006년 건강보험 개혁 이후

의료의 고비용, 질 저하 등의 고질적 문제와 더불어 수십 년간 쌓여

가는 건강보험 재정 적자를 해결하기 위해 네덜란드 정부는 1986년 말
경에 필립스 사의 회장 출신인 데커Dekker 박사를 위원장으로 하는 의
료개혁위원회를 구성했습니다. 데커는 의료보험제도를 효율적으로 관
리·운영하기 위하여 시장경제 원리를 도입하는 개혁을 추진하였습니
다. 하지만 1989년 정권이 교체됨에 따라 개혁은 정체되고 맙니다.

그러다가 2004년 국회에 개혁안이 올라가고 입법화되면서 다시 힘
을 얻게 되었습니다. '신건강보험법'이라는 이름의 이 개혁법은 2006년
1월 1일부터 시행되었습니다. 이전의 다소 복잡한 건강보험 구조를 단
순화하고, 전 국민을 대상으로 지속적이면서 포괄적인 의료를 제공하
는 공적 체계를 유지하되, 보험회사와 병원들의 경쟁을 유도하여 의료
재정을 줄이고 진료 내용의 질적 수준을 높이는 것을 목표로 합니다.

신건강보험법의 탄생으로 모든 네덜란드 국민은 이전의 공공보험이
아닌 민간보험회사에 의무적으로 가입해야 합니다. 한편 이전의 공공
보험의 보장성을 유지하기 위해 정부가 정하는 '기본 건강보험 항목
standard package'을 통해 관리를 받도록 법적으로 의무화했습니다.

새로운 건강보험의 가장 큰 특징은 공적건강보험과 민간건강보험으
로 나뉘어 있던 것이 민간건강보험 하나로 일원화되었다는 것입니다.
공공보험과 민간보험의 경계가 없어지고, 민간보험사들은 강화된 민간
보험법에 따라 운영을 합니다. 민간건강보험으로 일원화되었다고는 하
지만 정부가 기본 건강보험 항목과 가입 규칙에 대해 규정을 엄격하게
적용하기 때문에 그냥 민간건강보험이 아니라 '표준형 민간건강보험'
이라고 일컫습니다.

표준형 민간건강보험도 국민 모두가 강제 가입하는 보험입니다. 그

리고 특별의료비 보상제도가 제공하는 장기요양 급여를 제외한 외래 진료, 입원, 18세 미만 가입자에 대한 치과 진료, 특수 치과 진료 및 의치, 의료 보조장치, 출산 관련 진료, 산부인과, 구급차와 휠체어 택시, 산업 재해, 영양 섭취와 식이요법 등 이전 수준의 포괄적 서비스를 제공하게 했습니다.

기본 건강보험 항목에서 정해지지 않는 건강보험 상품은 보험회사가 자율적으로 제시할 수 있고, 가입자들은 자유롭게 선택할 수 있습니다. 가입자들은 기본 건강보험 항목이 보장하지 않는 치과 치료나 물리치료 등을 부가 보험 상품으로 고릅니다.

특별의료비 보상제도와 보충적 민간건강보험은 그대로 존속하게 했습니다. 보충적 민간건강보험의 경우 중앙은행이 일반적 관리감독 기준을 결정하며, 보험회사가 어느 질병까지 포괄할지, 보험료는 얼마로 할지를 결정합니다. 보충적 민간건강보험이 제공하는 급여 서비스는 특별의료비 보상제도가 제공하는 장기요양 급여와 표준형 민간건강보험이 제공하는 급성기 치료, 표준 급여목록의 내용들을 원칙적으로 제

네덜란드 건강보험의 변화

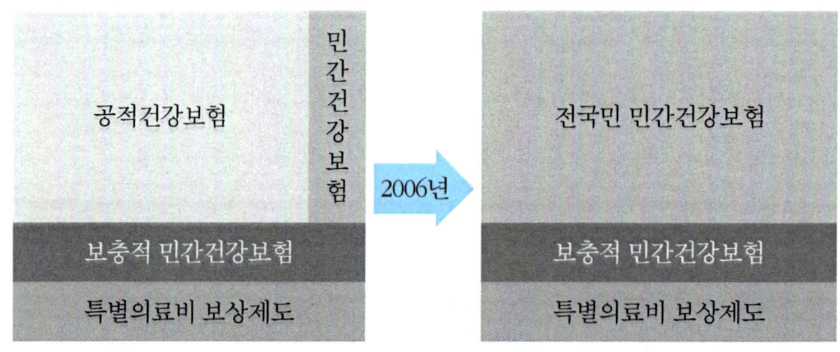

외함으로써 이중으로 보장하게 하는 낭비를 방지했습니다. 급여 종류로는 안경, 18세 이상 성인의 치과 진료, 피임 비용, 대체 의학, 표준 급여목록이 보장하지 않는 정신과 치료 등이 있습니다.

| 네덜란드의 독특한 건강보험료

네덜란드에서는 기본적 건강보험이 민간건강보험이라서, 국민들은 자기가 계약한 민간보험회사에 일정한 금액을 지불합니다. 그런데 이것으로 끝나는 게 아니라 국민들은 다시 국가에 보험료를 내야 합니다. 왜 이중으로 보험료를 납부하는 걸까요?

■ 모든 가입자가 납부하는 정액보험료 …… 45%

건강보험 전체 재정의 약 절반은 가입자 모두가 소득이나 건강 상태, 나이에 관계없이 납부하는 정액보험료로 충당하며, 가입자인 국민이 보험회사에 납부합니다. 18세 미만의 경우 정액보험료는 면제됩니다. 그리고 저소득층은 국가가 대신 정액보험료를 내주는데, 이 비용은 국가가 보건의료수당care allowance이라는 명목을 정해서 민간보험회사에 지불합니다.

쉽게 설명하면 표준형 민간건강보험의 경우 가입자는 원하는 보험회사와 계약을 맺고 일정 금액을 보험료로 냅니다. 이 부분이 국가에서 볼 때 전체 건강보험 재정의 약 45퍼센트를 차지합니다.

■ 가입자와 고용주가 납부하는 소득비례보험료 …… 55%

국민들은 민간보험회사에 납부하는 정액보험료 이외에 소득에 비례해서 국가에 보험료를 납부합니다. 이때 보험료 징수 주체는 국세청인데, 세금처럼 걷는 것입니다. 직장에 다니는 사람이면 소득에 비례해서 7퍼센트 정도를 부담하는데, 본인이 3분의 1을, 고용주가 3분의 2를 부담해서 일괄 징수합니다. 연금 소득으로 사는 사람이나 자영업자는 소득의 4.4퍼센트가량을 본인이 국세청에 냅니다.

이 금액은 중앙 기금 형식인 건강보험기금Health Care Insurance Fund으로 모이는데, 전체 건강보험 재정의 50퍼센트 정도를 차지합니다. 여기에 주정부 보조액 5퍼센트를 합쳐서 전체 재정의 55퍼센트를 성, 연령, 질환 상태 등을 고려하여 민간보험회사에 제공하는 것입니다. 국가가 보험료 징수 업무 일부를 도와주는 셈이죠.

이를 건강 고위험 집단에 대한 '위험균등화risk equalization'라고 부르는데, 고령자나 심장질환과 같은 고위험 가입자가 많으면 보험회사가 불리해지므로 이를 보상해주는 방향으로 기금에서 보험회사에 차등 지급을 하는 것입니다. 그래서 보험회사는 나이나 질병의 상태에 따라 가입자를 차별하지 않아도 됩니다.

이는 매우 주목할 만한 정책입니다. 민간보험회사 중심으로 건강보험제도를 운영하는 어떤 나라도 이렇게 하지 않고 있기 때문입니다. 국가의 역할을 민간 회사에 맡기더라도 국가가 국민의 건강을 책임지겠다는 네덜란드 정부의 자세를 엿볼 수 있습니다.

위험균등화 정책은 1980년대에 만든 데커 개혁안에 들어 있던 내용입니다. 당시에 이미 민간보험회사에만 맡기면 회사 입장에서는 부담되는 가입자들과는 보험 계약을 꺼릴 것이라는 점을 꿰뚫어본 것입니다. 그래서 이중 보험료 납부와 보험회사의 부담을 덜어주는 정책을 고 안했던 것입니다.

보험 가입자는 자기에게 유리한 금액(정액)으로 맞춰서 보험회사에 가입하는데, 한 달 보험료가 2008년 기준으로 평균 100유로(약 18만 원) 정도입니다. 이 금액은 보험회사마다 5퍼센트 안팎의 차이가 납니다. 그리고 1년 동안 병원을 덜 이용했다면 보험료로 낸 금액의 일부를 돌 려받기도 합니다.

정액보험료와 소득비례보험료를 합치면 국민들은 평균 월 20~30만 원 정도의 보험료를 내는데, 이는 2006년 건강보험이 바뀌기 이전의 수 준과 비슷하다고 합니다.

건강보험 개혁 2년이 지났을 당시의 평가를 보면 정부와 국민, 의료 인 모두가 대체로 긍정적 반응을 보였습니다. 의료비 절감 효과도 있어 서, 2006년 개혁 이전까지만 해도 해마다 6~8퍼센트 이상씩 계속 상승 하던 국민 의료비가 3퍼센트 정도로 줄었다고 합니다.

네덜란드의 민간건강보험을 쉽게 이해하려면 우리나라의 자동차보 험을 떠올리면 됩니다. 우리나라에서 자동차를 소유한 사람들은 의무 적으로 자동차보험을 가입해야 합니다. 보험회사나 보험상품의 선택은 개인이 하지만 보험회사의 운영 방식과 내용은 금융감독위원회의 관리 와 감독을 받습니다. 미국처럼 무제한 영리만을 위해 국가의 통제를 받 지 않는 형태가 아닌 것입니다.

네덜란드 건강보험 운영의 중심에 국민의 건강을 국가가 보장해야 한다는 기본 인식이 자리 잡고 있기에 이런 제도를 운영할 수 있는 것 입니다.

네덜란드의 민간건강보험회사

네덜란드에는 수많은 건강보험회사가 있습니다. 기존의 보험회사가 건강보험을 취급하는 경우도 있고, 새로이 만들어져서 건강보험만을 다루는 곳도 있습니다.

건강보험을 다루는 회사는 2006년 건강보험 개혁 초기 120여 개였다가 인수·합병을 거치면서 2년 만에 20여 개로 줄었고, 2008년 말에는 다시 13개 정도로 줄었습니다. 이 가운데 상위 5개 회사가 전체 국민의 90퍼센트를 보험 가입자로 확보하고 있습니다.

건강보험이 완전 민영화되어서 겉으로는 미국의 보험회사와 비슷하게 보이지만 안을 들여다보면 차이점이 많습니다. 네덜란드의 경우 정부의 적절한 규제가 있고, 거의 모두가 정부에서 정해준 기본 건강보험 항목들만을 상품으로 판매합니다. 보험회사가 평균 보험료율을 정할 때도 정부와 협상을 해서 정하는데, 정부는 되도록 가입자인 국민들의 부담을 적게 하려고 애를 씁니다.

보험회사들은 정액보험료를 줄이거나 차별화된 부가서비스를 제시하면서 가입자를 모으기 위한 경쟁을 합니다. 부가서비스로는 운동시설 회원 할인권, 콜레스테롤 함량이 낮은 식품 구입권 등을 다양하게 제시합니다. 그러한 서비스를 이용한 결과 고혈압 환자의 혈압이 낮아지고, 당뇨 환자의 혈당이 조절되었다면 보험료를 할인해주기도 합니다.

이러한 것들은 보험회사들의 계획된 서비스들입니다. 가입자들이 운동과 적절한 식이조절을 통해 더 건강해지고, 이미 질환이 있는 경우라면 나빠지지 않도록 하기 위한 것입니다. 가입자들이 건강하면 병원을 덜 찾을 것이고, 그러면 보험회사들이 지불해야 하는 비용이 줄어들므로 더 이익이라는 것을 알기 때문입니다. 또 인터넷이나 전화로 가입자들의 건강이나 말 못할 고민을 상담해주며, 보험회사와 계약을 맺은 병원 중에서 적절한 병원을 찾아주는 고객 서비스도 해줍니다.

국민들은 어느 보험회사이든 반드시 정해서 가입을 해야 하는데, 인터넷이나 직접 방문 등을 통해 언제든지 가입과 탈퇴를 결정할 수 있습니다. 이때 성, 연령, 질환 상태 등에 따라 가입을 거절당한다든지, 보험료를 높게 책정받는다든지 하는 등의 차별은 전혀 없습니다.

결국 미국식 민간의료보험 형태를 취하는 것처럼 보이나 실제로는 공보험의 장점을 살린 것으로서, 각각의 장점을 합친 형태라고 보면 되겠습니다.

 주민과 주치의의 만남

네덜란드는 인접한 벨기에, 룩셈부르크와 더불어 '베네룩스 3국'이라 불립니다. 세 나라 모두 전통적인 주치의제도를 실시하는데, 그 가운데 네덜란드만 민간건강보험 체계로 바꿨습니다.

국민들은 특정 민간건강보험회사에 의무적으로 가입하고, 해당 보험회사와 연계되어 있는 병·의원을 의료전달체계에 맞춰 이용합니다. 그리고 민간보험회사와 계약한 가정의 중에서 마음에 드는 의사를 주치의로 정합니다.

네덜란드에서 주치의가 제공하는 의료 서비스는 1차의료의 핵심 영역으로, 전체 보건의료 문제의 약 95퍼센트를 해결하고 있습니다. 주치의는 1개 이상의 보험회사와 복수 계약을 할 수 있는데, 환자들은 미리 해당 보험회사와 연계되어 있는 주치의병원을 찾아가기 때문에 문제는 없습니다.

아파서 의사를 찾을 때는 언제나 주치의병원에 예약을 해서 상담 및 치료를 받습니다. 위급한 경우가 아니면 종합병원도 주치의 허락과 서명이 있어야 갈 수 있고, 약국 이용도 마찬가지입니다.

종합병원은 보험회사의 인터넷 정보 검색이나 상담을 통해 선택할 수 있습니다. 환자들은 병원의 의료진, 시설, 치료율뿐 아니라 진료 대기 시간 정보도 중요하게 챙깁니다. 네덜란드에서도 전문의나 종합병원 대기 시간이 길기 때문입니다.

네덜란드에서는 환자 의뢰율이 매우 낮은 편입니다. 거의 대부분의 건강 문제나 질병을 주치의가 해결하므로 전문의에게 의뢰되는 비율은 주치의를 찾아오는 환자의 약 6퍼센트 수준이라고 합니다. 주치의를 거치지 않고 전문의에게 진료를 받으면 보험회사가 비용을 지불해주지 않기 때문에 거의 모든 인구가 주치의 등록을 합니다. 주치의를 경유하지 않아도 되는 예외 사항으로 안과, 이비인후과가 있습니다.

주치의들은 하루 평균 약 30명 정도의 환자를 진료합니다. 환자는 자신의 문제에 대해 충분히 상담을 받을 수 있고, 의사는 환자의 상태를 파악하는 데에 노력하고 무리하게 검사를 하거나 약을 쓰지 않는 편입니다.

이전에는 전화 상담을 주치의가 직접 했으나 지금은 훈련받은 간호사가 먼저 문제를 해결하고, 의사와 연결이 필요하다고 판단될 때만 주치의를 연결해줍니다. 보통 의사별로 10여 회의 전화 상담을 받는다고 합니다.

네덜란드에서는 전통적으로 주치의가 가정 방문을 하는 관습이 있습니다. 이 전통은 아직도 이어지고 있으나, 구급차가 있고 운송 수단이 발달함에 따라 요즘은 중요도가 낮아졌습니다. 방문 횟수도 예전보다 줄어들었습니다.

네덜란드는 환자 방문 시 처방전 발행률과 항생제 처방률이 낮은 것으로 유명합니다. 진료를 받으면 병명이 있는 경우의 2분의 1가량이 처방전을 받습니다. 결국 전체적으로 약의 사용이 줄고, 항생제 내성을 막는 역할도 톡톡히 하고 있습니다.

네덜란드의 독특한 점은 공휴일과 야간 진료를 전국 곳곳에 세워진 지역의 전담 센터를 중심으로 해결한다는 것입니다. 전담 센터에는 당직 주치의와 보조 인력이 대기하고 있으며, 응급차도 항시 대기합니다. 응급실은 아니지만 응급 상황이 발생하면 주변 응급실로 호송합니다. 해당 지역의 주치의들이 순번을 정해서 교대로 당직 주치의를 맡습니다.

# 주치의의 특징

네덜란드에서는 주치의를 Huisarts라고 하는데, 영어로는 일반의GP란 뜻입니다.

가정의들이 1차의료를 주로 담당하며, 주치의가 됩니다. 의과대학을 졸업하고 자격 시험을 통해 의사 자격을 딴 뒤 3년간의 수련을 마쳐야 주치의가 되는 가정의 자격을 얻을 수 있습니다. 수련은 주로 의과대학 가정의학과와 현장의 개원의를 통해서 이루어집니다.

의과대학 졸업자의 24퍼센트가 일반의를 선택합니다. 지원자가 조금씩 늘어나는 추세이지만, 일반의 비율은 아직도 모자라다고 합니다. 주치의 한 사람당 인구수는 2,300여 명으로 영국의 1,500~2,000명보다 많습니다. 일부 지역에는 아직도 가정의가 없는 곳이 있다고 합니다.

주치의들은 대부분 자기 자본으로 개원을 합니다. 단독 개원, 2인 개원, 3인 이상 개원 형태가 각각 3분의 1씩으로 비슷한데, 점점 집단 개원을 선호하는 경향을 보입니다.

2006년 개혁 이전까지 주치의의 수입은 공공보험에서는 인두제가 기본이었습니다. 여기에 특수 지역 진료라든지, 예방접종, 분만, 시간 외 진료 등에 대해서 특별 수당을 지급받았습니다. 개혁 이전의 민간건강보험에 가입한 주치의들이나 전문의들에게는 전통적으로 행위별수가제 방식으로 진료비가 지급되었습니다. 민간건강보험 체계로 바뀐 뒤에는 인두제 요소는 없어지고 진료 행위별수가를 통해 진료비에 해당하는 보수를 받습니다. 1차의료를 담당하는 주치의들은 보험회사와 협상을 벌여 진료수가를 결정합니다. 전문의들은 일부 개원을 하기도 하지만 대부분 종합병원에서 근무하는데, 행위별수가제에 적용을 받고, 개개인은 월급 형태로 보수를 받습니다.

진료를 받고 나면 주치의나 병원이 매월 혹은 매분기별로 환자 본인에게 진료비를 청구합니다. 환자들은 우선 자기 돈으로 해당 금액을 지불하고, 보험회사에 내역을 보내서 상환을 받습니다.

| 네덜란드의 주치의 수련 과정

여러 나라가 1차의료의 모범으로 지목할 정도로 네덜란드는 정돈된 주치의 체계를 갖추고 있습니다. 그것은 주치의가 되는 가정의를 만드는 과정에서부터 시작합니다.

유럽연합은 1980년대에는 적어도 2년의 가정의 수련을 권장했으나, 2000년대 들어서는 3년 이상의 수련 기간을 권하고 있습니다. 물론 네덜란드를 비롯해서 오래 전부터 주치의제도를 잘해오고 있는 나라들은 4~5년의 수련 과정을 밟습니다. 이처럼 충분한 수련 기간을 거치기 때문에 네덜란드의 가정의들은 급성질환이나 만성질환, 외래 수술, 간단한 정신과질환까지 두루 전문적으로 다루는 의사로 알려져 있습니다.

의과대학을 졸업하면서 가정의 지원자들은 윤리관, 지원 동기, 성실성 등을 평가하는 가정의학과 수련병원의 면접에 합격해야 합니다. 그 뒤 대학병원 가정의학과에서 정식 수련을 시작하는데, 유럽경제협력기구의 진료 지침과 네덜란드의 가정의 교육 프로그램에 따라 교육이 이루어집니다. 대학병원과 실제 각 지역의 주치의병원, 지역 보건센터(보건소) 등을 일정 기간 순환하며 진료에 관한 임상 기술뿐만 아니라 예방의학, 환자 면담 기술, 행정 업무까지 배웁니다.

네덜란드에서는 주치의 수련 비용 중 상당 부분을 국가가 부담합니다. 갖가지 시설과 교육 장비, 수련 지도 교수, 지도 주치의, 수련의 월급까지 예산으로 편성되어 의회의 승인을 받아 집행됩니다. 나중에 자기 자본으로 개원을 하지만, 주치의가 바로 네덜란드 의료의 근간을 이루기 때문이며, 지역 보건의료 사업에도 적극 참여하기 때문입니다.

주치의 수련 기간이 끝나면 수련 병원의 평가를 거쳐 주치의등록위원회HVRC의 최종 승인을 받아 정식 주치의 자격을 얻습니다. 그런데 여기서 끝나는 게 아닙니다. 5년마다 연수 교육 점수, 지역 보건의료 사업 참가 여부, 실제 진료 등을 평가하여 주치의 재등록 여부를 판단합니다.

최근 유럽연합 전체적으로 1차의료를 강화하고 질을 높이기 위해 주치의 수련 이후 과정으로 질 관리 프로그램을 수행하고 있습니다. 네덜란드도 이 프로그램을 따르고 있는데, 이와는 별도로 주치의가 주로 관리하는 여러 건강 문제들이 들어 있는 '1차보건의료 임상 실무 지침'을 개발해서 사용합니다. 네덜란드 가정의협회Dutch College of Family Physician와 함께 많은 관련 연구 기관들이 이러한 임상 지침서뿐만 아니라 다양한 주치의 교육과 질 평가 방법들을 개발하고 있습니다.

 네덜란드의 고민

네덜란드에서 건강보험 체계를 비롯한 의료개혁을 시행한 것이 얼마 되지 않으므로 아직 의미 있는 평가를 하기는 이릅니다. 몇 년이 더 지나야 민간건강보험으로 전환한 것에 대한 국민들의 만족도가 나올 것이고, 국민 의료비, 국민 부담 보험료, 건강 상태의 변화, 지역 보건의료의 발전 정도 등의 지표가 발표될 것입니다.

전통적으로 주치의제도를 실시하는 나라들은 긴 진료 대기 시간과 가정의 부족 등을 고질적 문제로 안고 있습니다. 네덜란드 역시 가정의가 모자라다 보니 예약을 하고도 주치의 진료를 받을 때까지 며칠씩 걸립니다. 또 질병에 따라 차이는 있지만, 전문의나 종합병원 진료를 받기까지 2개월 정도 걸립니다.

6. 기타 국가

독일

- 인구 : 8,300만 명
- 면적 : 357,050km²(한반도의 1.6배)
- 1인당 국민소득 : 4만 1,000달러(대한민국의 2.1배)
- 1년 총의료비 : GDP의 10.4퍼센트(대한민국 6.3퍼센트, OECD 평균 9.0퍼센트)
- 인구 1,000명당 활동 의사 수 : 3.5명(대한민국 1.7명, 한의사 제외, OECD 평균 3.1명)

독일 사정은 두 명의 도움을 받아 들을 수 있었다. 한 명은 베를린에 살고 있는 주혜 엄마로, 이민 간 지 얼마 되지 않았다. 함부르크에 살고 있는 홍성은 씨는 독일에서 나고 자란 사람으로, 독일 의료 이용 행태를 잘 알고 있어서 도움이 컸다. 홍성은 씨 남편은 평범한 회사원으로, 한 달에 건강보험료로 138유로를 낸다고 한다. 우리 돈으로 20만 원이 넘는 금액이다.

독일은 주치의제도를 실시하고 있지는 않다. 주치의제도를 하는 나라들처럼 의사에게 등록해서 진료를 받지는 않는 것이다. 그래도 늘상

다니는 동네병원이 있고, 가족 중에 누가 아프면 동네병원을 통해 해결한다. 그래서 엄격한 주치의제도를 시행하고 있지는 않지만, 사람들은 다 자신들의 의사를 주치의로 알고 있었다.

"독일은 주치의제도를 하고 있지 않으니까 아프면 아무 의사한테나 가도 되는 건가요?"

"여기 독일 사람들은 누구나 주치의를 정하고, 그 의사한테서 진료를 받아요."

두 사람 모두 이렇게 대답했다. 뭔가 오해가 있는 듯했다. 유별난이 모르거나, 그 두 사람이 모르는 내용이 있는 것이다. 통화를 하고 나서 부족한 부분은 이메일을 통해 자세히 들을 수 있었는데, 그러다 보니 무엇이 문제인지 알게 되었다.

독일 사람들은 오래 전부터 동네에 있는 가정의에게 가족 단위로 진료를 받아오고 있다. 가정의들은 어느 지역이나 있고, 그들을 통해 오래도록 건강 문제를 해결해왔기 때문에 주민들은 그 의사를 자기의 주치의라고 알고 있었다. 주치의 등록 절차도 없고, 환자는 마음대로 병원을 바꿔가면서 진료를 받을 수 있다. 주치의처럼 진료하지만 진정한 의미의 주치의는 아니다.

독일에서는 대개 가족 모두가 한 병원에 다니고, 그 의사들은 대부분 가정의들이다. 독일어로 1차의료를 담당하는 동네의사를 Hausartzt라고 하는데 이는 House와 doctor를 합친 말이니 가족주치의, 가정의라는 의미이다.

"독일에서 진료를 받으면서 불편한 점은 없었나요?"

전반적인 의료 시스템을 어떻게 보고 있는지 궁금해서 물었다. 그들은 별로 불편하거나 안 좋은 것은 없었다고 한결같이 대답했다. 그래도 무언가 있겠지 싶어서 유도 질문까지 한 끝에 몇 가지 이야기를 들었다.

"굳이 찾자면, 다른 지역으로 이사를 가거나 했을 때 가정의를 찾기 힘든 경우가 있어요. 그 수가 많이 부족한가 봐요."

독일에서 태어나고 자란 홍성은 씨의 말이다.

"그리고 가정의들은 전문성이 좀 떨어져 보여요."

이건 우리나라에서 오래 살고 독일에서 산 지 몇 년 안 된 주혜 엄마의 말이다. 빵빵한 인테리어에 좋은 시설을 갖춘 우리나라 동네병원들을 봐왔기 때문이리라.

한편, 독일 의사들도 약은 잘 처방하지 않는 편이라고 한다. 웬만한 감기 정도에는 따뜻한 차를 마시고 잘 쉬라는 말을 할 뿐, 약 처방은 잘 해주지 않는다. 통증이 있는 병에도 심각하지 않으면 간단한 진통제만 준다. 하지만 의사가 보기에 꼭 필요하다고 생각되면 얼마든지 처방해 준다.

독일에서는 의약품을 구입할 때 원칙적으로 비용의 10퍼센트를 본인이 부담해야 한다. 하지만 이것도 최소 5유로에서 최대 10유로까지로 제한되어 있어 약값 부담은 크게 없는 셈이다.

2004년 1월부터는 제도가 달라져서 분기(3개월)당 가정의병원에서 진료를 받을 때마다 10유로(독일어로 프락시스거비르Praxisgebuehr라고 하는데, 우리나라로 치면 본인 부담금 비슷하다.)씩 내야 한다.

"분기별로 진료비를 받는 게 어떤 건지 잘 이해가 가지 않아요."

"참 독특하죠? 예를 들어 1분기인 1월 10일에 진료를 받으면서 진료비 10유로를 냈다면, 그 분기 안에는 몇 번을 가더라도 진료비를 내지 않습니다. 그런데 3월 29일 진료를 받고 10유로를 낸 뒤 4월 2일에 또 진료 받으러 간다면, 분기가 넘어갔으니 다시 10유로를 내야 한다는 겁니다."

다시 설명하면 이렇다. 1년은 1분기(1~3월), 2분기(4~6월), 3분기(7~9월), 4분기(10~12월)로 나뉜다. 한 번 진료비를 내면 같은 분기 내에 다시 병원에 가더라도 진료비를 내지 않는다. 그러나 그 분기를 넘겨서 병원을 가면 정액 진료비 10유로를 다시 내야 한다. 글로 쓰니 짧지만, 사실 이것을 이해하기 위해 유별난은 거의 10분에 걸쳐 전화기를 붙잡고 통화해야 했다. 진료비 하나 이해하려고 들어간 통화료가 은근히 걱정되기는 했지만 제대로 알게 됐으니 다행이다 싶었다.

진료비 계산법은 처음 접하는 사람이라면 잘 이해가 가지 않지만, 한편으로는 재미있는 방법이었다. 이것은 한 군데 병원을 계속 다니면 진료비를 일정 기간 면제해주는 것으로, 주치의제도처럼 만들려는 독일 정부의 고민이 담겨 있는 듯했다.

하지만 그 정도로 주치의제도가 자리 잡히지는 않는다. 독일이 쉽게 전국적으로 주치의제도를 시행하지 못하는 것은 전통적으로 법정신을 따지는 국민성 때문인 것 같다. 방향이 옳더라도 법에 위배되면 채택하지 않는다. 그래서 다른 나라들보다 의료개혁이 더디다.

"진료비가 10유로면 우리나라 돈으로 1만 5,000원이 넘는 금액인데 비싸게 느껴지지 않나요?"

"비싸다는 생각은 해보지 않았어요. 그만큼 혜택 받는 게 많으니까요. 그런데 분기별로 내다 보니 다른 분기로 넘어가서 진료비를 낼 때는 좀 억울할 때가 있어요. 아픈 것도 시기 맞춰서 아파야 해요."

가정의 진료 후에는 의뢰서를 들고 전문의한테 가는데, 그 후 같은 병으로 전문의가 계속 오라고 하면 곧바로 전문의에게 가도 된다. 또 의뢰서를 가지고 전문의나 종합병원에 가면 진료비는 따로 없고 일부 본인 부담만 있다. 진료의뢰서referral letter는 독일어로 '위버바이중

Ueberweisung'이라고 한다. 전문의에게 또 찾아가야 하는 의뢰 시스템
이 번거로운 점은 있지만, 가정의가 진료하고 상담하면서 전문의를
추천하며 진료를 받으라고 권해줄 때는 가정의에게 더 신뢰가 간다고
했다.

이런 이점이 있다면 진료비 계산이 복잡해도 참을 수 있겠다는 생각
이 들었다. 더욱이 더 비싼 치료를 받아도 부담이 없으니 말이다. 가정
의가 전문의에게 보낼 때 정기 검사를 위한 치과 방문, 질병 예방을 위
한 (종합) 진단 및 예방접종의 경우는 환자의 비용 부담이 없다.

그래도 의료 서비스를 이용할 때 조금씩은 자기 부담이 있다. 3개의
추가 부담(가정의 진료비, 의약품비, 입원비)의 경우 연간 최대 범위를 연소
득 수준의 2퍼센트로 제한하고 있다. 만성질환자에 대해서는 그 범위를
1퍼센트로 적용하고, 18세 미만의 환자는 추가 부담이 전혀 없다.

겉으로는 훌륭한 복지, 보건의료 수준을 내세우고 있지만 사실 독일
정부는 골치가 아프다. 독일은 OECD 국가 중에서도 보건의료비 지출
이 매우 높은 나라에 속한다. 2007년 기준으로 국내총생산 대비 총 보
건의료비 지출 비중은 10.4퍼센트로 OECD 국가 평균인 9.0퍼센트를
웃돈다. 높은 의료비 지출은 해마다 10퍼센트도 넘는 건강보험료율 상
승을 부르고 있다. 게다가 나날이 증가하는 의료비와 만성 적자인 보험
재정, 의료전달체계의 위기에 따라 앞으로 의료의 질을 보장할 수 없을
지 모른다는 우려가 커지고 있다.

이러한 위기 의식에 따라 2002년에 연정 2기의 사민당·녹색당 정부
가 출범하면서 사회보험의 각 이해 당사자들인 노조, 소비자, 사업주를
대표하는 사람들과 학자, 정부 관계자 등으로 구성된 '뤼룹위원회'를
만들었다. 위원회 이름은 위원장인 뤼룹 교수의 이름을 딴 것이다. 뤼룹

위원회는 연금, 의료, 양로보험에 대한 새로운 개혁 방안을 마련하기 위한 조직으로서 1년여 동안 활동한 결과 보고서를 정부에 제출하게 된다.

2003년 11월에는 '건강보험 현대화를 위한 법안GMG : Gesetz zur Modernisierung der gesetzlichen Krankenversicherung'이 의회를 통과해, 2005년 1월 1일부터 본격적으로 시행하게 되었다. 이는 비스마르크 시대 이후 계속 유지해온 독일 건강보험 체계에 대한 최대의 개혁이라고 일컬어진다. 건강보험 개혁안의 중요 내용은 고비용, 저효율 구조로 되어 있는 현재의 의료 시스템을 어떻게 바꿀 것인가 하는 것이다.

오스트레일리아

- 인구 : 2,100만 명
- 면적 : 7,692,208km^2(한반도의 35배)
- 1인당 국민소득 : 4만 3,000달러(대한민국의 2.3배)
- 1년 총의료비 : GDP의 8.9퍼센트(대한민국 6.3퍼센트, OECD 평균 9.0퍼센트)
- 인구 1,000명당 활동 의사 수 : 2.8명(대한민국 1.7명, 한의사 제외, OECD 평균 3.1명)

오스트레일리아는 바다로 둘러싸인 섬이면서 커다란 대륙이기도 하다. 워낙 땅덩어리가 넓어서 표준시를 3개로 나눌 정도이다. 캥거루, 코알라, 그리고 요즘은 산불로 우리에게 알려진 나라이다. 또 노인 복지가 아주 잘 갖추어진 곳으로 유명하기도 하고, 그에 대한 국민들의 자부심도 대단하다.

이번에 유별난이 접촉한 사람은 이민 간 지 5년이 되었다는 39세 이대원 씨였다. 그는 부인과 6살, 1살 된 아이들과 함께 퀸즐랜드 Queensland 주의 브리즈번Brisbane에 살고 있다.

오스트레일리아의 건강보험 제도에는 국민건강보험인 메디케어 Medicare와 민간건강보험 두 종류가 있다. 메디케어는 1984년 2월 도입된 정책이다. 이를 관장하는 기구를 메디케어 오피스Medicare Office라고 부르는데, 우리나라의 국민건강보험공단인 셈이다. 보험 재정은 국가 부담과 일정 소득 수준을 가진 사람들이 내는 세금인 건강보험료levy로 이루어진다. 국민들은 메디케어에서 보장해주지 않는 것이나 더 나은 서비스를 받기 위해 메디케어에 가입되어 있으면서도 동시에 민간건강 보험에 가입한다.

오스트레일리아는 '노인의 나라'이다. 기본적으로 1차의료 영역에서 노인 보건 부분을 담당하지 않아도 되는 것이, 연방정부와 주정부가 함께 책임지고 있기 때문이다. 노인 보건 분야를 하나의 독립된 의료 영역으로 보기 때문인데, 그래서 가정의들의 부담이 좀 덜어진다고 한다.

이대원 씨 가족도 주치의가 있다. 1차의료를 담당하는 의사를 가정 의family doctor라고 한다. 진료를 할 때 원하는 가정의병원에 등록을 하지만, 기간을 정하지도 않고 반드시 거기서 진료를 받아야 한다는 강제성도 없다.

의사들은 진료비를 환자로부터 직접 받지 않으며, 동네병원에서 일괄적으로 메디케어에 청구한다. 환자는 동네병원이든 종합병원이든 이용할 때 진료비를 내지 않으며, 일부 내는 경우라도 나중에 메디케어 오피스를 통해 환급받는다.

가정의 진료를 받기 위해서 미리 전화 예약을 해야 하는 것은 다른 나라와 같다. 예약을 하면 대개 당일 진료를 받지만, 며칠 기다려야 하는 경우도 있다. 당일 진료 여부는 오스트레일리아 정부도 무진 애를 쓰는 보건의료의 중요 이슈 중 하나이다. 그러나 1차의료에 종사하는 의사, 즉 가정의가 부족하기 때문에 지역별로 편차가 심하다.

이대원 씨가 살고 있는 대도시에서는 가정의병원이 부족함을 느끼지 못하며, 대개 당일 진료가 가능하다고 한다. 이대원 씨는 오스트레일리아 전체적으로 의료 인력이 부족하게 느껴지는 것은 나라가 넓어서 원격지나 오지에 상주하는 의사가 부족한 것이 큰 원인일 거라고 설명한다.

"제가 전에 스크랩해둔 신문 내용을 읽어드릴게요. 예약 후 당일 진료를 받을 수 있는 경우가 일본은 100퍼센트, 호주는 50퍼센트, 영국은 46퍼센트 그리고 미국은 31퍼센트라고 나와 있습니다. 6일 이상 기다려야 하는 경우는 오스트레일리아 10퍼센트, 캐나다 38퍼센트, 미국 24퍼센트이고요. 아마 이것은 전문의 예약이 힘들기 때문이겠지요."

이대원 씨 부부는 오스트레일리아에 와서 아프면 어떻게 해야 하나 걱정되어 신문, 잡지에 의료나 복지 관련 기사가 나면 자료를 많이 모아놨다고 한다. 그는 전화 통화를 하는 중간에 참고가 될 만한 것들이 없나 찾아보고는 일일이 읽어줬다. 이대원 씨의 적극적인 도움에 생소한 오스트레일리아의 의료 모습에 대해서 잘 알 수 있었다.

환자들은 주치의병원에서 보통 10~30분가량 진료를 받는다. 사람마다 진료 시간이 다르기 때문에 예약을 해도 30분에서 1시간쯤 기다리는 게 대부분이다.

"그러면 예약을 하는 게 무의미하지 않아요?"

"예약은 진료를 받겠다는 약속이지 시간이 딱 들어맞게 해달라는 뜻이 아니죠."

"30분씩이나 진료하는 경우는 검사를 한다거나 병이 심해서입니까?"

"오래 진찰하면서 상담을 할 게 있으면 시간이 오래 걸립니다. 가정의들은 가벼운 우울증 같은 것들도 보는데, 이런 경우는 이것저것 물어볼 게 많아지니까 시간이 꽤 걸립니다."

"뒤에서 기다리는 사람들이 짜증날 텐데요."

"여기에서는 보통 30분에서 1시간 정도 기다리는데, 각자 대기실에서 책을 보거나 잡담을 나누면서 기다립니다. 앞사람이 들어가서 빨리 나오든지, 늦게 나오든지 그다지 신경 쓰지 않아요. 오래 시간이 걸릴 것 같으면 무슨 중요한 일이구나 생각하거든요."

오스트레일리아에서도 전문의 진료가 필요하면 의뢰를 받아 간다. 이대원 씨의 경험을 듣고 싶었다.

"저도 몇 번 의뢰를 받아 전문의에게 간 적이 있어요. 오랫동안 속이 안 좋았는데 위내시경이 필요할 것 같다고 하더군요. 내시경 같은 경우 위험하기도 해서 한국처럼 의사 한 명이 간호사 한 명의 보조를 받으면서 하지 않습니다. 환자의 상태를 시시각각 체크하고, 여러 명의 의사가 관여하면서 내시경 시술을 하기 때문에 종합병원에서 합니다. 저도 제 직장 동료가 위내시경 검사를 의뢰받고 보름 넘게 기다리다가 종합병원에 가서 여러 의사를 거치고, 감시(?) 아래 검사를 받았다는 얘기를 듣고 처음에는 왜 이리 거창하게 하나 의아해했습니다. 그러나 나중에는 그렇게 해야 정상이구나 하는 생각을 하게 됐습니다."

물론 맞는 얘기다. 다른 나라들도 그렇게 한다고 들었다. 하지만 우리나라는 워낙 의료수가가 낮아서 의사 한 명이 하더라도 아무도 뭐라고 하지 않는다. 안전? OECD 교역 순위 10위권 국가라고 떠벌리면서도 안전이란 단어는 우리나라에는 해당 안 되는 말로 생각한다.

한밤중에 아프면 어떻게 하는지 물어봤다.

"제가 사는 곳에는 야간 진료, 공휴일 진료를 담당하는 동네병원들이 있지만, 아주 오래 기다려야 하는 경우가 많죠. 자기가 사는 지역에 야간 진료소가 없으면 종합병원 응급실에 갑니다."

다른 나라와 같이 여기서도 웬만하면 응급실을 안 가려고 한단다. 응급환자, 중환자 순으로 진료를 하기 때문에 열나고 배 아픈 정도로는 응급실에서 환자 취급도 안 해준다.

이대원 씨도 작년에 아파서 응급실에 갔는데, 접수를 하고서 6시간 만에 간호사를 봤다고 한다. 의사도 아닌 간호사를 보기까지 걸린 시간이 6시간이니, 그 다음이야 상상할 만하다.

여러 자료를 통해서 보면 오스트레일리아의 보건의료는 북유럽 못지않거나 오히려 뛰어난 점도 있다. 그런데 이대원 씨에 따르면 그 나라도 최근 상승하는 의료비에 근심이 크다고 한다. 정부가 걱정하는 것은 점점 늘어나는 노인 의료비와 의료보장에 따른 전체 의료비인데, 이대로 가다가는 파산할 것 같다고 한다. 많은 보장이 쉽게 나오는 것이 아니라 나라의 살림살이 수준에 비례하는 것 같다고 자기 의견을 덧붙였다. 세금을 더 올릴 수도 없고 결국 의료 이용에 제동을 걸어야 하는데, 그마저도 국민들 눈치를 봐야 하므로 쉽게 결정할 문제가 아니다.

뉴질랜드

- 인구 : 420만 명
- 면적 : 268,680km²(한반도의 1.2배)
- 1인당 국민소득 : 3만 1,000달러(대한민국의 1.9배)
- 1년 총의료비 : GDP의 9.0퍼센트(대한민국 6.3퍼센트, OECD 평균 9.0퍼센트)
- 인구 1,000명당 활동 의사 수 : 2.3명(대한민국 1.7명, 한의사 제외, OECD 평균 3.1명)

뉴질랜드 사람들은 자신들을 '키위'라고 부른다. 미국 사람들을 양키라고 부를 때는 놀리는 느낌이 있는데, 뉴질랜드 사람들은 키위라고 불리는 걸 좋아한다고 한다. 그래서 유별난이 아는 척 좀 했다.

"뉴질랜드에서는 키위가 많이 생산되니까 키위라고 부르죠?"

"아, 예. 그렇기도 하지만 실은 키위라는 새 때문에 그렇게 불리는 겁니다. 키위는 뉴질랜드의 상징으로 되어 있는 새에요."

"그럼, 키위라는 과일에서 유래된 게 아니군요?"

"키위라는 과일은 그 모양이 키위 새처럼 생겼다고 해서 나중에 붙여진 이름입니다. 그러나 요즘은 과일 이름 키위로 같이 생각해도 돼요. 어차피 뉴질랜드를 대표하니까요."

아뿔싸! 첫 대화부터 어긋났다. 낯선 사람에게 전화를 걸어본 사람이라면 안다. 상대방의 환심을 사면서 대화를 풀어나가고 싶었는데 이렇게 되어버리면 다음 대화가 뒤죽박죽이 된다.

뉴질랜드에서 병원 이용에 대해 전해준 사람은 뉴질랜드 북쪽 섬인 오클랜드Auckland 주에 사는 캐서린 피터스Catherine Peters라는 여성이다. 캐서린은 올해 38세로 11살, 7살짜리 두 아이의 엄마다. 남편은 공무원이고, 자신은 가정주부로 가끔 지역 단체 일을 하고 있다고 한다.

"아, 저…… 지금 뉴질랜드는 몇 시죠? 한국은 저녁 6신데……."

시간을 계산하지 않고 국제전화를 걸지는 않았을 것이다. 다음 말 순서를 놓쳐버려서 얼버무리듯 시간 물어보는 것으로 때웠던 거다. 통화를 한 2007년 당시 뉴질랜드는 낮이 길어지는 9월 30일부터 서머타임제를 실시하고 있었다. 뉴질랜드가 2시간 빠르니 거기는 저녁 8시쯤 됐을 것이다.

캐서린 가족은 가까운 동네병원을 이용한다고 했다. 뉴질랜드 사람들은 가정마다 담당 가정의를 둔다. 그곳에서는 주치의를 일반의general practitioner 또는 가정의family doctor 등으로 부르는 것 같았다. 뉴질랜드 사람들은 특별한 문제가 없는 한 단골로 정한 동네병원을 계속해서 이용한다.

그래서 유별난이 처음 동네병원을 방문할 때 주치의로 등록하느냐고 물었을 때 캐서린은 등록이란 의미를 이해하지 못했다. 영국처럼 일정 기간 등록을 하고 정해진 의사에게서만 진료를 받는 체계가 아니었기 때문이다.

동네병원에 처음 가면 신상기록 카드를 만들고, 의사로부터 이것저것 질문을 받고 기록을 하면서부터 그 병원과의 관계가 시작된다. 가정의 수가 부족한 편이고, 곳곳에 가정의병원이 많이 있는 것도 아니어서 여기저기 의원을 바꾸면서 갈 형편이 못 된다고 한다. 하지만 어느 가정의병원으로 옮겨가더라도 진료 정보가 모두 공유되기 때문에 자신에 대해 잘 알고 있다고 한다.

캐서린 가족이 다니는 동네병원은 자동차로 15분 거리에 있는데 직원도 많고, 의사는 6명 정도라고 했다.

“의사가 6명이라면 꽤 큰 병원인데요? 정말 의사들이 6명씩이나 있는 게 맞나요?”

가정의만 6명이라고 했을 때 유별난은 놀라서 다시 물어봐야 했다. 캐나다 같은 경우 집단으로 한 건물에 진료실을 차리기는 하지만 하나의 병원 이름으로 그렇게 많은 의사들이 있는 일은 거의 없었기 때문이다. 캐서린은 재차 맞다고 했지만 유별난은 혹시 다른 직원들이 흰 가운을 입고 있어서 의사로 착각한 건 아닌지 물었다.

“아, 정말로 그 정도 돼요. 직원이나 의사나 가운을 입지 않아요. 그리고 입구에 의사들 이름이 적혀 있기 때문에 틀리지 않아요.”

보통 2~3명만 되어도 많아 보이는데 6명은 정말 많은 숫자다. 각자 따로 일하는 것 같지는 않고, 한 병원 체제로 같이 진료하는 것 같다.

유별난은 의사들이 약을 잘 처방하는지 물었다.

“의사들은 진료할 때 환자의 상태를 설명하면서 집에서 어떻게 관리하라는 얘기를 들려주는 데 대부분의 시간을 할애해요. 필요할 때는 약도 잘 처방하는 편이죠.”

“최근에 동네병원에 간 적이 있나요? 혹시 무슨 약을 받았는지 알 수 있을까요?”

“질병에 따라 의사가 여러 개의 약을 처방할 때도 있는데 감기나 가벼운 질환일 때는 파마돌을 처방해줘요.”

유별난은 파마돌이 해열제나 진통제 같은 약일 것이라고 짐작했다. 심하지만 않으면 몸살이든, 머리가 지끈지끈 아프든, 콧물이나 기침이 나오든 오직 파마돌이란다. 유별난은 기침이나 콧물에도 오직 파마돌을 처방한다는 것을 어떻게 이해해야 할지 몰라 당황했다. 감기란 것이 약을 쓰나 안 쓰나 저절로 나을 것이므로 집에서 쉬도록 하고, 대신 몸살 같은 것은 해열제 하나 정도로 다스리라는 뜻인가? 아니면 캐서린이 약을 잘 구분하지 못한 것은 아닐까?

6세 미만은 진료비와 약값이 무료이지만, 성인은 동네병원을 방문할 때마다 진료비를 낸다. 검사나 진료 내용에 관계없이 일정 금액을 낸다고 한다.

한번은 캐서린이 독감에 걸려 진료를 받았는데 엑스레이도 찍고, 검사도 해서 진료비로 35달러(약 2만 원)를 냈다고 한다. 금액도 많아 보이지만 진료비를 낸다는 것 자체가 다른 복지 선진국들과 비교될 만한 점이다.

캐서린은 아기를 가졌을 때 가정의가 진료 후 산부인과 전문의에게 의뢰를 해줘서 출산을 했다. 출산 과정은 모두 무료이다. 종합병원은 거의 공립병원인데, 이들 공립병원은 연방정부나 주정부에서 운영하고 있다. 개인 종합병원이 없다. 그곳 역시 입원비가 무료이다.

나중에 유별난은 잠시 한국에 들른 뉴질랜드 교민들과 얘기를 나눌 기회가 몇 번 있었다. 우리나라 사람들이 처음 뉴질랜드 공립병원에 가면 두 번 당황한다고 한다. 첫 번째는 병원 입구 접수대에서 신상 확인 접수만 하며 진료비를 안 받아서 당황하고, 두 번째는 퇴원할 때 비용이 많이 들었을 텐데 일체의 비용이 무료이기 때문에 당황한다.

예방접종은 모두 무료인데 캐서린은 필수접종, 선택접종을 구분하지 못했다. 그래서 어느 수준으로 접종을 하는지, 무료가 아닌 접종은 어떻게 하는지 알아낼 수가 없었다. 아마도 우리나라의 기본접종 일부와 그 나라에서 필요한 것들을 기본으로 필수접종처럼 하고 있을 것이다. 독감 예방접종은 어린아이들이나 65세 이상의 어르신, 만성질환자들은 무료이다.

유별난은 마지막으로 뉴질랜드의 병원을 이용할 때 문제라고 느끼는 것이 무엇인지 말해달라고 부탁했다. 다른 나라의 단점을 파고드는 게 예의에 어긋나는 일인 줄 알기에 정중히 물었다.

"한국에서 보기에는 뉴질랜드의 의료제도가 참으로 부럽습니다만, 그래도 정말 이것만은 고쳤으면 좋겠다는 점이 있으면 한두 가지만 말해줄 수 있어요?"

캐서린은 가끔씩 신문 기사에 많은 뉴질랜드 인들이 비싼 진료비 부담 때문에 병원 가기를 꺼린다는 이야기가 실린다고 들려주었다. 특히 저소득층에서 그런 경향이 크다고 한다.

노인들도 정기 검사를 해야 하는 질환이라면 공립병원에서 무료로 받을 수 있지만, 가까운 가정의에게 가서 검사하려면 본인 부담금을 내야 한다. 기껏해야 1년에 100달러 안팎이지만 형편이 어려운 사람들에게는 부담되는 금액일 수도 있다.

"노인들은 공립병원에 가면 무료로 검사할 수 있지만 보통 자동차로 1시간 넘게 가야 하기 때문에 5분도 안 걸리는 가정의병원을 가려고 하죠. 비록 비용이 들어도 말입니다. 이런 것들이 가끔 신문에 나오면서 문제라고 지적하는 것을 봤어요."

캐서린은 다음과 같은 이야기도 들려주었다.

"가정의들의 불만이 기사로 나온 적도 있어요. 지금처럼 정부에서 주는 진료비 보조를 받으면서 환자를 보는 정도로는 자신들의 수입을 보장할 수 없다고 합니다. 의뢰서를 작성하고, 환자 정보를 관리하는 것조차 힘든데 이런 것에 대해서는 보상이 없다는 볼멘소리도 합니다."

유별난이 자료를 정리하다 보니 뉴질랜드의 가정의들은 자신들의 업무가 저평가되고 있다는 생각을 가지고 있는 것 같았다. 구체적으로 업무량이 어떤지는 모르겠지만, 그들은 정부가 주는 진료비 보조는 가장 일반적인 서비스에 국한되어야 하며, 부가적인 의료 서비스에 대해서는 본인들에게 비용을 받아야 한다고 주장하고 있었다.

"신문이나 방송을 보면 몇몇 주에서는 가정의 진료를 받을 때 대기 시간이 너무 길어서 문제라고 해요. 그 이유는 인접 국가인 오스트레일리아에서 의사가 부족해서 좋은 조건으로 뉴질랜드의 가정의들을 데려가기 때문이라고 합니다. 오스트레일리아에서는 숙소 제공에다가 높은 급여(시간당 약 10만 원 수준)를 보장한다는 광고를 심심찮게 내보내는데, 의사들뿐만 아니라 간호사들도 자꾸 외국으로 빠져나가서 문제라고 하는 것을 봤어요. 그래서 어떤 지역에서는 가정의와 예약 잡기가 힘든 것은 물론, 당일 진료를 보기 힘들 때가 많다고 해요."

캐서린 자신도 종합병원으로 의뢰받아 간 일이 있는데 진료받기까지 며칠밖에 안 걸렸다고 한다. 그러나 당장 수술이 필요한데도 받지 못하고 병원 대기자 명단에 올라가 있는 사람이 많이 증가해서 문제라는 보도를 자주 보았다고 한다. 이것은 뉴질랜드 사람들 대부분이 느끼는 문제라고 한다.

유별난은 뉴스를 검색하다가 이런 사례를 보았다. 2008년에 뉴질랜드의 어느 시골 지역 산모가 출산하러 대도시까지 가야 했다는 사연이었다. 그 산모는 비싼 돈을 들여가며 호텔에서 자면서 출산을 기다렸다. 지방의 산부인과 전문의들이 대거 오스트레일리아로 옮겨가거나 사립 병원에 취직하거나, 혹은 대도시로 몰려가버린 탓이라고 분석을 한다.

물론 신문이나 방송이 흔히 그러듯이 극단적인 사례를 과장해서 보도할 수도 있겠지만, 실제로 상황은 다소 심각한 듯했다. 지금과 같은 의료와 복지 수준에 그러한 불편함을 없앨 수 있다면 금상첨화일 텐데……. 결국 복지국가인 뉴질랜드도 높은 수준의 의료보장과 주민들의 편리함, 두 마리 토끼는 잡을 수 없는 걸까?

미국

- 인구 : 3억 500만 명
- 면적 : 9,522,057km²(한반도의 43배)
- 1인당 국민소득 : 4만 6,000달러(대한민국의 2.7배)
- 1년 총의료비 : GDP의 16.0퍼센트(대한민국 6.3퍼센트, OECD 평균 9.0퍼센트)
- 인구 1,000명당 활동 의사 수 : 2.4명(대한민국 1.7명, 한의사 제외, OECD 평균 3.1명)

미국으로 이민 간 지 22년이 된 서명숙 씨. 22년이라면 레이건부터 현재의 오바마 대통령까지를 겪어오고 있는 것이다. 서명숙 씨는 48세 여성으로 가정주부이고, 남편은 컴퓨터 회사에 다니고 있다. 20살, 17살, 11살 된 자녀들을 두고 있으며, 뉴욕 주 포킵시Poughkeepsie에 살고 있다.

미국 의료 체계에 대한 선입견이 있던 터라 주치의제도를 어떻게 물어봐야할지 고민이 많았다. 미국은 건강보험도 없고, 의료제도가 형편없다고 알고 있기 때문이다. 아마 영화 〈식코Sicko〉의 영향이 큰 것 같다. 거기에 주치의란 개념은 상상도 못 했다.

서명숙 씨는 아픈 데가 많아서 병원을 많이 이용하는 편이고, 미국에서 아이들을 낳고 키웠기 때문에 비교적 의료 문제를 잘 알고 있었다. 미국에서는 집 근처에 병원이 없는 경우가 많다. 서명숙 씨도 자기가 다니는 주치의병원까지 차로 40분 정도 가야 한다고 했다. 멀리라도 찾아가야 하는 이유는 마음에 드는 의사를 담당 의사(주치의)로 두려는 생각에서보다는 보험회사와 연결된 병원을 찾아가야 하기 때문이다.

"미국에도 주치의가 있나요?"

"그럼요. 상당히 잘돼 있다고 봐야 할 거예요."

주치의제도를 둔 건 아니지만, 자기가 가입한 보험회사에 속한 병원 중에 가까이 있거나 마음에 드는 곳을 택해서 필요할 때 가기 때문에 주치의처럼 생각하는 것이다. 서명숙 씨 남편이 다니는 회사는 '헬스넷 Health Net'이란 보험회사와 계약되어 있기 때문에 가족 모두 그 보험회사와 연결된 병원을 이용한다.

미국은 '메디케이드Medicaid'와 '메디케어Medicare'란 국가 관장 보험이 있는데, 저소득층이나 노인층을 대상으로 하는 건강보험이다. 그 대상이 미국민 전체의 26퍼센트 정도밖에 안 되어 보통의 미국인들 대부분은 직장에서 계약한 민간보험회사의 보험 서비스를 이용한다.

"미국은 병원비가 워낙 비싸니까 직장을 그만두게 되면 정말 난감하겠네요?"

"미국 사람들은 회사를 그만두는 경우 수입이 끊기는 것보다 건강보험 혜택이 없어지는 것을 더 두려워하지요. 하지만 회사에서 나와도 대개 1년은 그 보험회사에서 보장을 해줘요."

유별난은 전에 보았던 미국 영화가 떠올랐다. 회사에서 해고된 한 남자가 사장에게 제발 자르지 말라고 애걸하며 말했다. 천식을 앓고 있는 8살짜리 아들이 있는데 어떻게 하냐고 하면서……. 그 장면을 떠올리니 지금의 이야기를 쉽게 이해할 수 있었다.

그러면 보험료는 얼마나 될까?

"우리는 월 580달러를 내고 있어요."

우리나라 돈으로 80만원이 넘는 금액이다. 서명숙 씨 남편은 우리나라로 치면 대기업 과장쯤의 직책에 있다. 수입에 비해서는 보험료가 높다. 그래도 간단한 치과 치료까지 보장을 받고, 종합병원을 이용할 때도 도움을 많이 받으니까 부담으로 느끼지는 않는다고 한다. 특히 서명숙 씨는 아픈 데가 많아서 병원을 많이 이용하므로 오히려 이익일 수 있다고 한다.

이 대목에서 미국에 사는 다른 교민들의 사정이 궁금해졌다. 회사를 안 다니고 세탁소나 마트, 식당 등을 운영하는 자영업자들이 많을 텐데.

"내가 짐작하기에는 우리 교민들 가운데 보험에 가입되어 있는 사람은 20퍼센트 정도밖에 안 될 것 같아요."

"그럼, 나머지 많은 사람들은 건강보험이 없는데 어떻게 살아요?"

"아프면 정말 답답해지죠. 아프지 말거나, 비싸더라도 보험에 들거나 둘 중 하나예요. 많은 교민들이 한국에 돌아가면 약을 한 보따리씩 싸들고 오는 이유가 그래서입니다."

이번에는 진료 모습을 물어보았다. 서명숙 씨 가족이 다니는 병원에는 3명의 의사가 근무한다. 아침 9시부터 오후 2시까지 진료하는 날이 있고, 오후 5시까지 할 때도 있다. 의사들은 대부분 친절하고 설명을 잘해주는 편이라고 한다.

"몇 년 전에 신문을 보니까 미국 내과 의사들은 진료할 때 20분 안팎의 시간을 들이면서 진찰하고 상담한다고 하던데, 정말 충분한 시간 동안 얘기할 수 있나요?"

"예, 사람들은 가벼운 질병으로 찾아가도 충분히 아픈 증상을 얘기하고, 궁금한 것도 듣고 나와요. 의사들도 이것저것 필요한 얘기를 다 하죠. 보통 15분 정도는 걸리는 것 같아요."

서명숙 씨는 진료실 모습을 이야기하다가 재미있는 것을 들려주었다. 자기 담당 의사는 환자를 볼 때마다 모래시계를 엎어놓고 시작한단다. 처음에는 재미로 그러는 줄 알았는데 이유가 있었다고 한다.

"모래가 다 떨어지는 데 15분 걸리더라고요. 그게 환자 한 명당 배분된 진료 시간인 것이지요."

저소득층이나 고령자를 대상으로 하는 메디케이드나 메디케어와 같은 국가보험은 자기 부담이 거의 없거나 진료비를 일부만 낸다. 그것도 해당이 안 되고, 직장에서 가입한 보험도 없다면 병원을 한 번 이용할 때마다 상상을 초월하는 진료비를 감수해야 한다. 개인병원은 그렇다 치고, 종합병원이나 전문의 진료를 받으려면 수백 달러에서 수천 달러를 내야 한다. 충수돌기염 수술 한 번 하는데 1,000만 원이 더 든다는 것이 과장된 이야기가 아니다.

"보험회사에서 보장을 해주면 개인병원을 이용할 때는 진료비를 안 내겠네요?"

"병원을 찾을 때마다 '코페이co-pay'라고 해서 일정 금액을 내요. 우리는 25달러씩 내고 다녀요."

"우리나라 돈으로 3~4만 원이네요. 보험료도 많이 내는데 진료비로 그 정도 금액을 또 내려면 부담되지 않나요?"

"사람에 따라 다르겠지만, 저는 필요하다는 것을 알기 때문에 부담이라 느낀 적은 없어요. 주변 미국 친구들을 봐도 그렇고요."

약값은 정액제여서 보통 약은 10달러, 골다공증 약처럼 비싼 약은 20달러를 낸다고 한다. 이상하게 보일지 모르지만 어떻게 보면 당연하기도 하다. 계약한 보험회사에서 약도 책임을 지므로 본인은 일정액만 내면 될 것이다.

개인병원에는 검사 장비가 잘 갖추어져 있지 않다고 한다. 보험회사에서 비용이 발생하는 것을 싫어하기 때문이라고 설명한다. 검사가 필요하면 의뢰를 받아 전문의에게 간다.

"건강 검진은 1년마다 받나요?"

"정기적으로 받는 건 아닌 것 같아요. 필요할 때마다 몇 가지 검사를 하고, 유방 검사나 자궁경부암 검사 등 몇 가지는 정기 검사를 하지요. 여기에서 이상이 발견되면 의뢰를 해서 전문의에게 가지요."

미국도 검사나 전문적 치료, 수술 등이 필요할 때는 담당 의사의 의뢰서를 들고 전문의에게 간다. 물론 전화로 예약 날짜를 잡아야 한다.

서명숙 씨 말에 따르면 미국은 다른 나라에 비해 전문의나 종합병원 대기 시간이 그리 길어 보이지는 않는다고 했다. 대기 시간이 문제라는 보도가 나오거나 사람들이 불평하는 경우를 별로 본 적이 없다고 한다.

서명숙 씨 자신은 여러 번 의뢰를 받아 종합병원을 찾았다는데, 간에 돌이 박혀 있어서 내시경을 이용한 조영술인 ERCP를 여러 번 받았다고 한다. 매번 갈 때마다 담당 전문의가 빨리 시간을 잡아줬고, 편하게 시술을 받을 수 있었다고 한다.

미국도 종합병원에는 외래가 없다. 의뢰를 하면 환자가 종합병원에 예약을 하고 전문의마다 가지고 있는 개인 사무실을 찾아간다. 그 병원에서 전문의는 간단히 상담을 한 후 병원 직원과 시설을 이용해서 검사나 치료를 한다. 미국도 캐나다처럼 '개방형 의사 제도attending system'를 하고 있었다.

밤에는 담당 의사가 전화를 받거나 상담을 해주지 않아서 응급전화 시스템을 이용하거나 직접 응급실로 간다. 응급실 이용도 보험회사에서 보장해준다.

전화 상담도 한다고 했다. 성인은 별로 안 하는 것 같은데, 소아과 의사들은 전화로 부모와 상담을 많이 한다고 했다.

미국은 보험료와 진료비를 많이 내니까 당연히 유럽 국가들보다 의료 서비스가 좋을 것으로 보인다. 그만큼 진료 대기 시간이 적고, 검사나 필요한 처치들이 충분히 이루어지는 것 같았다. 하지만 들이는 돈만큼 효율적이지는 않은 것이, 1년 동안 미국인이 쓰는 의료비가 OECD 국가 평균의 두 배 정도인 데 반해 평균 수명과 영아 사망률 등의 지표는 OECD 국가 중 하위권이라고 발표된다.

전국민건강보험이 없는 나라, 5,000만 명 넘는 국민이 건강보험이 없어서 삶과 죽음의 문턱에서 힘들어하는 나라, 이것이 미국의 현주소이다. 최근 오바마 정부가 최우선 과제로 잡은 정책도 바로 의료개혁이다. 그 핵심이 국민 전체에게 공평한 건강보험 혜택을 주는 것이다. 거기에 정치적 생명을 거는 까닭은 후진성을 띤 의료보장 체계가 미국을 부끄럽게 만들고 있기 때문이다.

일본

- 인구 : 1억 3,000만 명
- 면적 : 377,873km²(한반도의 1.7배)
- 1인당 국민소득 : 3만 4,000달러(대한민국의 1.8배)
- 1년 총의료비 : GDP의 8.2퍼센트(대한민국 6.3퍼센트, OECD 평균 9.0퍼센트)
- 인구 1,000명당 활동 의사 수 : 2.1명(대한민국 1.7명, 한의사 제외, OECD 평균 3.1명)

일본에 사는 사토 야스오佐藤江雄 씨는 현재 67세로, 몇 년 전 정년퇴직을 한 뒤 국민연금으로 생활하고 있다. 부인과 딸, 사위, 10살과 8살 된 손자들과 함께 도쿄의 아다치구足立区에 있는 조용한 주택가에서 살고 있다. 사토 씨는 심장병이 있어서 종합병원에 다니지만 딸, 사위, 손자들은 동네병원을 자주 다닌다고 한다.

흔히 일본은 '가까우면서도 먼 나라'라고 한다. 지리적으로는 가깝지만 생각이나 문화가 달라서 생겨난 말일 것이다. 하지만 이번에 통화를 하면서 유별난은 다른 의미에서 가까우면서도 멀다는 것을 여러 번 느꼈다. 의료체계가 우리나라와 비슷하면서도 의료 이용이나 노인 의료보장에서는 우리나라가 따라가지 못할 수준이라는 점 때문이었다.

유별난은 일본말이라고는 인사말 몇 마디밖에 할 줄 모르고, 사토 씨는 영어를 전혀 못하기 때문에 어쩔 수 없이 통역을 대동하고 전화 인터뷰를 해야 했다. 통역을 거치다 보니 시간이 길어져서 1시간 30분 정도 걸렸다. 표준 시간이 같아서 전화 걸기는 편했는데 통화료가 만만찮았다.

"하지메마시테. 와타시와 강코쿠노 이샤데스(처음 인사드립니다. 저는 한국의 의사입니다.)."

첫 마디는 본인이 해야겠다고 생각해서 유별난은 연습한 일본어로 직접 인사를 건넸다.

유별난은 우선 미리 조사한 일본의 건강보험 체계에 대해서 시민으로서 얼마나 이해하고 있는지 물어보기 시작했다. 사토 씨는 인텔리에 속하는 분이라 비교적 최근에 변한 건강보험 제도까지 잘 알고 있었다.

일본의 공적건강보험은 크게 세 가지로 나뉜다. 직장에 다닐 때는 예전 우리나라처럼 '직장건강보험'으로 병원을 이용하고, 퇴직하거나 직장을 그만두면 '국민건강보험' 체계에 편입된다. 일본의 특이한 제도 중 하나가 노인을 위한 건강보험이 따로 있다는 점이다. '노인건강보험'이라고 하는데, 노령자들을 대상으로 건강보험 서비스를 제공한다. 이것은 독자적으로 운영되지만 보험 재정은 전국민을 대상으로 거둔 건강보험료의 일부와 국가 재정으로 조성한다. 과거에는 일본의 장점이면서 명예로운 제도였지만, 최근에는 보험 재정을 약화시키는 독이 되고 있어서 일본 정부는 고민 중이라고 한다.

일본의 전국민건강보험은 오랜 역사를 가지고 있다. 1920년대 초반 광산 노동자만을 대상으로 건강보험을 시행하기도 했으나 1929년 대공황, 1937년 중일전쟁을 거치면서 1938년에 국민들을 대상으로 한 국민의료보험법이 만들어졌다. 2차 세계대전 패전국이 된 일본은 1948년에 국민들이 낸 보험료를 재정으로 해서 모두가 필요한 진료를 받을 수 있게 하는 사회보험 방식을 채택했다.

본격적으로 전국민건강보험 시대를 맞이한 것은 1961년에 이르러서이다. 전후 복구가 마무리되고 높은 경제성장을 이룬 일본은 국민 누구나 건강보험에 가입하게 하면서 높은 보장성을 제공하는 공적건강보험 체계를 갖추었다. 일본에서는 오래 전부터 어떤 질환으로 병원을 찾더라도 거의 모든 비용을 국가에서 부담한다고 한다. 보장성이 85퍼센트가 넘는다는 것은 선진 유럽 수준이기에 놀라운 심정으로 일본을 바라볼 수밖에 없다.

사토 씨처럼 퇴직한 사람은 직장건강보험에서 빠져나와 자동으로 국민건강보험에 들어가게 된다.

"직장 다닐 때는 회사에서 부담을 많이 해주니까 내가 내는 보험료가 적은 편이었는데, 퇴직하고 국민건강보험으로 바뀌면서는 보험료 부담이 커져서 안 좋아요."

보험료를 많이 내는 것이 못내 안타까운 말투였다.

한 달 보험료를 물어봤더니 자신의 보험료는 연금에서 빠져나가서 얼마인지 잘 모른다며, 딸의 보험료를 휴대전화로 급히 알아봐줬다. 건강보험료는 소득에 따라서 달리 낸다고 한다. 사토 씨의 딸은 병원에서 간병인으로 일하는데, 한 달 25만 엔(약 330만 원) 수입에 직장건강보험에 속해 있으면서 보험료를 1만 엔(약 13만 원) 가까이 내고, 나이 들었을 때 간병받을 수 있는 명목으로 1,200엔(약 1만 6,000원) 정도 함께 낸다고 했다. 이 정도 금액이면 우리나라보다는 많지만 다른 외국에 비해서는 적은 편이다.

"사토 씨는 퇴직했으니까 따님 건강보험카드에 같이 등록되어 있나요?"

"아니요. 저도, 제 부인도 따로 개인 건강보험카드를 가지고 있어요. 직장 다닐 때는 회사에서 일부 보장해주었지만 퇴직하면서는 국가에서 보장하는 체계로 바뀌니까 그렇게 되는 겁니다. 전에는 가족 단위로 묶어서 건강보험 등록을 했는데 이렇게 개개인별로 나뉜 것은 몇 년 안 돼요."

일본의 건강보험 제도를 이해하기가 쉽지 않은 것은 해마다 내용이 자주 바뀌기 때문이다. 지난해 자료로는 올해 일본의 의료제도를 파악하는 데 어려움을 겪는다. 나중에 모은 자료에 따르면 2006년 일본은 대대적인 의료제도 개혁을 했다. 그 중에서 가장 중요한 변화는 노인 의료비 부담을 늘리는 것이었다.

얼마 전까지만 해도 일본은 노인의 천국이라고 자랑했었다. 65세 이상 노인층이 세계 최고였고, 복지 혜택 또한 최고 수준이었다. 70세 이

일본 노인 의료비의 변화

1973년~	70세 이상 노인 보험료, 진료비 무료
1983년~	70세 이상 노인 보험료는 무료이나 진료비 10퍼센트 내도록 부과함.
2002~2007년	75세 미만 노인 진료비 30퍼센트, 75세 이상에서만 10퍼센트 내도록 함.
2008년~	75세 이상 노인에게 보험료 징수함.

상은 부양가족에 딸려 있든 따로 있든 보험료가 면제인 데다가 모든 의료비가 무료였다.

하지만 가파르게 상승하는 의료비 부담을 견디지 못한 일본 정부는 점차 노인들에게 부담을 지우기 시작했다. 70세 이상 노인들에게 진료비 10퍼센트를 부담하게 하다가 나중에 기준을 75세 이상으로 올렸다. 그러다가 2006년 국회를 통과한 의료개혁안에 따라 2008년 4월부터는 '후기고령자 건강보험'이 시행되었다. 바뀐 제도에 따라 이전에는 보험료를 안 내던 75세 이상 노인들도 개인이 내야 한다. 부부일지라도 각자 내도록 되어 있다.

일본에서는 65세에서 70세 미만의 노인들은 '전기 고령자'라고 부르고, 70세 이상 노인들은 '후기 고령자'라고 부른다. 건강보험에서 혜택을 주는 연령대를 구분하기 위해 인위적으로 나눈 것이다. 70세 이전의 전기 고령자로 분류된 노인들은 전국민건강보험 가입자의 피부양자로 되어서 보험료를 따로 내지는 않지만 진료비는 젊은 사람들과 마찬가지로 30퍼센트씩 내야 한다. 건강보험제도로만 보면 65세에서 70세까지는 노인이 아닌 청장년이나 다름없는 것이다. 일하기도 힘들고, 몸도 건강하지 않은데 보험 재정 절감을 위해 혜택을 없애버리니 당사자로서는 씁쓸할 수 있겠다.

건강보험제도 얘기를 나누는 데만 30분 넘게 시간을 잡아먹었다. 그만큼 이해하는 데 시간이 걸렸다.

화제를 진료 모습으로 바꿔보았다.

"병원에 자주 다니세요? 일본의 동네병원은 친절한 편입니까?"

사토 씨는 고혈압, 당뇨, 심근경색을 가지고 있는데 얼마 전까지만 해도 동네병원을 다녔다고 한다. 2004년에 심장 수술을 하고부터는 종합병원에서 진료를 받는데, 다행히 집 근처에 있어서 쉽게 갈 수 있다고 한다. 비가 오지 않는 날은 주로 자전거를 타고 다니는데, 자전거로 10분밖에 안 걸린다니 무척 가까운 편이다.

사토 씨를 담당하는 내과 의사는 친절한 편이고, 궁금한 것을 물으면 언제나 상세히 말해준다고 한다. 일본에서는 동네병원이든지 종합병원이든지 모두 친절하다고 한다. 사토 씨는 병원에 갈 때마다 불편한 것, 궁금한 것에 대해 의사와 충분히 상담하는 편이고, 보통 진료에 걸리는 시간은 10분 이상이다.

한국 사람이 물으니 자존심 때문에 다 친절하다고 말하는 것은 아닐까? 유별난은 약간 비딱한 생각을 품어보았다. 우리나라와 의료체계가 비슷한 일본이니 안 좋은 구석이 있으려니 생각하면서 불친절할 수 있는 상황을 만들면서까지 물어봤다.

"종합병원이야 그렇다고 해도, 동네병원은 찾아오는 환자가 그다지 무거운 병이 있는 것도 아닐 테고 설명할 것도 적으니 진료도 빨리빨리 끝내겠지요?"

"물론 일부 의사 가운데에는 못되고 고약한 사람들도 있지요. 하지만 어느 누구의 얘기를 들어봐도 대부분 다 친절하고 설명을 충분히 하는 편이에요. 막내 손자가 8살인데 몇 년 전까지만 해도 유치원 다닐 때는 자주 아파서 동네병원에 많이 다녔어요. 가끔 내가 데리고 갈 때가 있는데 감기 걸려서 가더라도 의사는 다른 손자에게 감기 옮기지 않으려면 어떻게 해라, 물은 어떻게 먹여라 자세히 말해줍니다."

"사토 씨, 말을 많이 하면 힘이 들고 심장에 부담되니 물을 마시면서 얘기해주세요."

이야기가 길어지면서 유별난은 사토 씨의 건강이 걱정되어 애기를 잠깐 끊고 물을 마시게 했다.

"아, 고마워요. 당신도 내 담당 의사처럼 친절하군요. 아이들이 다니는 동네병원도 좋아요. 요즘은 잘 안 아프지만 유치원 다닐 때는 이런저런 병에 자주 걸려서 많이 데리고 다녔지요. 손자들을 진료하는 의사는 손 씻는 법을 직접 손자한테 가르쳐주고는 앞으로 잘 따라 하기로 손가락으로 약속하고, 다음에 가면 잘 씻었는지 확인까지 한답니다."

요즘은 가족들 모두 주치의처럼 생각하며 그 병원으로 다닌다고 했다.

일본에는 국공립병원들도 있지만 동네병원은 대부분 개인 운영 체제이다. 평소에는 동네병원을 다니고 의뢰를 받아서 종합병원으로 가는 체계로 되어 있다. 종합병원은 당연히 사전 예약이 되어 있거나 전화로 예약을 해야 한다. 동네병원도 다니던 곳이면 전화로 예약할 수 있다. 그냥 가서 진료를 받으려면 경우에 따라서는 2시간 정도 기다릴 각오를 해야 한다.

일본은 의약 분업이 완전하게 되어 있지 않아서 병원에서 약을 주는 경우도 있고, 처방전을 들고 약국에 가서 사야 하는 경우도 있다. 환자들이 자유롭게 결정한다고 한다.

일본도 우리나라처럼 의원급에서 의료 장비들을 많이 갖추고 있는 것 같다고 한다. 혈액 검사, 엑스레이 장치, 초음파 같은 장비들을 갖춘 병원들이 많다고 한다. 유별난은 일제강점기 때 우리나라에 그런 모습의 동네병원을 만들게 하더니, 자기들도 계속 그렇게 운영하고 있구나 하고 생각했다.

"동네병원에 가면 진료비를 보통 얼마나 내요?"

"검사나 비용이 들 만한 것을 안 하고 간단한 진료와 처방만 받고 나올 때는 보통 1,200엔에서 1,500엔을 내는 것으로 기억합니다."

우리나라 돈으로 환산하면 1만 6,000∼2만 원 정도이다.

"한 번 진료받을 때마다 그만큼 내는 게 부담스럽지 않으세요?"

"자주 가는 게 아니라면 크게 부담스러운 편이 아닙니다. 저소득층 사람들은 국가에서 보장해주는 게 있으니까 마찬가지로 부담이 적을 겁니다."

"사토 씨 손자들 같은 아이가 있는 부모들은 아이가 자주 아프기라도 하면 그 비용이 부담되지 않을까요?"

"전혀 안 그래요. 여기서는 18살까지는 진료비가 무료입니다."

"헉……."

"성인이 되어 직장을 다니는 시기인 19세부터 75세까지는 진료받을 때 본인 부담이 있고, 75세가 넘으면 또 비용이 줄어듭니다. 저는 아직 그 나이가 안 되어서 얼마를 내는지는 모르겠어요. 하하하."

사토 씨에게 마지막으로 일본 의료의 문제점을 느끼는 대로 말해달라고 부탁했더니 전혀 없다고 했다. 일본 사람의 자존심인지, 여유 있는 중산층이어서 그런지는 몰라도 여러 가지 면에서 일본의 의료제도는 훌륭하고, 아무 문제를 느끼지 못한다고 거듭 강조했다.

유별난이 보기엔 일본의 경우 보험료 부담도 크고, 전체 의료비용도 많이 드는 의료 구조를 가지고 있어서 문제가 없을 리 없었다. 주치의 제도를 하는 것도 아니어서 마음대로 의료 기관을 찾아갈 수 있기 때문에 의료 이용 낭비도 심할 것이다.

너무 자유롭게 병원을 골라서 가면 낭비가 아니냐고 물었더니 사토 씨는 편하게 원하는 병원을 찾아갈 수 있는 것은 좋은 것 아니냐고 반문했다. 맞는 말이기도 하다. 하지만 개인을 떠나 재정을 관리하는 행정부나 국가 전체의 문제로 보면 비효율과 재정 낭비의 원천이 될 수도 있다. 아마 일본 정부도 이러한 고민을 하고 있지 않을까?

실제로 오래 전부터 일본도 급격한 의료비 상승 문제로 절치부심하고 있다. 일본은 그 어느 나라보다 노인 인구가 많다. 그러나 수십 년간 자랑하던 노인 의료비 무료라는 신화가 깨지고 있을 정도로 보험 재정이 심각한 어려움을 겪고 있다. 여기에 국민들의 의료에 대한 욕구 상승과 새로운 의학 기술 발달 역시 의료비 상승을 부채질하고 있다.

과거 우리나라는 일본의 제도를 많이 베꼈다. 건강보험제도 역시 일본의 것을 많이 흉내 냈다. 사회보험 방식을 채택한 것이나, 얼마 전까지 지역과 직장 건강보험으로 나눠 보험 재정을 관리하면서 의료 서비스를 제공했던 것 모두 일본의 것들을 모방한 것이었다.

하지만 단 하나 따라 하지 않은 것이 있다. 일본은 전국민건강보험을 하면서도 높은 보장성을 유지했는데 우리나라는 보험 재정을 확보하는 데 게을렀고, 결국 병원을 이용할 때 국민들의 본인 부담이 많은 형식을 취하게 되었다. 일본의 경우 월등한 경제력이 있어 가능했다고 할 수도 있지만, 경제 성장이 웬만큼 이루어진 현재에도 우리나라는 쥐꼬리만큼씩만 건강보험 보장성을 높이고 있다. 이것은 국가의 복지와 의료 문제에 대한 심각한 불감증이 아닐 수 없다.

건강보험 보장률 85퍼센트와 노인건강보험을 중심으로 한 높은 혜택을 대내외적으로 자랑하던 일본도 최근 1년에 10퍼센트 이상씩 가파르게 증가하는 국민 의료비로 골머리를 앓고 있다. 해마다 보험료를 인상하는 것도 국민들의 저항에 부딪혀서 힘든 상황이 되었다.

최근에는 가벼운 질환에 대한 진료비와 약값, 입원 식비 등에서 본인 부담 비중을 높이는 정책을 실시해보았다. 동네병원이든 종합병원이든 국민 누구나 전체 진료비의 20퍼센트만 부담하던 것을 2003년부터는 30퍼센트로 늘려서 재정 부담을 덜어보기도 했다. 그러던 것이 근래에는 노인들에게까지 보험료를 징수함으로써 진료비 부담을 지우는 쪽으로 정책을 잡고 있다. 일본이 선택할 수 있는 길은 과연 이것밖에 없을까? 한때는 아시아에서, 아니 세계적으로도 가장 높은 수준의 건강보험을 보여주었던 일본이 거꾸로 가는 개혁을 하는 이유를 이해하기 힘들다.

노인 의료비 부담을 비롯한 현재의 의료개혁은 국민들의 반감을 샀고, 2008년의 보궐 선거에서 다수당인 자민당은 세력 지역 일부에서마저 참패하였다. 그만큼 민감한 부분이기 때문인데, 그래도 자민당은 이러한 정책을 밀어붙였다. 근본적 해결 없이 국면 전환용, 혹은 땜질용 복지와 의료정책을 만들었다가 국민들의 공분을 자아냈고, 결국에는 2009년 8월 총선에서 자민당 정권 붕괴로 이어지는 계기가 된다.

2006년 국회를 통과한 의료개혁안을 보면 생활습관병을 예방하고 잘 관리하도록 하는 시스템과, 중증질환의 경우 병원에서 가정까지 연속 치료가 가능한 시스템 등 종합적인 고민을 한 흔적을 찾아볼 수 있다.

하지만 그 내용들은 구호성 정책으로 보이고, 1차의료를 중심으로 효율적인 의료전달체계를 고민한 것 같지는 않다. 왜냐하면 개혁안 내용에서 의료비 낭비의 원인을 단지 생활습관병의 증가와 노인층 증가로 인한 의료비 상승 정도로만 분석하고 있는 듯했기 때문이다. 질병의 예방과 관리를 효율적으로 할 수 있는 방안이 1차의료의 강화이고, 그로 인해 국민 의료비가 절감될 수 있다는 분석은 안 보인다. 어떤 이유에서인지는 몰라도 일부러 피해간 것 같은 느낌이 들었다.

개혁안은 비만 등을 어떻게 관리할지, 어떻게 하면 비용 절감을 할 것인지에 중점을 두고 있다는 인상을 준다. 즉, 2006년 의료개혁안의 중요 내용은 '의료비 억제'이고, 그 중에서도 노인 의료비 절감이 핵심이라고 볼 수밖에 없을 것 같다.

2009년 현재, 일본 전체 인구의 23퍼센트가 65세 이상 노인이다. 2020년이면 30퍼센트, 2030년 32퍼센트, 2040년 37퍼센트, 2050년 40퍼센트로 증가할 것이라고 예상하고 있다. 자연히 노인 의료비는 기하급수적으로 늘어날 것이고, 정부는 점점 노인들의 의료비 부담을 늘릴 것이다. 그러나 노인들에게 지우는 의료비 부담도 결국 한계에 부딪힐 수밖에 없다. 그 다음 일본이 선택할 수 있는 것은 무엇일까?

유별난이 살펴본 대부분의 나라들에서는 본인 부담을 늘리는 것보다 의료 이용의 효율을 더 고민하고 있었다. 그럼으로써 현재의 보장성을 유지하면서 질 좋은 진료도 가능하게 하는 방식이 무엇인지 머리를 싸매고 고민하는 것이다. 그러나 일본은 이와 반대로 본인 부담을 늘리려 하고, 의료제도도 주먹구구식으로 때우려고 한다는 생각이 든다.

일본이 의료제도 개혁을 제대로 하려면 국소적인 진료 행태를 조금 바꾸거나 무리하게 노인들에게 의료비 부담을 점점 더 지우는 정책이 아닌 다른 길을 고민해야 하지 않을까? 주치의제도나 의료전달체계의 효율성 같은 것 말이다.

7. 세계의 주치의제도를 둘러보니

유별난은 몇 개월 동안 9개 나라의 의료 현황에 대해 조사하고 인터뷰를 진행했다. 각 나라의 의료제도를 알아보고, 주치의로 일하는 의사들과 주민들의 모습들을 들여다보려고 애를 썼다. 이런 방식으로 조사한 이유는 자료만 찾아보는 것보다는 실제로 사는 사람들의 목소리를 들어보는 것이 더 큰 의의가 있겠다고 생각해서였다.

결과를 종합해보면 대부분 현재의 제도를 긍정적으로 평가하고 있었다. 실제로 의료제도가 잘 갖추어져 있어서 그런 평가를 내리는 면도 있지만, 한편으로는 자기 나라에 대한 자존심 때문에 좋게 얘기하는 면도 있었다. 또 인터뷰에 응해준 이들은 대부분 다른 나라의 상황을 모르기 때문에 자신들의 제도가 최고라고 생각하는 면도 있었을 것 같다.

조사를 하기 전까지만 해도 유별난은 유럽 국가는 대부분 주치의제도를 하고 있는 줄 알았다. 그런데 오래 전부터 주치의제도를 시행해온 나라, 최근에야 도입한 나라, 주치의제도와 유사한 방법을 쓰는 나라, 주치의제도를 도입하지 않은 나라 등 다양한 모습을 띠고 있었다.

주치의 운영 방식도 제각각이고, 거기에 여러 가지 변수도 작용하고 있었다. 그래서 서구 선진국들의 의료제도는 이렇고, 주치의제도는 어떻더라 하고 한 마디로 정리하기는 어려웠다. 영국, 네덜란드는 전형적인 주치의제도를 하는 나라이고, 독일, 캐나다, 오스트레일리아, 뉴질랜드는 주치의제도 비슷한 방식으로 의료체계가 구성되어 있다. 프랑스는 최근에야 주치의제도를 도입했지만 다소 자유스럽게 운영하고 있으며, 네덜란드는 최근 국민건강보험에서 민간건강보험 체계로 바꾸어 주치의제도를 운영하고 있다.

이 외에도 각국은 서로 많은 차이를 보이고 있었다. 그 이유는 의료 재정을 세금으로 운영하느냐 보험료를 거둬서 운영하느냐에 따라서 고민하는 방향이 다르고, 주치의제도 역사가 얼마나 오래되었는지에 따라서도 개혁 방안이 달라지기 때문이다.

한편 공통점도 있었는데, 조세를 통한 것이든 보험료를 통한 것이든 간에 국가의 의료 재정이 우리나라에 비해서 아주 높다는 것이다. 그래서 보험 혜택을 줄 수 있는 항목이 많고, 병원 진료비는 거의 무료이다시피 했다. 이런 것들을 보험의 보장성이라고 하는데, 그것이 거의 85~90퍼센트 수준이다. 반면에 우리나라 건강보험 보장성은 60퍼센트를 넘을까 말까 하는 정도이다. 그들은 세금이나 각종 기금을 통해 충분히 복지 수준을 보장받는 상황 아래 의료개혁을 진행하고 있었다.

주치의 등록이나 진료비 형태는 나라마다 제각각이었지만, 가정의나 일반의를 통해 진료를 받은 뒤 전문의에게 의뢰를 하는 의료전달체계를 명확히 하고 있는 점은 공통적이었다.

인두제 방식을 지키는 나라는 생각보다 많지 않았다. 게다가 등록 환자 관리나 전화 상담, 방문 진료 등 주치의 서비스까지 하는 나라는 더더욱 찾아보기 힘들었다. 그렇게 보면 유럽에서도 엄격히 주치의제도를 실시하고 있는 나라는 몇 되지 않았다.

여러 나라 가운데 유별난은 영국, 프랑스, 네덜란드를 주목할 만한 나라로 꼽았다. 영국은 국가 중심의 의료제도에서 변화를 주면서 고질적 문제들을 해결하려고 하며, 프랑스는 약간 헐렁한 주치의제도를 운영하고 있다. 네덜란드는 민간건강보험을 통해서 기존의 주치의제도를 운영하기 시작했다.

프랑스는 엄격한 의미의 주치의제도만을 고집하지 않고 유연하게 대처를 했다. 물론 의사들의 입장을 많이 봐준 것처럼 보이지만, 대신 정부와 국민들은 주치의제도의 이익을 보게 되었다. 주치의가 문지기 역할을 하는 것, 의뢰를 통해서 전문의 단계로 넘어가게 하는 것 모두 가능하게 했다. 프랑스 보건 당국자의 말을 들어보면 해마다 평가를 하고 불편한 것은 고쳐가며 좀 더 완전한 형태의 주치의제도를 만들고 있다고 한다. 즉, 처음부터 완벽한 모습으로 제도를 시작할 필요는 없다는 것이다.

유별난은 프랑스로부터 교훈을 얻어야 한다고 생각하게 되었다. 자신들의 처지에 맞게 제도를 도입한 것, 주치의제도의 핵심을 살릴 수 있다면 작은 문제들에 목숨 걸지 않는다는 것, 제도의 핵심 주체인 의사들과 끝까지 협의를 통해 만들어나간다는 것 등이 우리나라가 배워야 할 점이라고 생각했다.

네덜란드는 하늘과 땅이 바뀐 듯한 착각이 들 정도로 의료제도에 큰 변화를 준 것 같지만, 실은 껍데기만 바뀌었다고 볼 수 있다. 국가가 관장하던 공적건강보험을 민간에게 넘겨주었기 때문에, 우리나라에서 영리법인병원 찬성과 전국민건강보험의 강제 지정을 폐지하자는 주장을 펴는 사람들이 네덜란드의 예를 들기도 했다. 마치 네덜란드가 공적건강보험을 포기하고 민간보험으로 전격 바꾼 것처럼 말하지만, 내용을

들여다보면 옷만 바꿔 입은 것이지 기본 틀이 완전히 바뀐 것은 아님을
알 수 있었다.

건강보험의 주체만 달라졌을 뿐 내용은 그대로이다. 국가는 민간보
험회사에 건강보험 운영을 맡긴 대신 그들의 허리를 잡고 있다. 보험료
나 진료 서비스 항목을 정할 때 반드시 국가와 협의해야 하고 독단적으
로 결정할 수가 없다. 보험회사들은 경쟁을 통해서 등록 주민들을 모으
려고 하고, 서비스 내용을 개선하려고 애쓴다. 무늬만 민간보험이지 사
실 정부의 감독 아래에서 운영되는 체제인 것이다.

이는 우리나라 자동차보험과 비슷하다. 보험회사 마음대로 정관이
나 보험료, 보험 서비스 내용을 정하는 것이 아니라, 각 보험회사들은
금융감독위원회의 통제를 받는다. 이런 통제를 가하는 이유는 자동차
사고가 가해자나 피해자에게 큰 피해를 가져오는 중요한 문제이기 때
문이다. 물론 보험회사들은 고객을 모으기 위해 가격이나 서비스에서
경쟁을 한다. 네덜란드의 건강보험이 바로 이런 형태이다. 건강보험 운
영을 민간에 위탁했다고 민간보험회사에 자유롭게 영업하라고 풀어준
것이 아니다.

유별난은 이번 기회를 통해서 주치의제도에 대해 추상적으로만 알
고 있던 것들을 구체적으로 파악하게 되었다. 또 실질적인 내용을 많이
접하면서 주치의제도에 대해 품었던 환상을 현실적으로 바꾸어놓기도
했다. 그러면서 우리나라에서 주치의제도를 하려면 이렇게 해야겠구나
하는 구체적인 그림도 그려보았다. 외국의 장단점을 비교하면서 새로
시작한다면 우리는 더 나은 주치의제도를 만들 수 있다는 희망을 품게
된 것이 무엇보다 소중한 소득이었다.

제 4 장

복지와 의료정책은 국민들에 대한 사랑의 표현입니다.
지금은 정치인들, 의료인들이 우리가 절실히 바라는 의료제도를
위해서 얼마나 머리 맞대고 노력을 기울였는지 돌아볼 때입니다.
국민들도 더 나은 의료 서비스를 받기 위해 관심을 기울여야 할 때입니다.

한 나라의 의료정책에서 가장 우선시해야 하는 것은
국민들 개개인이 아프지 않게 하는 것이고,
아파도 돈 걱정 없이 치료를 받을 수 있게 하는 것입니다.
그게 너무 요원한 것이라면 타협을 하면서
가장 기초적인 것부터라도 밟아나가야 합니다.
그러면서 우리나라 수준에 맞는 1차의료 시스템을 재구성해야 합니다.

사람들이, 사회가 점점 더 아파하고 있습니다.
이제는 대한민국도 착한 의료제도를 가질 때가 되지 않았을까요?

1. 2015년, 대한민국의
병원이 바뀌었다

오늘은 지역주치의협의체에서 모임이 있는 날이다. 정기모임은 1년에 두 번 있고, 오늘은 중요한 회의를 위한 비정기 모임이다. 안건은 요즘 유행하는 뇌막염에 관한 것과 건강검진 수검률을 높이는 방안이라고 했다.

회의 장소가 가까운 곳이라 걸어가기로 했는데, 그러는 동안 유별난은 다시 한번 격세지감을 느꼈다. 바로 얼마 전까지만 해도 그런 보건 사업들은 현장에 있는 의사들이 신경 쓸 문제가 아니라 보건복지부나 자문을 맡은 몇몇 의대 교수들의 역할이라고 여겼기 때문이다. 이렇게 동네에서 진료하는 의사들이 모여 전염병을 어떻게 예방할 것인지, 어떻게 하면 건강검진을 더 잘 받게 할 것인지 머리를 맞대고 대책을 세워보려고 노력한다는 것은 꿈도 꾸지 못했다.

이런 현상은 동네병원을 중심으로 한 1차의료의 역할이 높아졌기에 가능한 일이 되었다. 수십 년 동안 정부나 시민단체들이 하려고 했으나 못 해온 것을 늦게나마 실현하고 있는 것이다.

2007년 말 불어 닥친 세계적인 금융위기로 우리나라 경제도 휘청댔다. 정부는 부랴부랴 자금을 쏟아 부으며 경기를 살리려 했고, 일시적으로 회복하는가 싶었지만 깊고 깊은 불황의 늪에서는 일어설 수 없었다. 일자리는 많이 모자라고 비정규직은 여전히 불안한 위치에 있으니, 기업이나 서민들은 점점 허리가 휘고 있었다.

이명박정부 3년째, 그러니까 2010년 말로 기억한다. 정부는 그동안의 보건정책에 대전환을 만들겠다는 야심찬 기획을 했다. 몇 년간의 통계를 보면 국민들은 살림이 어려워서 가벼운 질병이든 무거운 질병이든 병원 이용을 줄였으며, 아픈 몸을 부여잡고 고통을 삼켜왔다. 정부도 더는 국민들의 힘든 상황을 나 몰라라 할 수가 없었다. 이러다가는 다음 국회의원 선거에서 물먹는 것은 물론, 차기 집권을 장담할 수 없는 상황이었기 때문이었다.

그때까지만 해도 선심성으로 복지나 보건 예산을 뿌려놓았으나 전혀 효과가 없었다. 그래서 보건복지부에서 특별연구팀을 꾸려서 조사해봤더니 의료제도를 바꾸는 것이 장기적인 관점에서 효과를 발휘할 것이라는 결과가 나왔다. 선거만을 의식한다면 일정 정도의 예산을 계속해서 남발하는 게 정부로서는 편할지 모르지만, 보건복지부와 관련 단체들의 간곡한 요청으로 국무총리 산하 직속기구로 '의료개혁위원회'를 꾸려 점진적 개선책을 연구하기로 결정했다. 그러면서 정리된 내용들은 국무회의 때 대통령에게 중요 사안으로 보고되었다.

의료개혁위원회는 우리나라 의료 전반의 문제들을 점검하기 시작했다. 그리고 국민들에게 가장 중요한 것이 동네병원의 역할이라고 판단하고 '1차의료개선 특별위원회'를 따로 만들었다. 1차의료개선 특별위원회는 세계 각국의 1차의료 제도를 비교 평가하며, 우리나라의 현실에 맞는 제도는 어떤 것인지 대안을 만드는 곳이다. 보건복지부 연구원, 의과대학 교수, 동네병원 의사, 시민단체 등이 모여서 오래도록 연구를 하였다.

　이런 연구는 오래 전에도 몇 차례 있었다. 하지만 예전과 다른 점은 언론에서도 적극적으로 공론화했고, 국민들의 관심도 뜨거웠다는 것이다. 수십 가지 대안이 나왔을 정도다. 그러나 특별위원회에서도 제대로 된 정책을 만드는 것이 그렇게 쉽지 않았고, 의견이 엇갈리는 부분이 많아서 통일된 안을 이끌어내기 힘들었다. 그리고 이명박정부의 임기가 끝나가는 시점이라 당장 실현하기도 힘들었다. 1차의료개선 특별위원회는 결국 몇 가지 안을 만들어서 정부에 제안을 하면서, 다음 정부에서 실행하기로 국민들에게 알렸다. 이전 정부 때처럼 일방적으로 추진하려고 하다가 없던 일로 하는 것보다는 다음 정부에서 분명히 실천하기로 하고, 어떤 방식으로 할 것인지는 선거에서 결정하자고 못 박아 두었다.

　2012년 말, 18대 대통령 선거에서 각 후보들은 일제히 주치의제도를 비롯한 1차의료개혁에 관한 공약을 내걸었다. 이전 선거에서도 이 부분을 다루기는 했지만, 그때처럼 구체적이고 심도 있게 정리해 내보인 적은 없었다. 국민들도 이제는 보건이나 복지 공약을 가장 우선으로 보고, 얼마나 실현성 있는지, 진정성이 있는 내용인지까지 따지고 들기 때문에 어느 후보도 소홀히 할 수는 없었다.

　18대 대통령 때도 의료개혁위원회와 1차의료개선 특별위원회는 계속 존속하고 있어서, 이전 연구 성과와 선거 당시의 공약을 다듬어서 공청회도 여러 번 열었다. 제주도를 중심으로 한 1년간의 시범 사업을 토대로, 드디어 2014년 7월 1일부터 전국민주치의제도를 시행하게 된다. 1977년 건강보험 시행 이후 가장 획기적인 의료 혁신이었다.

　여기에 이르기까지는 우여곡절도 많았지만 지속적으로 방향을 제시해준 시민단체, 어느 정도 기득권을 양보한 의사단체의 힘이 컸다. 물론 정부가 의사들의 진료를 최대한 보장하면서 진료수가를 현실화하고, 대학병원이나 응급의료 체계 등 전반에 걸친 개선을 약속했기에 의사들도 믿음을 가지고 공조하기로 한 것이다.

유별난은 당시 텔레비전에서 보건복지부 장관과 의사협회 대표가 전국민주치의제도 합의 내용에 대해 기자회견을 하던 장면을 생생하게 기억한다. 그때 의사들은 대부분 걱정스러운 마음으로 그 장면을 지켜봤다.

이제 주치의제도가 시행된 지 1년이 되었다. 현장의 의사들은 몇 가지 불만을 제외하고는 잘 적응하고 있다. 물론 이 제도의 큰 수혜자는 국민들이다. 이전과 다른 진료 분위기, 안심하고 의사와 건강 얘기를 나눌 수 있는 진료실 등에 만족하고 있다. 요즘 언론에서는 주치의제도 1년을 맞아 어떤 변화들이 생겼는지를 다룬 기획 시리즈를 내놓고 있다. 다른 정책들에서는 극단적으로 의견이 갈리던 언론들도 이번만큼은 비슷한 평가를 내놓았다. 이러저러한 불편함이 아직 남아 있기는 하지만 정부와 국민, 의료인이 중요한 결단을 잘 내렸다는 것이 중론이다.

지난 일을 회상하며 걷는 사이 어느새 지역주치의협의체 회의 장소에 다 왔다. 아담한 건물에 자리 잡은 사무실은 사무 공간과 회의실로 나뉘어 있다. 자리를 함께한 의사들과 인사를 나누며 유별난은 참 잘됐다는 생각을 다시 한다. 언제 일선 의사들이 이런 내용을 가지고 모임을 가질 수 있었겠는가?

2. 새 주치의를 만나다

주치민 씨는 새로 이사를 왔다. 남편의 근무지가 바뀌어서 회사에서 가까운 주택가로 집을 옮긴 것이다.

이사 와서 제일 먼저 해야 할 일은 집 근처에 괜찮은 동네병원을 찾는 것이다. 어린 아이가 둘이라 아프면 당장 데려가야 할 병원을 찾는 것이 급선무이다.

이럴 때는 동네 엄마들에게 물어보는 게 제일 좋다. 이사 왔다고 인사도 할 겸 몇몇 엄마들을 만나서 물어보았다. 엄마들 말에 따르면 OO의원은 친절하고 잘 본다고 소문이 났다고 한다. 하지만 등록 환자가 많아 예약하기 힘들고, 의사가 두 명뿐이어서 진료할 때도 오래 기다려야 한단다. 집에서 먼 것도 마음에 걸렸다. □□의원은 환자들에게 성실하다고 알려져 있는 데다가 집 가까이 있었다. 얼마전에는 의사 한 명이 더 들어와서 네 명이 진료를 한다고 했다.

정보를 들어도 고르기가 쉽지 않다. 결국 주치민 씨는 남편과 의논해서 가까이 있는 □□의원을 택했다. 네 명의 의사가 있으면 담당 의사가 없는 때라도 다른 의사에게 진료를 받을 수 있을 것이기에 고심 끝에 결정한 것이다.

주치민 씨는 두 아이를 데리고 주치의 등록을 하러 갔다. 가족 네 명을 등록하고 등록비 2만 원을 냈다. 등록비는 개인당 내는 것이 아니라 세대별로 낸다. 등록비는 1년마다 내고, 이사를 해서 새로운 의사에게 등록할 때면 다시 내야 한다. 그 점은 좀 불만스럽지만, 대신 등록할 때마다 초기 상담이 이루어지기 때문에 가치가 있다고 생각하게 된다.

간호사는 주치민 씨와 아이들의 키, 몸무게 등을 재서 기록하고, 간단한 설문지를 작성한 후 의사에게 넘긴다. 간호사는 가족의 건강 문제들도 꼼꼼히 묻고 기록했다.

전에 다니던 병원에서 금방 기록을 다 보내왔기 때문에 의사와 길게 대화를 나누지 않아도 됐다.

"작은 아이가 아토피가 있네요? 요즘은 많이 안 긁나요?"

새로 만난 의사의 이름은 유별난이었다. 흰 가운이 아닌 단정한 와이셔츠를 입은 유별난 씨는 서류를 훑어본 다음 둘째 아이에 대해서 먼저 물어왔다.

"괜찮아졌었는데 새로 이사를 와서는 다시 긁기 시작해요."

의사는 첫째를 진찰하고 나서 둘째 아이는 옷을 들어 올리고 여기저기 살펴본 다음 요즘 상태는 어떤지 자세히 물었다. 의사는 아토피에 대해 주치민 씨가 어느 정도 아는지 알아보려고 대화를 나눈다. 그러고는 리플릿을 건네며 아토피 아이들을 어떻게 관리해야 하는지 자세히 가르쳐준다. 하지만 주치민 씨는 이전 의사로부터 이미 교육을 잘 받았기 때문에 웬만큼 다 알고 있다.

의사는 둘째를 위해 연한 스테로이드연고를 처방해줬으며, 주치민 씨까지 진찰을 했다. 그런 뒤 지방간이 있는 남편은 언제 혈액 검사를 했는지, 살찌지는 않았는지 간단히 물었지만 자세한 것은 남편이 들렀을 때 물어보기로 하고 등록 절차를 마쳤다.

등록은 의사를 만나서 진찰을 받고 몇 가지 대화를 나누면 끝이다. 물론 아플 때 들러도 되지만 혹시 아이가 갑자기 아플 때 병원을 찾아서 등록을 하려면 복잡하기 때문에 미리 들러서 등록을 해두는 게 좋다는 것을 아이 키우는 엄마는 안다.

접수실에는 자기처럼 새로 등록을 하는 사람이 몇 명 보였다. 등록 인원에 제한이 없어서 어떤 곳은 환자들이 너무 많아 문제가 되기도 한다. 이사를 가거나 특별한 이유가 있어서 등록을 옮기기도 하지만, 환자가 많은 곳에서는 진료 시간이 충분하지 않기 때문에 사람들은 다소 여유가 있는 의원으로 옮기려는 경향이 있다.

주치의제도를 처음 시행할 때 등록 기간을 정하느냐 마느냐를 둘러싸고 논쟁이 많았는데, 강제로 기간을 정하지 말고 자유롭게 옮길 수 있도록 하자고 결정이 나서 사람들은 편하게 의사를 선택할 수 있다. 하지만 등록비가 2만 원이다. 새로운 병원에 가서 등록할 때마다 등록비를 내는 게 아까우면 함부로 옮기지 말아야 한다. 돈도 문제지만 이제는 충분한 시간을 들여가면서 진료를 하기 때문에 대개 다 성실하고 환자들도 만족하므로 웬만하면 옮기지 않는다. 작년 평가를 보면 90퍼센트가 넘는 국민들이 주치의를 정한 뒤 1년 동안 옮기지 않았다고 한다. 자유롭게 주치의를 바꾸게 했는데도 말이다.

정부에서는 정책 평가를 할 때 동네병원을 옮겨 다니는 비율이 높아지면 주치의제도를 하는 취지에 어긋나기 때문에 6개월이나 1년 정도로 일정한 등록 기간을 정하는 방식을 택하자고 의사협회와 약속한 상태이다. 하지만 지금과 같은 모습이라면 굳이 그럴 필요까지는 없을 것 같다.

주치의제도 시행 전 해결해야 할 문제들

등록, 등록 기간, 등록비, 등록 주민 수, 진료비, 주치의 자격에 대하여

주치의에게 등록한다는 것은 앞으로 나와 우리 가족의 주치의로서 당신(의사)과 계약한다는 뜻입니다. 그 방법에는 나라마다 약간씩 차이가 있습니다.

대부분의 나라에서는 개인이 사는 지역의 주치의에게 등록을 하는 방식을 씁니다. 네덜란드처럼 2006년부터 전국민을 대상으로 한 민간 건강보험 체계로 전환한 경우에는 사는 지역에 가까이 있으면서 자기가 가입한 민간보험회사와 계약한 의사 중에서 주치의를 정합니다. 공통적인 것은 가족 단위로 등록했을 경우에는 등록자들에게 인센티브를 준다는 겁니다. 주치의란 개인뿐만 아니라 가족의 건강을 담당하는 의사라는 것을 강조하는 것입니다.

등록 기간도 약간씩 다릅니다. 영국처럼 1년으로 등록 기간을 정해서 다른 동네병원 의사에게 진료를 받지 못하도록 하는 경우는 다른 의사에게 진료받을 때 비싼 진료비를 감수해야 합니다. 그 외 여러 나라들은 등록 기간을 정하지 않습니다.

그런데 등록 기간을 정해놓지 않았어도 1년마다 평가를 해보면 원래의 주치의에게 진료를 받는 경우가 대부분이고, 주치의를 바꾸는 경우는 거의 없답니다. 강제로 정해준 것도 아닌데 말입니다. 그것은 어느 의사를 택하든 진료 내용에 만족하고 있다는 의미입니다.

등록을 할 때는 등록비로 일정 액수를 주치의에게 내는 경우가 있습니다. 이것 역시 나라마다 달라서 본인이 내는 경우가 있고, 국가에서 내주는 경우가 있고, 민간보험으로 운영되는 경우 민간보험회사에 가입하면서 일정액을 보험료로 내기 때문에 그것으로 충분한 경우도 있습니다. 개인이 직접 등록비를 내는 경우에도 액수는 많지 않고 가족 등록의 경우 혜택이 있습니다.

우리나라 정부와 여러 연구자들이 10년 넘게 주치의제도를 연구하면서 제안한 액수는 2만 원에서 5만 원 정도까지 다양합니다. 전액 개인부담으로 하자는 연구도 있고, 국가가 50퍼센트를 부담하자는 주장도 있습니다. 이 부분부터 논란이 많아집니다. 의사들 입장에서는 등록 관련 서류를 만들고 환자를 관리하며, 의뢰를 위해 서류를 작성하는 일 등에 보상이 따라야 한다고 보기 때문입니다.

등록 인원을 정하는 데에도 다양한 의견이 있습니다. 등록자 수를 의사 1인당 1,000~2,500명, 가구 수로는 600~1,000가구로 제한을 두자는 주장도 있고, 아예 제한을 두지 말자는 주장도 있습니다. 등록 인원이 많고 적음에 따라 진료의 질이 달라질 수 있기 때문에 제한을 둘 것인가 말 것인가는 중요한 논란거리입니다.

등록에 제한을 두지 않으면 환자 유치 경쟁이 치열해서 부작용이 생길 수 있습니다. 지역에 따라서는 의사들이 기피하는 곳이 생길 수도 있고, 반대로 환자 수가 많아지면 아무래도 진료 시간이 충분하지 못해서 진료의 질이 떨어질 수 있습니다. 지금처럼 1, 2분 진료를 하게 됩니다.

한편, 등록한 주치의를 바꿀 때는 특별한 사유가 있어야 가능하게 하자는 것이 연구자들의 일반적인 의견입니다. 주치의는 바꾸지 않더라도 등록한 의사에게 진료받지 않고 다른 의사를 찾았다든지, 의뢰서 없이 2, 3차병원이나 전문의 진료를 받았을 때는 보험 적용이나 기타 이익을 제한시켜야 한다는 것입니다.

주치의를 바꾸려면 특별한 사유 규정을 따라야 하고, 그 외에는 새로 등록비를 내게 한다든지, 약간의 불이익을 가할 수 있습니다. 사실 자기가 원해서 주치의를 바꿀 정도라면 많지 않은 등록비가 환자들에게는 그다지 큰 부담은 아닐 수 있습니다. 그래서 주치의를 바꾸면 어떤 불이익을 줄 것이냐를 크게 고민할 필요는 없어 보입니다.

주치의 등록을 하면 1차로 진료나 상담을 받고, 필요시 주치의를 통해 2차병원이나 전문의 진료를 받을 수 있게 됩니다. 다소 불편하지만 그렇게 하는 것이 결국 환자에게도 이익이고, 국가 차원에서도 이익입니다. 제대로 된 의료전달체계를 정착시켜야 하기 때문입니다.

절차를 밟으면서 진료를 받을 수 있게 하는 것, 이것은 주치의제도의 핵심입니다. 마음대로 의사를 선택하던 우리에게는 처음에 조금 불편하게 느껴지겠지만, 금방 익숙해진다는 것을 외국 사례를 통해서 알 수 있었습니다.

3. 환자는 줄고, 만족감은 늘고

유별난은 요번에 새로 의사 한 명을 자기 병원에 영입했다. 세 명의 의사가 환자들을 보고 있었지만 효율적으로 진료하기 힘들었기 때문이다. 환자들을 많이 보면 수입이 늘지만 시간에 쫓겨서 제대로 진료할 수도 없고, 예약이 밀리거나 진료 시간이 충분하지 못해서 주민들의 불만이 높아지므로 네 명이서 병원을 운영하기로 했다. 정부에서도 집단병원 운영을 적극 권장하고, 의사들도 여유가 생겨서 여러모로 좋다.

주치의제도가 시작되기 전까지만 해도 환자들이 많든 적든, 간단하게 진찰만 하면서 진료를 하던 기억을 떠올려본다. 감기든 폐렴이든 상관없이 진료 시간은 5분을 넘기지 않았다. 환자가 밀리면 1분 진료를 할 때도 있었다. 하지만 지금은 가볍게 아파서 왔더라도 조곤조곤 살펴보며 충분히 진료할 수 있다. 주의사항 같은 것들도 잘 설명할 수 있어서 환자들이 아주 흡족해한다.

달라진 것은 또 있다. 많이 아프지 않다면 집에서 처리할 수 있도록 교육을 할 수 있기 때문에 병원을 찾는 환자들이 적어졌다는 것이다. 오늘도 오십견 때문에 몇 번 찾아왔던 아주머니 한 분이 오랜만에 들렀다. 유별난이 진찰을 하면서 어깨 상태가 많이 좋아졌으며, 이제는 진통제도 필요 없을 거라고 했더니 무척 좋아한다.

"전에는 손이 허리 위로는 안 올라갈 정도였는데 지금은 이렇게 쉽게 올라가잖아요."

"어휴, 너무 좋아요. 그때는 목욕탕에서 때도 못 밀었잖아요."

앞으로도 어깨 운동을 자주 하라고 일러주고는 보냈다. 몇 년 전 같으면 시간에 쫓기거나 게을러서 차분히 운동하는 방법을 가르칠 엄두도 내지 못했을 것이다. 당연히 진통제나 주사만 계속 투여했을 테고 말이다.

환자가 줄었으니까 의사들 수입이 줄었을 것 같지만 전혀 그렇지 않다. 등록비도 받지만 의사들의 주 수입원은 아무래도 진료비이다. 요즘은 하루에 30명 정도의 환자를 보는 것 같다. 이전 같으면 70명, 100명 넘게 보려고 애를 썼는데 이제는 그렇게 무리해서 환자를 보지 않아도 된다. 예약 환자를 중심으로 정해진 시간에 여유 있게 진료를 하면 된다.

환자 교육이 잘되어서 웬만하면 병원을 찾지 않아도 되니까 환자가 줄었고, 예약을 하고 병원을 찾아야 하니까 환자들도 꼭 필요한 경우가 아니면 간단한 전화 상담으로 해결하려고 한다. 환자들이 병원을 덜 찾으면 그만큼의 비용을 진료수가를 높이는 데 돌아가도록 했기 때문에 환자를 적게 봐도 된다.

비용이 준 것이 또 있다. 주치의제도를 하면서 고혈압, 당뇨 등 만성질환자 관리가 잘되어서 합병증 때문에 발생하는 높은 의료비가 절감되었다. 그 비용 또한 주치의들에게 인센티브로 주게 되어 제도 실시 이후 동네병원 의사들은 대부분 수입이 다소 늘었다고 한다. 물론 하루에 200~300명 진료를 해온 소문난 의원들은 수입이 줄었겠지만……

이 제도를 시행하기 전에는 논란이 많았다. 쟁점 중 하나가 등록 환자의 수를 제한할 것인가 말 것인가였다. 결국 주치의제도 초기에는 환자들을 등록받을 때 제한을 두지 않기로 정부와 의사협회 간에 합의를 했다. 그래서 무한정 환자를 등록시켜서 볼 수는 있지만, 지역주치의연합회는 적절한 만큼만 등록 환자들을 받으라고 권고한다. 하지만 굳이 권고나 강제를 하지 않아도 한곳에 등록 인원이 몰리면 주민들이 불편해하므로 일부는 곧 다른 곳으로 옮겨가버려서 자연스럽게 적절 등록 인원으로 조정된다.

그리고 지역주치의연합회에서는 주민 수에 비해 의사가 부족하지도, 넘치지도 않도록 개원 의사들을 조절하기로 되어 있다. 의사가 부족하면 신문에 광고를 내기도 해서 필요한 의사를 불러들인다.

등록 기간을 강제로 정하지 않으면 환자들이 자주 의원을 바꾸면서 다닐 수 있으므로 주치의제도의 취지가 무너지지 않을까 많은 우려를 했었는데, 요즘 추세를 보면 기우였던 것 같다. 주치의제도를 하는 외국에서도 등록 기간이 끝나면 같은 의사에게 다시 등록하는 경우가 대부분이라는 결과가 나온다. 의사가 마음에 들고 안 들고의 문제는 그 의사의 월등한 실력도 중요하지만 환자를 친절하게 대하고 잘 설명해 주면서 어떻게 찾아가더라도 믿음이 가게 하는 데서 찾을 수 있는 것이기 때문인 것 같다.

이 제도를 시행하기 전에도 우리나라 건강보험공단의 통계 자료를 보면, 하나의 질병을 가지고 여러 병원을 바꾸어가며 진료를 받았다는 수치는 아주 적게 나온다. 그 의미는 이미 우리나라 사람들도 자기를 늘 보던 의사에게서 진료받기를 원한다는 뜻이다.

4. 누가 주치의를 맡을까?

유별난과 함께 일하게 된 새로운 의사는 산부인과 전문의이다. 산부인과 의사가 산모를 돌보거나 부인과 질환을 봐야지 왜 동네병원에서 진료를 할까 의아할 수도 있겠다.

아주 오래 전에 주치의제도를 논의할 때 내과, 가정의학과, 소아과 등 일부 과에만 동네병원에서 주치의로 일할 수 있는 자격을 주자고 한 적이 있다. 그러나 주치의제도 추진위원회에서는 오랜 논의 끝에 전문의 비중이 월등히 높은 우리나라에서 일반의 역할을 할 의사를 일부 과로 국한시키는 것은 현실을 무시하는 것이라고 판단을 내렸다.

어떻게 될지 예측이 안 되는 상황에서 일부에게만 주치의 자격을 준다면 참여할 의사가 별로 없었을 것이었다. 참여 의사들이 적으면 결국 이 제도도 실패했을 것이다. 처음부터 주치의 자격에 제한을 두자는 주장을 따랐다면 떡 줄 사람은 생각도 안 하는데 김칫국부터 마시는 격이 될 뻔했다.

이번에 유별난 병원에 합류한 의사도 산부인과 전문의이지만 3개월 동안 일반의 연수를 거쳤다. 산부인과 분야에서 유별난이 도움 얻을 일도 많을 것이다. 함께 진료를 하다 보니 소아나 내과 진료에서 그다지 어려워하는 것 같지 않았다. 의과대학 다닐 때 배웠던 1차의료 내용들을 기억하고, 연수를 받으면서 다시 익혔기 때문이다. 그래도 어려운 것이 있으면 유별난과 의논하면서 진료를 하므로 무난히 자리 잡아가는 것 같다.

"얼마 전까지만 해도 산부인과 개원을 하고 있었는데 출산율이 줄어들어 경영 압박이 컸어요. 또 아이를 받는 과정에서 위험이 너무 많아서 힘들기도 했고……."

그래서 전공에 관계없이 일정한 연수만 받는다면 주치의 자격을 얻을 수 있다기에 미련 없이 동네병원 진료를 하기로 마음먹었단다.

만약 일부 의사들에게만 주치의 자격을 주기로 했다면 초기에 자발적으로 주치의로 나서는 의사들은 10퍼센트도 안 되었을 것이다. 1998년 프랑스의 실패 경험을 봐도 그렇다. 10퍼센트의 의사들로는 각 지역의 주치의로 만들어서 그곳의 의료 문제를 해결할 수 없다. 동네병원 의사가 적어도 50퍼센트 정도는 되어야 제대로 된 1차의료 서비스가 가능하기 때문이다. 제도 시행 초기부터 시스템이 제대로 굴러가지 않으면 부작용만 많이 부각된 끝에 제도는 결국 실패하기 십상이다.

이제 5년 뒤에는 가정의학과를 확대한 1차의료 전문 양성 수련제도가 정식으로 생긴다고 한다. 그러면 지금처럼 각 전문과에서 지원을 받지 않더라도 본격적으로 1차의료를 전문으로 한 의사들이 동네병원을 맡게 될 것이다.

5. 동네주민, 주치의를 두다

"우리 아이는 천식에다가 아토피가 있어서 늘 감기를 달고 살고, 날씨가 건조해지면 피가 나도록 긁어대요."

"저는 고혈압인 줄 모르고 있었는데, 동네병원에서 고혈압을 발견하고는 혈압강하제를 복용하고 있습니다. 약만 잘 먹으면 되는 줄 알았더니 심장병이나 중풍 등 합병증이 생길 수 있으니 조심하라고 하네요."

"이제 50대 후반인데 암이 걱정됩니다."

아이들을 데리고 있는 부모들이나 만성질환을 앓는 사람들, 암이나 여러 가지 악성질환들을 걱정하는 사람들까지도 동네병원에서 주치의와 상담하면서 문제점을 의논하고, 여러 가지 예방이나 검사들을 하면서 차분히 관리할 수 있게 되었다.

번갯불에 콩 볶아 먹는 것처럼 진료할 수밖에 없던 과거에는 물어볼 수도, 들을 수도 없는 것들을 이제는 의사와 마주 앉아서 의논할 수가 있다. 예전 같으면 5분이라도 상담을 할 수가 있었겠는가? 하지만 지금은 미리 예약만 하면 충분한 시간을 들이면서 자신의 건강에 대해서 상담할 수 있게 되었다.

지방간이 있는 주치민 씨 남편도 운동하고 살을 빼라는 말만 들었을 뿐, 오늘처럼 자세히 얘기를 들을 기회가 예전에는 없었다.

오늘 주치민 씨네 가족은 등록해 있는 동네병원을 찾아갔다. 며칠 전 했던 혈액 검사 결과도 볼 겸, 상담을 위해 찾아갔던 것이다. 건강검진도 이전처럼 힘들게 하지 않아도 되었다. 필요할 때 찾아가면 기본적인 검사에다가 그 사람에 맞는 검사들을 추가한 맞춤형 건강검진을 할 수 있기 때문에 아주 효율적이다. 의사가 권하지 않더라도 자기가 원하는 검사가 있으면 일부 자기 부담으로 할 수도 있다.

"여기에서 한 혈액 검사로는 간기능 수치가 약간 높게 나와요. 간염 바이러스는 원인이 아니고, 초음파 검사로도 지방간인 걸로 나왔습니다. 여전히 지방간이 회복되지 않아요. 콜레스테롤 수치도 높아요. 정상으로 만들지 않으면 나쁜 영향을 끼치니 식이요법이나 운동을 제대로 해야 할 거예요."

"술도 줄였고, 음식도 조심해서 먹으려고 합니다. 다만 운동을 꾸준히 하는 게 힘들어요."

"키가 175센티미터인데 몸무게가 82킬로그램이에요. 비만이기 때문에 살을 빼야 하는데, 습관이 안 되어 당연히 어렵죠. 식사 때는 꼭 일정량을 먹는다고 자기 최면을 거세요. 단 5초만 생각하는 습관을 들여도 효과가 좋습니다. 운동은 엘리베이터나 에스컬레이터 덜 타기, 자가용 덜 타기, 출퇴근길에 한 정거장 걸어 다니기 같은 걸 해보세요. 그러면 특별히 피트니스 센터에 돈 내고 다닐 필요가 없죠. 충분한 운동이 됩니다. 이렇게 하면 일주일에 0.5~1킬로그램 정도는 충분히 줄일 수 있어요."

주치의인 유별난은 칼로리 북을 가져와 보여주면서 식사량을 어떻게 할지, 살을 뺐을 때 건강상의 이점으로 어떤 것이 있는지 열심히 가르쳐준다.

"쉽죠? 이것저것 먹지 말아야지 하면서 억지로 하는 것보다 이 정도만 먹어야지 하는 긍정적인 생각으로 조금만 관심을 기울이면 쉽게 돼요. 보름만 해보세요. 그러면 식욕도 가라앉고, 몸도 가벼워져서 자신감이 생긴답니다. 그러면 저절로 계속 살이 빠져나가요."

주치민 씨의 남편은 밑져야 본전이라고 생각하고 유별난의 말을 따라 일단 보름 동안 열심히 해보기로 했다.

2주가 지나서 다시 병원을 찾았을 때 몸무게를 재보니 80킬로그램이었다. 약간의 노력만 했는데도 2킬로그램이나 줄었다. 아직 몸이 가벼워졌다는 느낌은 없지만 줄어든 몸무게를 보니 흐뭇했다.

음식은 특별히 가리지 않았다. 군것질을 잘 안 하는 편이라 식사 때만 주의하면 됐다. 밥상에 앉았을 때마다 이 정도만 먹어야지 하는 생각을 조금 해줬을 뿐인데 정말 이전처럼 배부를 때까지 먹지 않게 되었다.

주치민 씨 남편은 4개월 만에 몸무게가 70킬로그램으로 줄었다. 혈액 검사를 다시 했더니 콜레스테롤 수치와 간기능 수치 모두 정상이었다. 몇 달이 지나는 순간부터는 식이요법이나 걷는 것이 습관이 되어서 그다지 어렵지 않았다. 그저 편하게 돌아가는 일상처럼 느껴질 뿐이었다. 안 될 줄만 알았던 것이 이렇게 쉽게 될 줄은 꿈에도 몰랐다.

주치민 씨네만이 아니다. 같은 동네에 사는 어떤 분은 건강검진을 안 하고 살다가 유별난의 강권을 못이겨 검진을 받았는데 위암 초기로 나왔다. 걱정이 컸지만 수술을 받고 어렵지 않게 완치할 수 있었다. 또 당뇨약만 복용하면 되는 줄 알았는데, 합병증 예방을 위해 안과 등 정기적인 검사가 필요하다는 유별난의 조언에 따라 1년마다 검사를 받고 있는 환자도 있다. 주민들이 동네병원이 이전과는 달라졌다는 것을 느끼게 되었다.

이런 것들은 모두 주치의제도가 생기면서 바뀐 모습들이다. 예전 같으면 어느 의사가 진료받으러 갔을 때 건강검진을 챙겨주었겠는가? 혈당 수치를 보고 당뇨약만 처방해주었지, 일일이 어떤 합병증 위험이 있으니 이러저러한 검사를 받으라고 권하는 경우는 드물었다.

하지만 제도가 바뀌면서 주민들에게 불편한 점들도 생겼다. 주치의에게 가면 진료비가 이전보다 싸지만 주치의가 아닌 다른 곳에서 진료를 받으면 진료비를 5,000원이나 내야 한다. 진료비를 저렴하게 한 것은 등록비를 내는 환자들의 부담을 덜고 제도를 처음 받아들이는 국민들을 배려하기 위해서라는 생각이 든다.

주치의에게 진료를 받을 때 진료비를 무료로 하면 의료 이용이 무한정 늘 것이라는 걱정과, 그다지 늘지 않을 것이니까 걱정할 것 없다고 하는 상반된 의견으로 논쟁이 되기도 했다. 하지만 아무리 공짜라도 시간과 정력을 쏟아가면서까지 병원 가는 것을 즐기지는 않는다는 주장이 받아들여져서 그렇게 정리가 되었다. 사실 환자들이나 보호자들은 불안하고 잘 모르니까 큰 이상이 아닌데도 병원을 찾는 것이다. 실제로 의사들의 경험을 들어보면 환자들에게 증상에 대해 이해하게 만들고, 그것을 다루는 방법들을 충분히 교육하면 비슷한 증상으로 다시 병원을 찾는 횟수가 훨씬 준다고 한다.

또 다른 불편함은 몸살이 심하거나 갑자기 배가 아파도 아무 병원이나 찾아가기가 쉽지 않다는 점이다. 주치의병원이 아닌 경우는 5,000원이나 되는 진료비도 문제이지만 예약하기가 어렵고, 찾아가면 2~3시간 기다리는 것이 보통이다.

제도를 시행하다 보니 이렇게 불합리하다고 느껴지는 것들이 차츰 보이기 시작했다. 주치의병원이 아닌 곳에서 진료비를 비싸게 내는 것까지는 이해할 수 있는데, 예약하지 않더라도 예약 환자들 사이에 일반 환자들을 보도록 시간 배정을 했으면 좋겠다는 생각이 들기도 한다. 그러면 급히 찾아온 환자들이 오래 기다리지 않아도 진료를 받을 수 있을 것이다.

대체로 주치의제도를 하면서 좋은 점들이 많아졌지만 불편하거나 불합리해 보이는 것들도 하나, 둘 눈에 띈다. 그러나 정부와 시민단체, 주치의협의체가 평가를 거쳐 보완해나갈 것이라고 믿는다.

6. 주치의의 하루

유별난은 출근을 하면 일단 최근 전화 상담을 하면서 걱정이 되었던 환자들 명단을 챙긴다. 일일이 직접 접촉하지 않았기 때문에 간호사가 표시를 해뒀거나 유별난이 필요하다고 생각되는 명단을 골라서 몇 명에게 전화를 건다.

"배 아픈 것은 괜찮나요? 다행이네요. 그러면 맹장염이나 이상한 쪽으로는 가지 않을 겁니다. 배를 따뜻하게 하면서 며칠 음식도 주의하세요."

오전 9시 30분부터는 예약 환자 진료가 시작된다. 유별난은 진료 중에 간단한 전화 상담을 받기도 한다. 보통은 간호사가 지침에 맞게 환자의 상담을 담당하지만, 필요한 경우는 유별난이 직접 상담을 수행한다.

주치의제도를 시작하면서 의사들은 충분한 시간을 들여 환자를 진료할 것, 환자들에 대한 교육을 충실히 할 것을 약속했다. 거기에 예방접종, 의뢰서 작성까지만 기본 주치의 서비스로 정했고, 전화 상담은 적은 비용이지만 환자 부담으로 했다.

다른 서비스들은 제도 시행 이전에도 어느 정도 해왔기 때문에 문제가 되지 않는데, 전화 상담은 다소 낯선 부분이다. 병원을 직접 찾는 것보다는 전화로 물어보는 것이 환자들로서도 편하기 때문에 아주 많을 줄 알았는데, 생각보다 적었다. 간호사가 주로 전담하고, 일부는 의사가 상담을 하므로 시간 부담이나 어려움이 적은 편이다.

다른 전문의나 종합병원으로 의뢰를 하는 일에도 성실함이 팍팍 묻어난다. 진료의뢰서도 이전처럼 시간 없다고 대충 쓰는 것이 아니라, 환자의 상태에 대해서 자세히 적고 검사 결과나 참고할 것들을 꼼꼼히 첨부해서 보낸다. 진료의뢰서 작성에 일정한 비용을 매길 것인가 말 것인가는 아직도 논란이지만 하루 일과 중 큰 부담이 없으면 무료로 하는 것이 맞는 것 같다.

지금의 주치의제도를 평가할 때면 주치의 서비스 내용은 끝도 없이 많은데 과연 어디까지를 의사가 담당해야 할 것인가가 논란거리가 된다. 의사들은 필요한 진료는 하되, 일정한 기준이 넘는 진료에는 본인 부담을 지워야 한다는 입장이고, 진보적 정당이나 단체에서는 본인 부담 없이 거의 모든 주치의 서비스를 해야 한다고 주장했다. 과거에는 주치의제도를 우리 실정에 맞게 시작하면서 조금씩 고쳐나가자고 의견을 모으는 것이 아니라 이렇게 해야 한다, 저렇게 해야 한다 자기들의 주장만 내세우다보니 제도 시행이 늦춰지고 말았다. 한참 뒤에야 이러다가는 우리 의료계가 왜곡되고, 국민들의 의료 부담이 걷잡을 수 없이 늘어날 것이라는 위기감을 깨닫고 조금씩 주장을 완화하고 제도 시행에 합의함으로써 비로소 주치의제도가 시작되었다. 진작 우리 현실에 맞는 제도에 목적을 두고 낮은 수준이나마 시작을 했으면 좋았는데 갑론을박하다가 세월만 보낸 것이다. 그래도 지금이라도 제도가 시행되어 정말 다행이라고 유별난은 고개를 끄덕였다.

의사들의 경우 아주 기본적인 서비스만 무료로 제공하고, 나머지는 본인 부담으로 해야 한다고 했지만 그것은 너무 자신들의 처지만을 생각하는 면이 있었다. 정말 필요하고 중요하다면 기본 진료 서비스로 넣어야 하는 게 맞다.

처음 주치의제도를 준비할 때는 진보적인 정당이나 단체 모두 한결같이 주치의 서비스 전부를 기본 서비스로 넣어야 한다고 했다. 환자가 오면 시간을 들여서 자세히 문진을 하고, 가족력을 조사하고, 아픈 부분에 대해서는 진찰과 치료를 하고, 예방접종을 하고, 건강 교육도 하고, 전화 상담도 하고, 방문 진료도 하는 이 모든 것들을 기본 서비스로 해야 한다는 주장이었다. 그 전부를 기본 서비스에 넣어서 의사가 담당하는 것도 힘들지만, 무료로 하는 것도 무리수이다.

유별난은 일주일에 두 번, 오후 시간을 방문 진료 시간으로 비워놓는다. 진료실에 있지 않고 약속된 환자를 방문해서 진료하는 것이다. 유별난의 병원은 네 명이 함께 진료하니까 어느 의사가 자리를 비워도 환자들을 보는 데 부담이 없다.

방문 진료를 하는 분들은 병원에 못 나올 정도로 거동이 불편한 경우가 대부분이다. 동네보건소와 연계가 돼서 명단과 치료 내용들을 공유하기 때문에 효율적으로 관리할 수 있다.

안타깝지만 환자들을 방문할 때는 방문 진료비를 받도록 되어 있다. 한 명 방문에 평균 2시간 정도가 걸리기 때문에 그만큼의 비용 발생을 해당 환자들에게 부담하게 한 것이다. 다행인 것은 보험으로 처리가 되므로 비용의 일부만 본인 부담으로 내고, 저소득층은 전액 정부에서 지원한다는 점이다.

방문 진료를 하는 날은 많으면 3, 4명 정도를 본다. 치매 어르신들이나 중풍이나 사고로 거동이 불편한 분들이기 때문에 관절 운동, 건강이나 영양 상태 점검, 기본적 진찰, 일상생활 동작 운동 교육이 주된 방문 내용이다. 보건소나 방문 요양 서비스에서 하는 일들과 겹치지 않게 의사가 해야 할 역할들을 하면 된다.

"할머니, 식사 잘하세요. 가르쳐드린 운동도 열심히 하고요. 다음에 들렀을 때 열심히 안 했으면 할머니하고 얘기도 안 할 겁니다. 아셨죠?"

"어이구, 알았어. 열심히 할게."

중풍으로 누운 지 1년이 되는 할머니는 처음 병원에 있었을 때의 우울한 기분을 어느 정도 잊고 요새는 열심히 운동을 한다. 하지만 굳어버린 팔과 다리를 펴는 운동이 너무 아프다며 가끔은 잘 안 하려고 해서 유별난은 약속을 단단히 하고 집을 나선다.

이와 같은 방문 진료 서비스는 외국에서도 잘 안 한다고 들었다. 과거에 병원도 없고, 운송 수단도 적을 때에는 의사가 멀리 있는 집까지 찾아가서 진료를 했지만, 요새는 교통도 좋고 차도 많아서 어떻게 해서든지 병원에 모시고 올 수 있으므로 방문 진료란 것 자체가 사라진 것이다. 대신 자동차도, 가족도 없어서 올 형편이 못 되면 자원봉사자들이 찾아가 병원 가는 것을 도와주기도 한다. 외출이 힘든 경우는 보건소 같은 진료소에서 의사가 방문하기도 한다.

요즘같이 병원까지 거리가 가깝고, 교통이 편리해진 우리나라 현실에서 이런 서비스가 크게 필요하지 않을지도 모른다. 하지만 아주 간혹일지라도 주치의의 방문 진료는 필요할 때가 있다. 이전부터 만나던 환자든지, 새로 알게 된 환자든지 항상 가까이 있으면서 누구보다도 잘 진료할 수 있으므로 주치의 서비스에 들어간 것 같다.

진 료 의 뢰 서

등록번호 :
연 번 호 :　　　　　　　　주민등록번호 :　　　　　　—

성　명	홍 길 동	성별	⑤ · 여	생년월일	1964년 5월 10일	만 51 세
주　소	서울시 구로구 구로동 4321번지					
상 병 명	항문 출혈			한국 질병 분류 기호		
진료 기간	2015년 4월 24일 ~ 2015년 5월 4일			진료 구분		1. 입원 2. 외래

환자 상태 및 진료 소견	51세인 환자는 내원 하루 전부터 아침에 대변을 눌 때 위의 증상이 반복되어 저희 의원에 내원하였습니다. 3달 전에도 약간 피가 비치는 증상이 있었다고 합니다. 변비 증상이나 변이 가느다랗게 나오는 현상은 없었다고 합니다. 혈변의 색깔도 검지 않고 선홍색이었다고 합니다. 복부 진찰에서는 만져지는 혹이나 특이한 점이 없었고, 직장수지 검사에서는 치핵이나 만져지는 혹은 없었습니다. 대변 검사에서는 대변잠혈반응 '양성'으로 나왔고, 혈액검사에서 CEA 수치가 높게 측정되어 직장암 등을 감별할 필요가 있어서 의뢰 드립니다. ※ 환자에게는 악성의 가능성도 말씀드렸습니다. ※ 대변 검사와 혈액 검사 결과 첨부합니다.

2015 년　5 월　4 일

면허번호 : 54321　　　　　　　　　주치의 이름 : 유 별 난　　　(서명/인)

주치의 지정번호 : 12345

진료기관 이름 : 새로운 의원

진료기관 주소 : 서울시 구로구 구로동 1234번지
　　　　　Tel. (02) 234-5678　　　Fax. (02) 234-5679

7. 새로워진 예방접종

주치민 씨는 얼마전 주치의병원으로부터 문자메시지를 받았다. 거기에는 큰 아이 다운이가 추가접종을 해야 할 항목이 적혀 있었다.

정다운 어린이

MMR, DPT, 소아마비

4~6세 추가접종 예정

조만간 병원 방문 요망

– 새로운 의원 *^^*

맞벌이를 하는 주치민 씨는 아이가 갓난애였을 때는 꼼꼼히 예방접종 수첩을 보면서 접종을 챙겼지만, 아이가 크면서 차츰 추가접종을 해야 한다는 것을 잊어버리고 있었다. 다행히 휴대전화 문자메시지가 와서 편리한 시간에 주치의병원에 가서 남은 접종을 할 수 있었다. 물론 비용도 들지 않았다. 예전에는 보건소에서만 무료였지만, 이제는 기본적인 접종을 동네병원에서도 무료로 받을 수 있다.

둘째 아이는 두 돌이 다 되어가는데 마찬가지로 주치의가 접종 일정을 그때그때 알려준다. 필수 예방접종이 아닌 것들도 주치의가 시기를 알려주는데, 그것들은 국가에서 절반 보태주므로 필요하다 싶으면 큰 부담 없이 맞출 수 있다. 둘째 아이에게는 A형간염, 세균성뇌수막염, 폐구균 백신을 맞혔다. 아직까지는 필수 예방접종까지만 주치의병원에서 무료로 하는데, 그 효율성이 입증이 되어서 몇 년 지나면 A형간염도 무료로 바뀔 것이라고 한다. 주치민 씨 가족의 주치의는 등록자들 중에 취학전 아동의 접종이나 청소년기 추가접종, 노년기에 필요한 독감이나 폐구균 접종들을 시기에 맞게 잘 관리해준다.

분기별로 나오는 주치의연합 신문을 보니, 유별난 의사가 환자들로부터의 평가, 예방접종 실적, 인터넷 정보망 접종 기록 정도 등을 종합 평가하여 수여하는 '올해의 주치의 상'을 받았다고 한다. 보도에 따르면 유별난 의사에게 등록한 가족들의 취학 아동에서는 거의 100퍼센트 홍역 접종률을 보였고, 다른 중요한 접종들도 평균 97퍼센트 접종률을 보였다고 한다. 유별난 의사는 그 공로로 성과급을 받았단다.

주치민 씨는 주치의제도가 시행된 이후 진료받을 때만이 아니라 예방접종을 할 때도 이점이 많다는 것을 느낀다. 주치의는 예방접종 부작용이 생겼을 때 부모들이 어떻게 해야 하는지 교육을 해주고, 적절한 처치 방법을 알려주었다. 다양한 예방접종 약 가운데 아이에게 맞는 약을 선택하는 데도 많은 도움이 되었다.

국가에서 볼 때도 이점이 엄청나게 많다고 한다. 주치의병원에서 무료로 접종을 하므로 이전에 개인병원에서 하는 접종이 통계에 잘 잡힐 때보다 접종률도 높아져서 집단면역 효과를 극대화할 수 있다. 또 접종률과 역학疫學에 관한 보건 통계를 낼 때 주치의병원의 접종 기록까지 보유하게 되므로 신뢰할 수 있는 자료를 만들 수 있다.

아쉬운 것은 선택접종이나 새로 나온 접종들은 본인 부담으로 해야 한다는 것이다. 이것도 앞으로 전액을 본인 부담으로 할지, 일부 보험 급여 형식으로 정부에서 보조해야 할지 비용·효과 측면이나 보험 재정 상태 등을 고려해 결정한다고 하니까 기대를 걸어보게 된다.

예방접종에 대한 기대는 아이를 둔 부모들뿐만 아니라 접종 대상자인 사람들은 누구나 관심이 클 수밖에 없다. 어떠한 예방법보다도 가장 효과적인 게 예방접종이라고 하기 때문이다. 지금은 A형간염 접종을 국가에서 일부 부담하고 있다. 또 우리나라에 많은 질환인 자궁경부암 백신도 국가 일부 부담으로 하고 있다. 보험 재정이나 효과를 계속 평가하면서 나중에는 그것들도 무료 접종 항목으로 들어갈 수 있을 것으로 기대해본다.

현재 이루어지고 있는 예방접종 항목들

필수 예방접종

BCG(결핵), DTP(디프테리아/백일해/파상풍), Td(백일해/디프테리아), 소아마비, MMR(홍역/볼거리/풍진), 수두, 일본뇌염, B형간염, 독감

선택 예방접종

A형간염, 세균성뇌수막염, 폐구균, 장티푸스, 로타바이러스(Rota virus), 자궁경부암 백신

 # 무료 예방접종에 드는 국가 부담

오래전부터 선진 외국이나 인근 대만에서도 필수 예방접종을 무료로 시행하고 있습니다. 그 나라들에서 하는 무료 예방접종은 우리나라처럼 보건소에서만 이루어지는 것이 아니라 동네병원에서도 무료로 한다는 것을 의미합니다.

우리나라는 경제 사정이 좋아지고 국민보건 수준이 높아졌다고는 하나, 현재 필수 예방접종만을 보더라도 접종률이 75퍼센트 정도에 머물고 있습니다. 전염병 유행을 억제하려면 최소 80퍼센트까지는 도달해야 하고, 95퍼센트를 넘으면 거의 퇴치 수준입니다. 아직까지도 이렇게 접종률이 부진한 가장 큰 이유가 필수 예방접종이 보건소에서만 무료이고 동네병원에서는 유료이기 때문이라고 합니다.

2000년도에 우리나라에서 홍역이 대유행했는데, 적극적인 홍보를 벌이고 취학전 아동들의 추가접종에 노력을 기울였더니 2006년 11월 7일 홍역 퇴치 국가로 선포할 수 있습니다. 이를 상기해보면 접종률 향상이 얼마나 중요한지 알 수 있습니다. 전염병 억제 수준인 접종률 80퍼센트를 넘어 질병 퇴치 수준인 95퍼센트 수준까지 올려야 하는데 이를 위해서는 교육과 홍보도 물론 중요하지만 필수 예방접종 무료화가 관건입니다.

2005년 7월부터 12월까지 6개월 동안 대구시와 경기도 군포시에서 보건소와 민간 의료기관을 포함해서 무료 예방접종 시범 사업을 벌인 결과 70퍼센트 미만이던 해당 지역의 접종률이 95퍼센트까지 올라갔다는 보고가 있습니다. 당시 연구 결과에 따르면 주민들의 만족도도 상당히 높았다고 합니다.

2006년 8월, 국회를 통과한 전염병 예방법 개정안에 따라 필수 예방접종 무료화가 눈앞에 다가온 듯했습니다. 그러나 국회 예산안 심의 과정에서 누락되고, 정부의 의지 부족으로 2007년 7월부터 시행하려던 계획이 불투명해지고 말았습니다.

그럼, 도대체 필수 예방접종을 무료로 하는 데 얼마나 많은 비용이 들기에 정치인들이 오락하락하는 걸까요?

보통 6세까지 필수 예방접종을 하려면 연 500억 원 정도가 든다고 예상합니다. 6세 이후로는 필수 예방접종이 12세 때 일본뇌염 1회, 15세 전후 성인용 티디Td 1회밖에 없기 때문에 500억 원에다가 조금만 더 예산을 확보하면 충분히 시행할 수 있습니다.

더 자세히 알아볼까요?

초등학교 들어가기 전까지, 즉 6살까지 맞아야 할 '필수접종' 내역을 제품 단가가 아닌 소비자 공급가(2010년 기준)로 접종 비용을 계산해서 들여다보겠습니다.

BCG(피내 접종의 경우 70,000원, 피하 접종은 10,000원), B형간염 3회

(20,000원×3), DPT 5회(20,000원×5), 소아마비 4회(20,000원×4), MMR 2회(25,000원×2), 수두(35,000원), 일본뇌염 4회(15,000원×4)인데 합치면 40~46만 원입니다. 물론 보건소에 가면 무료이지만 맞벌이하면서 아이 데리고 보건소까지 가기 힘들어서, 단골병원에서 맞히는 게 안심이 되어 등등 여러 이유로 동네병원에서 접종을 합니다. 어쨌든 이 금액을 전국의 6세 이하 소아에게 적용하면 연간 500억 원 정도가 필요합니다.

이후 12세까지 필요한 접종은 일본뇌염 1회(15,000원), Td 1회(30,000원) 두 가지로, 추가 재원은 약 50억 원 정도로 추산됩니다. 결국 합치면 550억 원 정도의 재정이 필요한 셈입니다. 한 해 국가 예산이 250조 원이 훨씬 넘는 우리나라 수준으로 볼 때 보건의료에서 무척 중요한 예방접종 비용 500억 원을 조달 못 한다는 것은 심각한 문제이기 이전에 창피한 일입니다. 이미 보건소에서 무료로 하고 있는 것과 동네병원에서 일부 정부 보조를 하고 있는 것을 감안하면 당장 시행하더라도 더 들어갈 비용은 300억 원 안팎입니다.

8. 전화 상담 서비스

한 살 된 아기 몸이 뜨거워 집에서 체온을 쟀더니 38.6도라면서 유별난의 병원에 상담 전화가 왔다. 아기 엄마는 다른 증상은 없고 구토를 한 번 했고, 자꾸 울기만 한다고 했다. 이럴 때는 1차로 간호사가 상담을 하고, 필요한 경우에만 유별난이 직접 통화를 한다. 상담 간호사 책상에는 항상 '표준 상담 지침서'가 펼쳐져 있다. 간호사는 그 내용을 보면서 신상명세를 기록하고, 우선 아기의 상태에 대해서 자세히 묻는다.

"일단 해열제를 먹이시고 열을 떨어뜨리기 위해 부드러운 수건을 미지근한 물에 적셔서 짠 후 5~10분 정도 아기를 닦아주십시오. 열을 조금만 떨어뜨려도 열경기를 안 합니다. 해열제 먹이고도 열이 계속 높아서 걱정되시면 말씀 드린대로 온수 마사지를 해주시면 됩니다. 따뜻한 곳에서 해야지, 절대 추운 곳에서 하면 안 돼요. 만일 아기가 바들바들 떨면 잠시 쉬었다가 다시 하세요. 어느 정도 열이 떨어졌다 싶으면 멈춰도 됩니다. 온수 마사지는 몇 번 반복해도 안전하니까 잘 이용하시면 좋습니다."

"열을 떨어뜨리려면 찬물로 하는 게 빠르지 않나요? 아기 할머니는 소주나 알코올로 적셔서 닦아주라고 하던데……."

"차가운 물이나 알코올 같은 걸로 하면 체온이 급격히 떨어지고, 아기가 온도 조절을 못 해서 오히려 위험해요."

"또 열이 오르면 어떻게 해야 하죠? 응급실이라도 가야 하나요?"

간호사의 설명을 듣고도 엄마는 불안하다. 그것이 첫 아이라면 경험이 적어서 더 그렇다.

"열이 난다는 것은 아기가 아프다는 신호이니까 다른 증상이 보이지 않는다면 차분히 해열제와 온수 마사지를 반복하면서 열을 가라앉히면 됩니다. 만일 열이 이틀 넘게 지속되거나 안 좋은 증상들이 보이면 병원에 오세요. 밤중이라면 응급실로 가서도 됩니다. 심하게 구토를 하거나, 아기가 자꾸 울었다 안 울었다 반복한다든지, 똥에서 피가 난다든지 하면 장에 안 좋은 문제가 있을 수 있으니까 지체하지 말고 응급실로 가십시오.

폐렴이나 호흡기 문제라면 심한 기침 같은 것을 동반할 수 있는데, 지금 아기는 그러지는 않는 것 같으니까 지켜보시면 될 거예요. 그리고 고열이 지속되는 감기 아닌 질환도 많기 때문에 혹시 열이 지속되면 반드시 병원으로 오시고요."

아기의 열은 수많은 질환들과 관련되어 있다. 물론 가벼운 감기나 돌발 발진 정도일 수도 있으나 중이염, 뇌수막염, 가와사키병, 장중첩증, 요로감염 등 고열이 오래가는 질환들도 있다.

전화 상담자는 일단 열을 가라앉히는 것부터 설명하고, 관련 질환들에 대한 설명을 덧붙인다. 중요한 것은 위험 상황에 대해 충분히 주지시키는 것이다. 뇌수막염이나 장중첩증 등은 매우 위험하고 응급 수술이 필요할 수도 있기 때문이다.

그래서 상담을 할 때는 가벼운 상황과 위험 상황을 구분하는 것을 가장 중요시하고, 간단한 것들은 집에서 처치할 수 있도록 조언한다. 이렇게 전화로 상담하는 것만으로도 불필요한 투약을 줄일 수 있고, 스스로 건강을 찾도록 유도할 수 있어서 장점이 크다. 또 국가적으로는 병원 이용과 약제비를 크게 줄여 의료 비용을 절약할 수 있다. 그렇게 줄어든 의료비만큼의 재정을 중증환자나 희귀병환자를 치료하는 데 쓸 수 있다.

전화 상담은 아쉽게도 본인이 비용을 지불하게 되어 있다. 주치의 등록을 할 때 원하는 사람들만 선택하게 되어 있고, 그에 따라서 비용을 받는다.

상담은 주로 전화국과 주치의연합기구가 계약을 해서 080 번호 같은 방식을 쓴다. 상업적으로 이용하는 것과 달리 여러 단계를 거치지 않게 해서 주치의와 연결이 빨리 될 수 있도록 조정해놓았기 때문에 이용이 쉽고, 건당 통화료가 비싸지도 않을뿐더러 전화비 청구서에 자동으로 나오므로 징수도 쉽다. 그렇게 해서 주치의들에게 상담한 만큼 금액을 지급한다.

유별난의 병원은 간단한 질환만 전화 상담을 하는 것이 아니다. 당뇨로 꾸준히 유별난의 병원에서 진료를 받아온 환자의 전화를 예로 들어보자.

그 환자는 70대의 남성으로, 전화로 오후 늦게부터 온몸에 힘이 없고, 어지럽다고 불편함을 호소했다. 속이 메슥거리기까지 한다고 했다. 환자의 신상기록과 병력은 컴퓨터에 저장되어 있거나 문서철로 구비되어 있다. 상담 간호사는 표준 상담 지침서를 보면서 이야기를 하다가 의사의 도움이 필요할 것 같아 유별난을 바꿔준다.

"○○○님, 옆에 보호자 없나요?"

어르신들과 상담할 때는 되도록 보호자나 같이 있는 사람과 통화하는 것이 좋다. 몸이 많이 불편할 때는 대화하기도 힘들기 때문이다.

"팔다리가 저리거나 마비 증상 같은 것은 없고요?"

이 환자는 당뇨약을 복용하고 있으므로 가장 우선 운동을 심하게 했거나 식사를 걸러서 혈당이 매우 낮아질 수 있는 저혈당을 의심해야 한다. 그러면서 뇌경색(중풍)과 같은 응급 상황도 함께 고려하면서 상담해야 한다. 대화하면서 말이 어눌해지는 상황도 같이 살펴야 한다.

만일 뇌증상이나 긴급한 것이 아님을 확인했다면 저혈당에 대한 조치를 먼저 한다. 집에 혈당계가 있으면 반드시 먼저 재보라고 한 뒤 다음 할 일을 설명한다.

"잠깐 혈당이 너무 내려가서 그럴 수 있으니 먼저 설탕물처럼 단 음료수를 한 컵 들이켜시고 편안히 자리에 앉아서 쉬세요. 그리고 좀 나아지면 자녀분에게 전화를 해서 병원으로 오세요."

물론 보호자와 함께 와야 하고, 걱정될 상황이면 구급차를 안내해서 응급실로 가도록 해야 한다. 몸 상태가 좋아져서 주치의병원으로 왔다면 왜 혈당이 낮아졌는지를 파악하고, 당뇨약 복용 문제나 여러 원인들을 찾아서 말씀을 드리면 된다.

평소에 주치의로서 저혈당에 대한 주의를 주었고, 대처법을 설명했을 테니까 보통은 환자들이 잘 알아서 대처하지만, 예기치 않게 문제가 생길 수도 있다. 만일 환자 혼자 있을 때 응급 상황이 벌어지면 대처하기가 힘들다. 그래서 주치의병원 전화번호와 119 긴급 전화번호도 집에 큰 글씨로 적어놓게 해야 한다.

전화 상담에 문제가 전혀 없는 것은 아니다. 주치의제도를 시행한 지 1년이 지났는데도 주치의 상담 전화의 법적 책임을 어떻게 해결해야 하는지 아직 법리적 준비가 허술해서 유별난뿐 아니라 주치의로 있는 많은 의사들이 어려움을 호소하고 있다. 전화 상담을 위한 표준 지침서도 있고, 이 지침과 환자의 상황 등을 고려하면서 상담을 하지만 문제가 발생했을 때 책임 소재를 어디에 두어야 할지 불안하기 때문이다.

그래서 나중에 생길 분쟁의 소지를 없애기 위해 국내외 주치의 연구자들은 전화 상담의 내용에 대해서 어느 정도 범위를 정하는 게 좋다고 말한다. 그리고 주치의 등록자들에게도 충분한 교육을 통해서 전화 상담이 필요한지 아닌지 주지시킬 필요가 있다고 주장한다. 응급 상황인 것 같아도 응급 의료기관이나 119에 전화해야 할 때와 주치의병원에 전화를 걸어서 상담하는 것이 필요할 때를 사전 교육을 통해 구분할 수 있게 해주면 어느 정도 부담스러운 상황을 피할 수 있다고 한다. 전화 상담은 주민들이 가장 원하는 주치의 서비스이기 때문에 계속해서 문제점을 고쳐나가면서 변화를 주고 발전시켜야 할 항목이다.

글을 마치며

주치의제도, 사실 별 것도 아닙니다. 그저 의사가 환자들을 더 충실하게 보게 하는 것일 뿐입니다. 그런데 왜 그것을 하기가 이리도 힘든 것일까요?

그 이유는 우리 모두의 무관심과 태만 때문이라고 봅니다. 비용의 문제도 아니고, 어떤 내용을 제도에 포함시킬 것인가의 문제도 아닙니다.

정치권은 과거 의약분업 사태 때처럼 잘못 건드려서 상처를 받을까 두려운 것이고, 의사들은 제도 자체가 좋다는 것은 알아도 막상 하려면 두렵습니다. 국민들은 지금의 의료제도가 불합리하다는 것을 알아도 병원 이용에 제한이 많아질 것 같아 불안합니다. 그래서 각 이해 당사자들이 이 문제를 회피해왔습니다.

지난 20여 년 동안 우리나라에서도 주치의제도에 대한 연구와 추진 노력이 꽤 있었습니다. 김대중정부 때는 정부 지원으로 적극적인 연구와 논의가 있었고, 그 이전 김영삼정부 때도 주치의제도에 대한 노력들이 꽤 진행되었습니다. 민주노동당이나 진보적인 보건의료 단체들, 대한가정의학회를 중심으로 한 의사 단체들이 줄기차게 주치의제도를 주장해왔는데, 그 내용은 민주당, 신한국당의 것과 대동소이했습니다. 2009년에는 대한의사협회의 의료정책연구소에서 주치의제도를 담은 1차의료 개선 방안에 대해서 방대한 연구 자료를 내놓기도 했습니다.

그렇지만 사회에서 공론화되지 못하고 있습니다. 외국은 수년 전부터 주치의제도를 중심으로 1차의료 개혁을 하고 있고, 이미 그 성과들을 저울질하고 있는데 말입니다. 정부와 정치권은 괜히 분란을 일으키거나 골치 아픈 정책을 펼치기가 싫은 겁니다. 의료정책 전문가들도 이제는 이 문제를 주장하는 노력에 지쳤습니다.

귀찮다고 국민들의 건강을 내팽개칠 건가요? 세계의 의료 연구자들이 주치의제도를 바탕으로 1차의료 제도를 개선해야 하고, 의료전달체계를 바로 잡는 길만이 가파르게 상승하는 의료비를 잡을 수 있고, 국민들의 건강도 효율적으로 증진시킬 수 있다고 말하는 것을 언제까지 모른 척하고 있을 건가요?

우리나라 국민들은 병의원 이용에 대해 만족도가 아주 낮습니다. 국민의료비는 기하급수적으로 증가하고 있어 얼마 안 가 파산할 수도 있다고 경고하는 학자도 있습니다. 해외의 어떤 나라는 조만간 의료비가 국가 재정의 40퍼센트를 넘을 것이라고 예상하기도 합니다.

더 심각한 문제는 의료비가 증가하더라도 지금과 비슷한 수준으로 병원 이용을 할 수 없게 된다는 겁니다. 비용은 더 들지만 혜택은 형편없어진다는 뜻입니다. 외래 진료비, 수술비, 입원비, 약값 등의 본인 부담이 늘 수밖에 없게 됩니다. 실제로 이웃 일본에서는 벌써 그런 현상이 벌어지고 있습니다. 의료비는 점점 느는데 의료 혜택은 줄고 있습니다. 그 때문에 정권까지 바뀝니다.

상상해봅시다. 국민들을 먹여 살릴 국가 재정의 절반이 병원비나 약값으로 들어간다면 그 나라가 온전하게 버틸 수 있겠습니까? 바로 눈앞에 닥치는 위기인데도 우리만 조용합니다.

복지나 보건의료의 문제는 진보와 보수를 가르는 기준이 아닙니다.

국민들의 생활과 건강에 직결되는 문제이기 때문에 어떤 정부가 들어서도 비슷한 고민을 하게 됩니다. 1차의료가 중요하다는 것은 오른쪽에 있는 한나라당, 민주당이든 왼쪽에 있는 민주노동당, 진보신당이든 모두 동의하는 부분입니다. 의사협회나 진보적인 보건의료 단체들도 비슷한 생각입니다. 다만 약간의 방법적 차이만 있을 뿐이죠.

그렇다면 이제 머리를 맞대고 생각해볼 때가 되지 않았을까요?

요즘은 미국 의료제도가 널리 알려지면서 미국을 무시하는 경향이 있습니다. 하지만 그들은 나름대로 민간건강보험회사를 중심으로 주치의제도를 운영하고 있고, 그 보험회사들조차 여러 나라의 의료제도들을 열심히 연구하면서 제도 개선을 꾀하고 있습니다.

또한 오바마 미국 대통령은 강력한 의지로 의료제도 개혁을 추진하려고 합니다. 수십 년 전부터 손보려 했던 의료제도, 특히 건강보험과 주치의제도는 클린턴 대통령 시절에도 좌절된 바 있습니다. 오바마 대통령은 최우선 정책 과제로 의료제도 개혁을 내세우며 대통령 직속으로 의료제도 개혁위원회를 두고 챙기고 있습니다.

"진보 세력은 의료개혁을 이야기하면서 당위성 하나만으로 비용 문제를 무시하지 말아야 하며, 보수 세력은 이제 더 이상 사회의 안전망을 외면하면서 국민들을 걱정하는 척하지 말아야 합니다."

2009년 오바마가 진보, 보수를 막론하고 의료제도 개혁에 동참할 것을 요구하면서 양 진영을 향해 한 말입니다. 엄청난 정치적 부담을 안으면서도 노력한 끝에 하원, 상원을 통과해서 2010년 3월 23일, 드디어 오바마는 의료개혁 법안에 최종 서명을 했습니다. 물론 처음 의도했던 개혁안이 아니고, 보수파와 협상하면서 양보한 부분도 컸지만 미국 의료계의 현실 문제의식, 그에 바탕을 둔 의료개혁 추진 과정은 우리도 새겨

들을 내용이라고 여겨집니다. '전부가 아니면 아무것도 아닌' 것이 아니라 전부를 못 얻을지라도 해결의 단초라도 줄 수 있도록 하자는 생각 말입니다. 정말 국민을 섬기는 정치인이나 국민의 건강을 챙기는 의사들, 심지어 진보라고 일컫는 시민단체들도 어떻게 국민들에게 좋은 의료제도를 선사할 것인지, 어떻게 하면 1차의료가 건강해질 수 있는지 다시 한번 머리 맞대고 고민해야 할 시점이 아닌가 합니다. 시작이 반이란 말이 있듯이 아주 중요한 핵심만 챙겨서라도 일단 시작을 한 뒤 고쳐나가면 될 일입니다.

주치의제도라는 것은 어려운 개념이 아닙니다. 서구에는 사실 주치의라는 단어도 없습니다. 그들은 그냥 '닥터'라고 부를 뿐이고, 아프면 어른이든 아이든 가족 모두가 그들의 단골의사에게 갑니다. 아무도 '주치의'에게 치료받으러 간다는 표현을 쓰지 않습니다. 그들이 의지하는 단골의사가 우리 식으로 표현하면 주치의입니다.

주치의제도를 하는 나라들에 대해 조사하고 인터뷰를 하면서 느낀 문제점은 첫째, 진료 대기 시간이 너무 오래 걸린다는 것이었습니다. 어떤 나라에서는 주치의에게 전화 예약을 할 때 당일 진료가 힘들었고, 의뢰를 받아 가는 전문의나 종합병원의 진료를 받으려면 몇 주에서 길게는 1년을 기다려야 하는 경우도 있었습니다.

둘째는 주치의들이 적극적으로 진료를 하지 않는다는 것입니다. 현지 사람들은 어느 정도 적응이 돼서 그다지 문제될 것이 없다고 하지만, 적절하게 치료나 검사가 이루어지지 않는 경우가 많다는 것을 느낄 수 있었습니다. 약 처방과 각종 검사가 너무 과도해도 문제이지만, 일부 나라에서는 너무 안 하는 경향을 보였습니다.

더불어 건강 검진에 대한 낮은 인식도 문제라고 보입니다. 예를 들어 어떤 자료에 따르면 자궁경부암이나 유방암 검사를 하는 여성의 비율이 미국 쪽이 더 높습니다. 미국은 예방적 검사를 하라고 하는 편이고, 다른 나라들은 다소 적게 얘기하는 것 같았습니다. 미국은 암 예방에 대한 정부의 의지가 강하고, 의사와 환자들도 그에 대한 경각심을 충분히 인식하고 있기 때문이 아닌가 합니다. 주치의제도가 질병의 예방과 조기 치료를 목표로 삼고 있다면 적극적인 예방 노력도 중요합니다.

그리고 밤중에 가족 중 누가 아프면 어떻게 하느냐고 물었을 때 대부분의 나라에서 응급실을 이용한다고 답했습니다. 당연히 그런 나라에서의 응급실은 환자들로 넘쳐나고 있으며, 5~6시간을 기다리는 건 예사였습니다. 이런 불합리도 고쳐져야 할 것입니다.

우리나라가 주치의제도와 같은 1차의료제도 개선을 준비한다면 응급 상황이 아닌 것은 보건소나 지역별로 야간 진료센터를 만들어서 대처하게 하면 좋을 것입니다. 그러면 밤중에 아프더라도 응급실로 가서 종일 기다리지 않아도 되고, 응급실은 정말 위중한 환자들을 더 잘 볼 수 있을 것입니다. 이러한 것들을 충분히 고려하면서 더 훌륭한 주치의제도를 만들었으면 하는 바람입니다.

주치의제도는 가장 인간적인 환자와 의사의 관계를 만들어주는 제도입니다. 우리의 경우를 보면 환자들은 의사에게서 만족을 얻지 못하고, 의사들은 환자들의 아픈 부분을 세세히 알려고 하지 않습니다. 그것은 환자들이 너무 많은 것을 요구하기 때문에 그런 것도 아니고, 의사들이 타인에게 무관심한 이기주의자이기 때문도 아닙니다. 1차의료의 허약함과 부실한 의료전달체계의 오랜 관행 속에서 후진적인 환자와 의사의 관계가 굳었기 때문입니다. 그래서 우리나라에서는 선진국처럼 넉넉한 시간과 친밀한 관계 속에서 진료하는 것이 불가능합니다.

　우리의 의료제도는 그저 환자를 진료하고 적절히 수입을 얻어가도록 의사들에게 면허를 준 규정일 뿐입니다. 그래서 환자들은 이 병원 저 병원 마음대로 쇼핑을 하면서도, 고작 싸구려 의료만을 얻어갑니다. 의사는 그 환자들을 병원으로 불러들여서 수입을 많이 올리면 됩니다.

　그러다 보니 의료비 상승을 막을 수가 없습니다. 국민들의 건강이 제대로 증진될 수도 없습니다. 환자들은 늘 불만입니다. 의료에 대한 국민들의 의식과 요구가 높아졌는데도 의료의 수준은 나아지지 않습니다. 의료 기술의 발달과 화려한 병원 인테리어를 얘기하는 게 아닙니다.

　주치의제도라는 명칭에 피로를 느낀다면 다른 이름으로 불러도 좋습니다. 단골의사제도라고 해도 되고, 1차의료 안정화정책이라고 해도 괜찮습니다. 이름이나 사소한 내용에 얽매여서 논의가 맴돌지 않았으면 좋겠습니다. 그러면서 우리는 이미 20년을 까먹었으니까요.

　우리에게 필요한 것은 당장 이 제도를 시행하자고 주장하는 것이 아니라, 몇 년의 계획 속에서 현재 필요한 것이 무엇인지 이해 당사자들이 함께 고민할 수 있는 틀입니다. 정부에서 의료개혁 위원회를 두고, 그 안에 '1차의료개선 특별위원회'를 두어 정부와 의료 전문가와 국민들이 논의할 수 있는 준비를 하자는 겁니다.

　주치의제도를 당장에라도 하지 않으면 안 될 것처럼 주장하거나, 많은 서비스 항목들을 관철시키려고 내세울 필요가 없다고 봅니다. 최근 의료제도 개혁을 하는 나라들처럼 완벽하지는 않더라도 일단 제도를 만들고, 그 뒤에 평가를 하면서 고쳐나가면 되기 때문입니다.

　의사들도 이 제도가 자신에게 불리하게 작용할 것이라고 예단하고 받아들이는 것을 두려워하지 맙시다. 국민들에게 줄 수 있는 훌륭한 선물이라고 여기고 과감히 애정의 선물로 줄 수 있으면 좋겠습니다. 대신 어느 정도 수입이 보장되도록, 규제가 심해지지 않도록, 소신 진료를 할 수 있도록 요구하면 됩니다. 불가능하지 않습니다. 프랑스는 그렇게 했습니다.

오늘날까지 우리나라 의사들은 100년의 근대의학 역사 속에서 국가적인 의료 사업, 사회에 눈을 돌리는 보건의료 정책에 제대로 기여할 기회를 가지지 못했습니다. 철저하게 개인에게 맡겨진 의료사醫療史였기 때문입니다. 의료 기술의 발달뿐만 아니라 발달된 경제 수준, 국민건강보험의 역할, 위생 의식의 발전 등에 힘입어 평균 수명, 영아 사망률 등의 보건지표들도 서방 선진국에 비해 뒤떨어지지 않는다는 것을 OECD 데이터뿐만 아니라 각종 자료를 통해서도 볼 수 있는데, 여기에는 의사들이 상당한 기여를 했습니다. 여러 가지 안 좋은 조건임에도 그들의 노력으로 우리를 여기까지 오게 한 것은 맞습니다. 진료하는 행위 하나만 보면 의사들의 모습을 긍정적으로 볼 수 있지만, 의료의 사회적 관점에서 보면 그들은 사회에 관심을 두지 않는 집단으로 인식되고 있습니다. 그것은 의사 자신들의 노력이 부족한 탓도 있지만 국가의 방임이 더 큰 문제일 겁니다. 의료 전문인으로서 사회적 역할을 할 수 있도록 국가가 유도하지 못했다는 뜻입니다.

국민의 건강을 다루는 의료라는 것은 공공성을 띱니다. 그렇지만 개인에게 맡겨지던 의업醫業을 하루아침에 공공성을 주장하며 강제하는 것도 무리라고 봅니다. 박정희정부에서 강제로 실시한 건강보험이나 김대중정부 때 실시한 의약분업 정책과 같이 말입니다. 논의 과정에 의사들의 목소리는 전혀 담기지 않았습니다. 물론 의사들이 다분히 보수적이고, 자신들의 이익을 우선하는 데에만 관심을 기울이는 면이 있었다고 해도 강제가 아닌 끈질긴 타협을 통해서 문제를 풀어나가야 했습니다. 의료개혁이 지난 20여 년 동안 세계 각 나라들의 중요한 화두이자, 국가적 과제였지만 어느 나라도 강제로 집행한 경우는 없습니다. 비록 몇 년을 늦추더라도 끈질긴 대화와 협상을 통해서 한 나라의 보건의료 정책들을 수행해왔음을 돌아보아야 합니다.

의사들 또한 자신들의 이기심을 버려야 하고, 더 이상 의료를 영업으로만 바라보지 말아야 할 시점에 왔음을 빨리 인식해야 합니다. 현대의 의료는 사회적 인식을 공유하도록 전환적 사고를 요구하고 있습니다. 국민의료비는 천정부지로 치솟고 있으며, 의사 수의 증가와 출산률 저하, 인구의 감소 현상은 의사들의 수입을 악화시키는 요인이 되고 있습니다. 이렇게 객관적인 상황들이 변해감에 따라 의사들도 언제까지나 의료를 개인영업쯤으로만 생각하고 있을 수는 없습니다.

'노블리스 오블리제'라는 휘황찬란한 말이 아니더라도 의사들은 전문가로서 뒤처진 권위를 세울 필요가 절실한 시점에 이르렀습니다. 그것은 의사들이 우리나라 의료 문제에 적극적으로 개입하고, 장기적인 관점에서 정책을 생산하는 과정까지 책임져야 할 시기라는 것입니다. 그럴 때만이 의사들은 추락한 자존심을 세우게 될 것입니다. 공공적인 성격은 약하고, 자유분방하게 의료 행위를 할 수 있게 된 것이 근대 이후 100년 넘게 이어져온 무책임한 관습 때문이라면, 이제부터라도 의료의 공공성을 정부가 아니라 국민들의 건강을 제일선에서 책임지는 의사들이 세워야 할 때가 아닌가 합니다.

이러한 문제의식 위에 주치의제도가 놓여 있습니다. 이제까지 수없이 논의되어왔지만 실패했던 이유들을 차분히 돌아보면서 어떤 틀로든지 이제는 등 돌려 있던 상태에서 얼굴을 마주보며 논의해야 할 때입니다. 정부와 의료계와 국민들이 생각을 합치면 우리나라가 지닌 장점은 최대한 살리면서 외국보다 훌륭한 주치의제도를 만들어낼 수 있습니다.

현재 우리의 건강보험제도는 세계적으로도 훌륭하다는 평가를 받습니다. 물론 보장성이 떨어지기는 하지만 이 자체도 잘 지켜야 할 제도입니다. 거기에다가 선진 외국이 못하고 있는 것들을 포함시키고, 국민들이 불편해하는 것들은 걷어내면서 주치의제도를 더 좋게 꾸밀 수 있습니다. 예를 들어 전문의에게 의뢰하였을 때 대기 시간이 오래 걸리는 게 문제라지만 우리나라에서는 전문의가 많기 때문에 대기 시간 격정은 충분히 없앨 수 있습니다. 이건 장점입니다.

그리고 불필요한 검사를 줄이는 것도 중요하지만 정말 필요한 검사들도 지체하지 않고 빨리 할 수 있습니다. 웬만한 병원에는 검사 장비들이 다 준비되어 있으니까요. 이것도 장점입니다.

이러한 제도를 준비할 때 중요한 점은 민감한 정책들은 철저하게 합의에 따라 만들어야 한다는 겁니다. 좋은 정책은 토론과 합의를 통해서 만들어집니다. 섣부르게 주치의제도를 억지로 옮겨 심으려고 하다가는 제도도 망가지고 국민들의 상처도 커지는 법입니다.

독일도 주치의제도를 전격적으로 하고 싶은데 모두의 합의가 이루어지지 않았기 때문에 더디게 간다고 합니다. 몇년째 공론화 과정을 진행 중입니다. 프랑스는 정부와 의사단체, 국민들 간의 합의를 통해서 주치의제도를 빠르게 접목할 수 있었습니다.

다른 나라들은 이미 시작한 의료개혁, 그 중의 핵심인 주치의제도. 우리나라도 늦었지만 시작할 때입니다. 현 정부에서 준비하고, 공론화하면 다음 정부에서는 본격적으로 추진 전략을 세울 수 있습니다. 우리의 현실을 바탕으로 하면서도 세계에 내놓아도 뒤처지지 않는 주치의제도를 만들어나갈 수 있을 것입니다.

　이 책은 이러한 문제 제기와 함께 제도 시행의 방향을 제시해보고자 만들어졌습니다. 앞서도 적었듯이 국민들이 쉽게 볼 수 있는 1차의료나 주치의제도에 관한 책이 거의 없었습니다. 그래서 사람들은 두려움 또는 어떤 환상을 가지고 주치의제도를 바라보는 경향이 있는데, 이 책에서는 어떻게 한 제도를 준비해야 할지 현실에 발을 딛고 이야기하고자 했습니다.

　의료제도나 의료경제 쪽은 워낙 복잡하기도 하고 재미가 없어서 책을 엮으면서 많은 부분 잘라낼 수밖에 없었습니다. 다른 기회에 그 내용들을 가지고 못 다한 얘기를 하겠다고 약속하면서 마무리를 짓습니다.

　우리나라 의료 전반의 문제들을 분석하면서 주치의제도를 대안적 방법으로 내세우는 데에 논의를 함께해주신 '새로운 사회를 여는 연구원' 보건복지분과 회원들과 자료 정리를 도와준 정효 연구원, 그리고 졸고를 받아서 기꺼이 책으로 엮어준 시대의창 출판사에도 고마움의 말을 전하고 싶습니다.